STRESS RESETS

瞬間ストレスリセット

ジェニファー・L・タイツ著
久山葉子訳

科学的に「脳がラクになる」75の方法

ダイヤモンド社

シルヴィー、エリー、アッシャー――ストレスにさらされたときにも、勇気と優しさを選んでほしい。

そしてこの本を読んでくれているあなたへ――ここに書かれたテクニックがあなたの人生、そして周りの人の人生を豊かにしてくれますように。

はじめに

あなたが抱えるストレス反応のうち、迷惑なものだけを抑えることができたら？
それも望んだときに、ほんの数分で。
仰々しい瞑想や、薬やお酒もいらないとしたら？

私は臨床心理学者として、クライアントにそれを可能にするスキルを教えてきた。感情をコントロールし、困難な状況に対処するための方法で、そのどれもが科学的なエビデンスに基づいている。14年間ニューヨークとロサンゼルスで開業し、セラピストとして何千人ものクライアントをサポートしてきた。

執着したり、考えすぎたり、受け身な姿勢で問題に向き合ったり、といった習慣を意識的にやめる。そうやって方向転換することで自分の感情に向き合い、前に進めるようになる。

そのためのテクニックを「ストレスリセット」と呼んでいるが、すぐに実践でき、

5分程度しかかからないものがほとんどだ。

どのテクニックも、ストレスを（少なくとも一時的に）緩和させることが研究によって実証されている。メンタルの悪循環をそのままにするのではなく、いったん立ち止まってリセットするのだ。

こうしたシンプルなテクニックを必要としている人は多い。**人生に圧倒されそうになると、人間は本能的に、状況をより悪くするようなことをしてしまう**。人は感情的になると分別がつかなくなり、身動きがとれなくなるような行動に出てしまいがちになるのだ。

つらくなるほど何かに執着したり、攻撃的なメッセージを送りつけたり、やらなければいけないことを先延ばしにしたり、薬物を乱用したり――こんなふうに本能は私たちに逆らい、苦しみを悪化させる。次の方程式のように考えてみよう。

ストレス＝ストレス
ストレス＋考えすぎる＋逃避＝**大きなストレス**

しかし、そうではない生き方もあるのだ。

ストレス研究のパイオニアであるハンス・セリエ博士は、今から100年前にストレスの研究を始めた内分泌学者だ。彼は、ストレスを「人が精神的に圧倒されたときに、適切に対応するための身体の適応反応」と考えた。ストレス関連の論文を1700本以上発表し、「外部で起きた出来事→ストレス反応」だと説明している。

それから何十年も経ち、1980年代に入ってから臨床心理学者のリチャード・ラザルス博士が「対処と問題解決」に着目した。ストレスによる反応もふくめ、課題、解釈、反応がどれも関連する「ストレスフルな出来事→ストレス←反応」としてストレスの定義を広げた。

どの方程式であっても、要は直面していることに**「どう反応するか」**が最終的に感じるストレスの度合いにつながるのだ。

我が家での例を挙げてみよう。ある日、夫のアダムは起きたときから疲れていたうえに急いでいて（非常に悪いコンビネーション！）、牛乳パックをキッチンの床に落としてしまった。

イライラしながら乱暴に床を拭いているうちに、冷蔵庫の下についているキックプレートで手を切ってしまうというハプニングまで起きた。

家に絆創膏がなく、さらにイライラを募らせた状態で車に飛び乗りドラッグストアへ向かった。その帰り道、まだ興奮したまま最悪な朝の出来事を思い出しているうちにちょっとした交通事故に遭ってしまった。まさかこんなことになるなんて――。

もちろん私にも、ストレス過多な状況をさらに悪化させた経験が何度もある。

数年前に2人目の子どもを産んで仕事に復帰した頃は、いつも疲れていて、爪を噛み続けてしまった。そのせいで抗生物質の効かない感染症にかかり、緊急治療室に運ばれて、簡単なものとはいえ手術を受ける羽目になった。

あのとき、ちょっと立ち止まってストレスからくる衝動を冷静に観察し、何度か深呼吸をしてこの本のストレスリセットを1つでも試していれば――緊急治療室で何時間も過ごすことも、感染症の専門医を何度も受診することもなかっただろう。

これを読んでいる方々も心当たりがあると思う。

クライアントからも**「どうしてもストレスに対して衝動的に反応してしまう」**という悩みを頻繁に聞く。

人に拒絶されて傷つき、誰かに慰めてもらいたくて、よく知らない人や問題アリの元恋人に連絡をとるが、結局はよけいに拒絶されて孤独を感じるだけ。あるいは仕事量やストレスに圧倒されるとジャンクフードに走って、さらに身体がだるくなる。

もっとうまく生きられるはずなのに、ストレスに直面したとたんに良くない方法をいくらでも思いついてしまうのだ。

- **お金に余裕がない→浪費する**
- **大きな締め切りがある→「完璧を目指すべき」と「先延ばししたい」という気持ちの間で揺れ動く**
- **不安を感じる→その問題に夢中になり、調べすぎたりしてパニックになる**
- **悲嘆にくれる→痛みを麻痺させるために薬物に頼る**
- **とても疲れている→夜ふかししてまでスマホをスクロールする**

こういった**「逃避」**をすると、自己効力感や対処能力への自信も失われていく。

たとえるなら、汚れを消そうとして、よけいに広げてしまうようなものだろうか。

本書では「ストレス要因を避ける習慣づくり」もしっかり見ていくが、そもそも**「良い習慣をつけること」**自体が問題解決能力の向上につながる。困難にどう対応すればいいかを考え、対応を改善することで、自分を大切にできる自分に感謝するようになるのだ。最終的には感情を手なずけてうまく生き、喜びを見いだせるようになる。


ストレスを引き起こす出来事を防ぐことはできない。

ということは、ストレスが軽くなるのを待っても意味がないし、行動を起こす前に未来を予測することもできない。だから、今こそストレスに立ち向かおう！


2022年のアメリカ心理学会の調査によると、アメリカの成人の27％が「政治的分断、経済、気候変動のストレスのせいでまともに行動できない」と答えている。しかも回答者の76％が「ストレスのせいでウェルビーイング〔幸福や健康〕が損なわれている」というのだ。

ストレスは放置すると、慢性的なメンタルの問題につながることもある。

2020年に新型コロナウイルスのパンデミックが起きたあと、世界保健機関（W

HO)の推定では世界中で不安とうつの有病率が25%増加し、とくにアメリカではうつが3倍になっている。多くの人が経済的に困窮し、人種差別や性差別を受けるなど、誰であっても気力が失せるような状況にあるのだ。

おまけに恐ろしい銃犯罪が頻発し、AIに仕事を奪われる心配など、想像を絶するほどの不安が存在する。だからこそすばやくリセットできる方法――ペースを落とし、呼吸をラクにし、問題を解決するテクニックを学んでおく必要があるのだ。

ストレスに苦しむ人のサイクル

まずは人生を行きづまらせる「根本的な習慣」を分析していこう。

ストレスに苦しんでいる人というのはたいてい、**①ネガティブな思考に陥る↔②ストレスによる身体症状を悪いものだと決めつける↔③ストレスの原因を避けることで対処する**、というサイクルに陥っている。

この3つはそれぞれが身体のストレス反応の原因になり、蓄積され、さらにストレスを引き起こす。たとえば「こんなことできない!」と自分に言い聞かせてしまうと、身体が震える、口が渇くといったさまざまな身体症状が起きる。

それがよくあるリアクションにつながる——つまり身体の自然なストレス反応を悪いものだと捉え、最悪のシナリオを想像する力を強めてしまうのだ。

そうやって自分にとって大事なことに向き合わずに、ストレスを与えてくるものを避けたりそこから逃げたりしてしまう。

私が何を言おうとしているのかわかるだろう。**そのサイクルが続くかぎり視野が広がらず、根本的なストレス源が何であろうと解決できないままになる**のだ。

ストレスのサイクル

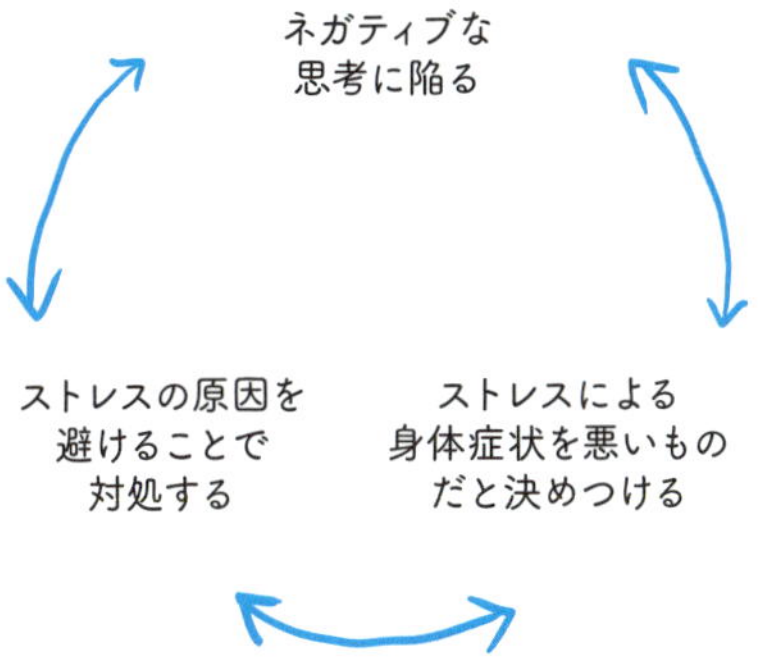

もちろん、心配の原因から逃げ出したいというのは人間の本能だ。おまけに気をそらせる行動がビュッフェのように選び放題の時代だ。何時間もＳＮＳに費やしたり、深く考えずに飲酒したりスナックを食べたり——。加えて、最近人気の逃避手段についてはことさら危惧している。
アメリカでは、不安の「解決策」とされている「ザナックス」や「クロノピン」といったベンゾジアゼピンの処方薬に頼る人が増えているのだ。

精神的な問題を抱えている人が治療を受けることには全面的に賛成だし、もがき苦しんでいるときに専門家の助けを求める勇気も称賛する。ただしベンゾ系薬剤は非常に問題視されていて、アメリカ食品医薬品局（ＦＤＡ）もその依存性や副作用を考慮して、処方をなるべく控えるよう推奨しているほどだ。

それでもアメリカでは、毎年ベンゾジアゼピン系抗不安薬の処方が９２００万件を超える。ストレスを感じるからといって薬を飲むと、**「自分の力では対処できない」**という認識を強めてしまうだけなのに。

自分の外側ではなく、「内側」に解決策がある

自滅的な行動のレパートリーを変化させたければ、自分の内に――外にではなく――解決法を探さなければいけない。

それには**「人生にどんな意味を与えたいのか」**、そこにフォーカスする必要がある。人生を本当の意味で充実させてくれるものを犠牲にしてまで、快適さや気をそらす行為を選ぶのはやめよう。賢明な対応策を身につければ、困難な局面でもうまくやれるようになる。私にとってインスピレーションになったのが、ホロコーストを生き延

びた精神科医ヴィクトール・フランクルの言葉だ。

「刺激と反応の間には空間がある。その空間にこそ、自分で反応を選びとる力が存在する。そこに自由と成長の可能性があるのだ」

本書では、まさにその「空間」を広げるための方法を具体的に学んでいく。私のお気に入りのスキルを紹介していくが、このスキルは強い感情や困難な状況に対処できるようになるように、行動療法の基礎とマインドフルネスを組み合わせたものだ。ここでまずその概要、そしてなぜそれがストレス対処に役立つかを説明しておこう。

弁証法的行動療法（DBT）[*1]は、ワシントン大学の名誉教授マーシャ・リネハン博士によって開発された認知行動療法の一種で、もともとは境界性パーソナリティ障害（BPD）の治療に使われていた。

境界性パーソナリティ障害というのは衝動性を伴うもので、人間関係も不安定にな

*1 「弁証法的」というのは、対立して見える考え方がどちらも真実かもしれないという概念。DBTにおける主要な弁証法は、問題を受け入れつつ人生を変化させていくという点だ。

り、治療が難しく一生続く病気だとされていた。

しかしDBTを受けた患者は境界性パーソナリティ障害の典型的な症状が収まり、診断基準を満たさなくなるほどだった。最近では心的外傷後ストレス障害（PTSD）や薬物使用、過食性障害、神経性過食症の治療にも使われている。

私のクライアントでも長期にわたり孤独や虚しい人間関係に苦しんだり、エネルギーばかり奪われて心は満たされない仕事をしていたり、あるいは介護などで言葉に尽くせないほど大きなストレスを抱えたりしている人がいる。

感情的にトライアスロン並みにきつい状態にあるが、そんな人たちもDBTのスキルが役に立ったと感じている。

私は**「苦痛耐性」**についても教えているが、これは感情の激しさに圧倒され、なかなか問題を解決できないときのためのテクニックだ。
DBTでは、自分を受容して意欲を高め、ストレスに対する反応として生じた衝動のメリットとデメリットを認識していく。そして困難な瞬間に耐えられるよう、気分が上がる方法を一緒に考え、効果的にストレスに対処できるようにする。

本書ではまた、**「アクセプタンス&コミットメント・セラピー（ACT）」**のテクニックも紹介する。ACTはネバダ大学リノ校の名誉教授スティーブン・ヘイズ博士がパイオニアとして開発したテクニックで、より柔軟で、今この瞬間に集中し、自分の価値観に忠実になるためのアプローチだ。

他に**「統一プロトコル（VP）」**というツールも学んでいくが、これは避けているものに立ち向かうための**認知行動療法（CBT）**の一種だ。ボストン大学の名誉教授デイビッド・H・バーロウ博士らが主導し、各種の心理的な問題を効果的に改善できることがわかっている。

今挙げた療法はどれも科学的なエビデンスに基づいており、負担になるような思考から自分を解き放ち、受容する能力を向上させ、自分の手で意味のある人生を築いていけるように考案されている。

それでも「受容」というのが自分の目指す方向性ではないように思えるなら、受容を「同じままでいること」だと誤解しているのかもしれない。

そうではなく、ストレスを受け入れることを学び、心と身体に何が起きるかを知ることで、目の前のことにうまく反応できるようになるのだ。

そのうちに気づくと思うが、**ストレスに対処する能力をスーパーチャージすれば、何もかもに悪影響を与えている「衝動」を克服できるようになる**のだ。

私もふくめてDBT、ACT、CBTのセラピストは自分でも日常的にそのテクニックを活用していて、日々の厄介事や慢性的な悲しみに対処している。

「ストレスは瞬時に50％減らせる」

メンタルが最悪の瞬間に誰かと話せて元気をもらえれば何よりだが、それがいつでも可能だとはかぎらない。それにクライアントの多くも気づいているとおり、ストレスがピークのときに他人に発散しても必ずしも心は浄化されない。

人にストレスをシェアしたせいでかえって苛立ちが続くこともあるし、専門家ならばストレスが伝染するものだということを知っている。

それに善意に満ちた親友に自分のストレスを軽く見られたり（「心配しなくても大丈夫、うまくいくって！」）、現実的ではないアドバイスをされたりしても（「何日か旅行に行ってのんびりしてきたら？」）、がっかりさせられるだけだ[*2]。そんなときにこそ、この本を頼ってほしい。

夜遅いのに眠れないとき、あるいはめまいがしそうに忙しい日の最中にパラパラめくってもらってもいい。読んでいるうちに私がチアリーダーかストレスコーチのようにそばで励まし、あなたの体験を正当なものだとして尊重し、困難を克服するために実践的な方法を教えている——そう感じてもらえれば嬉しい[*3]。

良き友で同業者でもあるペンシルベニア大学認知療法センター所長、精神医学教授のコリー・ニューマン博士もこのように言っている。

「ストレスは瞬時に50％減らすことができる。完全無料で、努力も要らない。だからどうか悪化させないで」

衝動的に反応しないようにするだけでも、状況を劇的に改善できる。

本書では状況を悪化させないテクニック、さらには改善する方法も学んでいく。

*2 かといって人間関係になんのパワーもないわけではない。本書の後半では、サポートを切実に望んでいる人が、周りからうまく支援してもらうためにはどのように主張すればいいかにも焦点を当てていく。

*3 あなたと会ったことはなくても、これまでに多くの患者を診てきたし、自分自身も人生で奮闘しているから、ストレスや困難にぶち当たったらどんな気分なのかは共感できる。誰にも気づいてもらえないままいろいろな経験をするのはつらいものだ。あなたに「この感情は正当なんだ」と感じてもらい、支えになるためにベストを尽くしたいと思っている。

この本の使い方

　この本を書く際に目指したのは、重要なポイントを覚えておきやすい究極のケアパッケージに仕上げることだ。

　自分のクライアントだけでなく、サポートが必要な無数の人々にプレゼントしたかった。**「よりよく生きるためのレシピ本」**だと考えてほしい。

　わかりやすく、実行可能で、明確な指示のついたテクニック――それを自分の好みや必要性に応じて選べる本だ。多くの人々が注意散漫になっているこの時代に、ストレスに関する本から学ぶことがストレスになっては元も子もないのだから。

　まずは自分のストレスを理解し、マインドセット、メンタルの習慣、対処方法などを学びたいなら、ＰＡＲＴ１から読み始めてほしい。

　それが、ＰＡＲＴ２以降で紹介していくテクニックがなぜ役立つか、というオリエンテーションにもなる。しかし、今すでにストレスが大きくて長い文章を読みたい気分ではないなら、ＰＡＲＴ２から読んでもいい。ここには、強いストレスをすばやくリセットするエクササイズをまとめてある（ただし、読む余裕ができたらＰＡＲＴ１

に戻ってほしい)。

最後のPART3では、私が**「バッファー」**と名づけた長期的なストレスのリセット法を学んでいく。知識を得て余裕を持てばストレスの少ない生活をデザインでき、困難な状況からも立ち直れるという自信が高まる。ぎりぎりのところで次に飛び移って必死に生きるのではなく、継続的にストレスに対処する習慣をつけて人生を豊かにしよう。

これを始めるにあたっては、**「心、マインド、身体をすべて使って真に学ぶ」**という心構えが必要だ。

研究でも、新しいスキルを自分のものにすること自体が心理療法として効果があることがわかっている。だからここで紹介するテクニックもただ読んで考えるだけでなく、実際に試して新しい反応を体験してほしい。

心の準備ができたらいくつかリセットやバッファーを選び、その効果を感じてみよう。そうすれば新しい視点を得られるはずだ。その体験をトラッキングするためのフォーマットや図表も提案していくので、それをノートやプランナーに書き写して活用してほしい。自分に効くテクニックが見つかったら、印をつけてまたいつでも使えるようにしておこう。

また、職場や自宅、他の人と一緒にいるときなど、さまざまな状況で試してみてほしい。そうすることで、感情をコントロールできるという自信を得られるはずだ。人生で何が起きようとも。

「自分も変われる」という希望が持てる

もしあなたがすでにストレスに圧倒されているなら、この種の本を手にとることすら、難しかったかもしれない。しかし、そのようなつらい状態にあっても、それを「もっと心をラクにして生きたい」というモチベーションに変えることもできる。いかにもセラピストが言いそうなことだが、いったん立ち止まって**「よくやった」**と心から自分を褒めてねぎらおう[*4]。


なお、深刻な危機に瀕している場合には、必ず専門家の支援を仰いでほしい。

この本で紹介するテクニックは緊急事態のためのセラピーではないし、人生最大の難題を解決するためのものでもない。

この本の目的はどんなときにも——行きづまっていようと、ストレスを感じていようと、パニックになっていようと——自分がどう感じるかは変えられるということを身をもって体験することだ。後悔するような道を歩み続ける必要はないのだから。

必要なのは、考え方と行動を変えるのにかかる数分だけ。

激しい感情をコントロールする訓練を重ねるうちに、**「自分も変われる」**という実感が湧き、人生に欠かせない「希望」を活用できるようになる。

「希望」とは単なる一時的な感情ではなく、人生に明確な目的があり、その目的に向かって進み続けたいと思うことから生まれる。

私なら短絡的な選択肢よりも希望を選ぶが、皆さんもきっとそうではないだろうか。

＊4 あなたのマインドがそれに反発しようとするなら、それでもかまわない。それがマインドの仕事なのだから。しかし自分を厳しく批判するばかりではなく、「たまには正しいことをしているじゃない」と気づくことでストレスが減るはずだ。私がこの本を書いたのは、セラピストにかかる機会のない人にも届けたかったから——だから対面で話しているような口調で書いている。

PART 2

つらいときのストレスリセット

PART 3 回復力をつけるストレスバッファー

※本文中の［ ］は訳註。

※本書で紹介する情報やツールは、メンタルヘルス有資格者の提供するサービスや医療機関による助言の代わりにはならない。心身の健康問題、とくに医療を受ける必要性がある問題については医療専門家に相談すること。第三者へのリンクや参照は利便性と情報提供を目的としていて、著者および出版社は本書に記載された外部サイトまたは情報の正確性、合法性、アクセシビリティまたはコンテンツに責任を負わない。著者のプライベートに関する詳細はできるかぎり事実を反映しているが、クライアントの氏名や個人情報はすべて、プライバシー保護のため変更されている。

PART 1

あなたはもっと
ラクに生きられる！

第1章 ストレスをワクワクに変える

ストレスは、残念なことに「今は邪魔しないで」のサインに配慮してはくれない。そのため、誰もが厄介な考えや感情を経験し、それに足を引っ張られ、感情を刺激され、取り組んでいることを中断させられていることだろう。

私自身の経験からもそう言えるし、もっとラクに生きたいと願う人たちからも聞いてきた。そんなクライアントのエピソードもシェアしていきたいと思っている（プライバシー尊重のため、名前や身元が特定できる情報は変更している）。もちろん私個人のエピソードも。あなたはひとりではないこと、ストレスフルな状況に直面しても、対応を変えるだけで、人生が変化することを感じてもらいたいからだ。

ローリーは50代の女性で、レイオフが横行するこのご時世にうまくＩＴ企業に転職し、リモートワークを開始した。新しい職場で働くのをとても楽しみにしていたのに、なぜかここ何年も経験していなかったレベルのストレスを抱えることになってしまった。

リモートワークは自由を感じられるどころか孤独が募るばかりで、同僚と知り合う機会もなく、自分が周りからどんなふうに見られているか心配だった。

上司とも画面越しに会うだけで、誰かに批判されたわけではないのに、自分のパフォーマンスがどう評価されるか不安を抱いていた。「パフォーマンスレビューは年に一度なのに、ずっとそれがストレスで恥ずかしいくらい」。

しかも、その会社では理由も聞かされずにいきなり解雇された同僚がいたということで、たしかに不安なのはよくわかった。

仕事のストレスでプライベートも楽しめない

ローリーは私のクリニックにやってきた時点で、ハイキングや読書会などの趣味をやめてしまっていた。仕事以外、何も手につかないほどストレスが大きくなっていたからだ。

片頭痛や胃痛にも悩まされ、新しい仕事のせいだと思われるストレスに、仕事以外の時間も支配されていた。よく眠れなくなり、寿命を縮めているのではと不安になった。友人に何気なく「新しい仕事はどう?」と聞かれても、自意識過剰だと思われそうで本当のことを言えなかった。

パートナーには何度も「そこまでストレスを感じるなら続ける価値はない。辞めれば?」と言われたが、それでラクになったわけでもない。ストレス解消法の本や「Keep Calm(冷静に)and…」と書かれたグッズをプレゼントされても、よけいに無理だと感じるだけだった。

「ストレスのせいで、ときどきイライラするというレベルではなくて、人生を邪魔され、自分でもコントロールできないという気分だった」。ローリーはそう振り返る。

ストレスを解き明かす

一般的には「ストレス」という言葉が、フラストレーションの募る体験——激しい議論や健康への不安といった急性のものから、先述のローリーのように慢性のものまで——をどう感じ、どう反応するかに使われている。

この本でストレスを語る際には、よくあるミスマッチ、つまり**「その人が要求され**

ているとできることの差」に焦点を当てていく。
ストレスにこのような説明を与えたのは、カリフォルニア大学バークレー校の心理学者リチャード・ラザルスとスーザン・フォルクマンで、**①脅威に直面していると感じる→②感情的にあるいは物理的に対処できないと思い込む**、という構図だ。ローリーのように「これは大変すぎる……無理！」となったら何かを改善していかなければいけない。

ここで**「ストレス」と「不安」は似て非なるものだ**ということも明確にしておきたい。ストレスは生理的あるいは感情的なバランスの乱れだ。一方で不安とは、原因に釣り合わないほど長引く心配のことだが、ストレスに対する反応の可能性もある。
たしかに、どこからが不安でどこからがストレスなのかは少々曖昧なところがある。なぜならストレスの多くは不安と同様に予期することから生まれ、その瞬間に起きていることとは直接関係がない。それでも不安とストレスを区別する方法はあるので、まずはどのように測定するのかを見てみよう。

ストレスを測る方法は数多く存在する。

ストレスの持続時間や混乱の度合い、どのくらい自分でコントロールできていると感じるかなどだが、一般的に専門家がストレス評価に使うのが **「知覚されたストレス尺度」** だ（その名前からして、ストレスの多くが知覚に起因していることがわかるだろう）。

人生に圧倒されているように感じるか、問題に対処できる自信がどのくらいあるかといった質問に答えていく。

一方で、不安に使う尺度には **「ベック不安評定法」** などがあり、心配の度合い、パニックや動悸などの身体的症状があるかどうかに焦点を当てている。

ストレスと不安のもう1つのちがいは、ストレスは外的なきっかけで始まる点だ。逆に不安には明確な外的要因がなく、長引くこともある。人生は不確実だということを受け入れられずに苦しんでいたり、恐怖を引き起こす状況を避けたりしている場合には、とくに長引く。

ローリーの場合、新しい仕事によってストレスが生じ、それが不安へと変化した。セラピーを受ける選択をしたのは良かった。早期に専門家が介入することで、長期にわたって不安障害と闘うことになるのを防げるからだ。

ストレスは「脅威」にも「チャンス」にもなる

ローリーにまず説明したのが、**「ストレスは必ずしも悪いものではない」**という点だ。困難に直面しても**「なんとかできる」**と思えれば、ストレスは**「ポジティブかもしれない挑戦」**になるのだから。しかし**「手に負えない」**と思い込むと、ストレスは**「脅威」**になってしまう。

想像に難くないと思うが、脅威と見なされる状況下では生理的な反応が強まる。心拍数や血圧が上昇し、ネガティブな気分も強まり、認知能力が低下するということが研究でもわかっている。

かといって、ストレスはその人の頭の中にしか存在しないとか、単に認識の問題だなどと言うつもりはない。むしろ多くの人が疲れきり、ストレスが手に負えないほど大きくなってしまっていると実感している。今は健康でも（あるいは良い保険に入っていても）保証にはならないし、仕事や人間関係もこれまで以上に不安定に感じられ、銃乱射事件、貧困、不平等といった悲惨なニュースに絶望する日々なのだ。

コミュニケーションの手段がかつてないほど増え、静かな時間を過ごすことさえ難しい時代だ。常にオンラインでいなければ、すぐに返信しなければと考え、エネルギーがどんどんもれていくと言っても大げさではない。

その上、くつろぐために選ぶ行動もエネルギーを回復できるようなものではない。SNSを1日平均2時間半もスクロールしていたら（調査によれば大多数の人々がそうしている）、外見が魅力的で、流行をとり入れていて、成功していて、いつも楽しんでいなければならないというプレッシャーでいっぱいになる。見逃してはいけない、完璧でなければならないという重圧――それがストレスになるのだ[*1]。

しかし、ストレスに何もかも奪われてしまう必要はない。

私のこれまでの経験からも、ストレスを悪化させないことを学び、戦略的に行動することは可能だ。そうすれば、どんなにつらい状況でも生きやすくなる。

ストレスを受け入れて強くなる

1つ覚えておいてほしいのは、この本の目的はストレスを完全になくすことではないということだ。なぜなら、そんなことは不可能だから——**ストレスは、「意味のある人生」を生きるための代償**なのだ。

オーストラリアのクイーンズランド大学教授で著名な社会心理学者ロイ・バウマイスター博士も、**「意味のあるかかわりこそがストレスを増大させる」**と言っているほどだ。

考えてみてほしい。人生でストレスをゼロにするなら、行動範囲を狭め、現実をあえて否定し、どんな小さなチャレンジも避けなければいけない。言い換えれば、退屈で人とかかわらない憂鬱な人生を送らなければならない、ということだ。

適度に問題やストレスにさらされるのは実は良いことで、それがレジリエンス（回復力）を高めてもくれる。ニューヨーク州立大学バッファロー校の教授マーク・シーリー博士が行った大規模な調査でも、**「人生で多少の逆境を経験したほうが、大きな逆境を経験する、あるいは一切しないよりも良い結果が期待できる」**という結論が出

＊1　この本の目的はただのアイデアで終わらせず、実際に自分を解放すること。満足感を得るための行動を起こしたければ考えてみよう。SNSは控えたほうがよさそうか？　スクリーンタイムを見直してみる？　スマホからSNSアプリを消すメリットは？

ているほどだ[*2]。

ストレスというと悪いイメージが強いが、ストレスを利用すれば、誰でも進化し成長できるのだ[*3]。ローリーにも伝えたが、目標に向かう中で障害を予想したり直面したりしたときには、**「ストレスとは正常なもので、たいていは役に立つ反応だ」**と見なすことから始める。

ローリーの場合は、自分のストレスにさらにストレスを感じていて、**「私のどこが悪いの？」「私は良いことまで問題にしてしまう」「ストレスのせいで集中力が下がる。クビになったらどうしよう」**と自問自答して自分を責めていた。

ストレスにどうアプローチするかで、ストレスを足かせではなく、自分の味方につけて活かすことができる――そう考えると希望が湧く。

ローリーには「ストレスを感じるのは自然なことだ」という話もした。

とくに新しい仕事を始めたばかりのとき、ましてや間に合わせのホームオフィスでは。ストレスを体験するというのは、ストレスによって自分を定義することではないし、ましてや恥ずべきことでもない。「自分をどうにかしないと。私はいったいどうしてしまったの?」などと自分を責めなくていいのだ。

「ストレスは人生にとってプラスになる」

ローリーにもぜひ知ってほしかったのが、臨床心理学者アリア・クラムが草分け的存在として提唱した**「ストレス・マインドセット」**だ。

これは、**「ストレスは有益な可能性を秘めている」**と見なすマインドセットだ。

スタンフォード大学マインド&ボディ・ラボの主任研究員であるクラム博士は、「ストレスは自分のために良くない」という考え方が事態を悪化させる可能性について研究してきたことから、ストレスの捉え方を見直すよう勧めている。思考は浮かんだり消えたりするが、マインドセットとは、**「どのように物事を広く捉えられるか」**だ。

自分の態度全般を見直すことで世界観を変える強力なきっかけになる。

*2 これは事実だが、あえて逆境に身を投じろということではなく、人生の目標に向かって進むときに生じるストレスを受け入れるという意味。
*3 ここでも、ストレスとは自分の価値観と一致する挑戦(ローリーの場合は仕事)に立ち向かうことであり、自分でつくり出した役に立たないストレス(考えすぎや完璧主義など)のことではない。

ある研究で、クラム博士のチームは**「ストレスは人生にとってプラスになる」**という3分間の動画を作成した。アップテンポなBGMを流し、ストレスが最高のパフォーマンスにつながるというメッセージと、その驚くべき事実（酸素レベルを上げ、集中力を高め、意思決定能力を強化し、リーダー的存在になるのを助けてくれる）を盛り込んだ。

この動画を観た人は、模擬面接や短いスピーチなどストレスフルなことをしたあとでも、以前より柔軟に考えられるようになり、ポジティブな感情も生まれたという。

ストレスを悪いものだと決めつけて、ストレスを減らしたり避けたりするために問題行動をとる（仕事で注目を浴びるチャンスを断るなど）、あるいは破滅的な行動に出る（過剰な飲酒など）よりも、クラム博士のチームはこのように推奨している。

自分にとって大切な機会に注力し、偏見を持たずに何もかも感じることを自分に許し、「このストレスは、自分にとって良いものかもしれない」と考えることでストレスを最適化する。

ここで肝心なのは期待を高めることだ。とくに、人生の目的に沿った難易度の高い挑戦に挑むときには大切になってくる。

たとえば、緊張するようなイベントを**「価値観を変えてレベルアップするチャンスだ」**と捉えてはどうだろうか。

新しいレンズを通して見ることで、たとえば大切な家族の世話など長く続くストレスフルな状況も、「徳を積んで自分を磨くための過程」のように捉えることができるかもしれない。

緊張を「ワクワク」に捉え直す

ローリーも他のクライアントと同様に、ストレスを受け入れることに懐疑的だった。「だって、ストレスのせいで病気になったり寿命が縮んだりするのでは？」

しかし、マルケット大学看護学部の准教授アビオラ・ケラー博士が主導し2万8000人以上を対象とした研究でも、多くのストレスを経験して「ストレスは健康に悪い」と考えている人たちのほうが、ストレスを感じていても「健康状態が悪くなる」とは思っていない人たちに比べて、早期死亡のリスクがなんと43％も（！）高かった。**「ストレスが健康に悪影響を及ぼすかも」と心配すると、本当に健康状態**

が悪化するのだ。

ローリーからは、「大事な会議の前に気持ちを落ち着かせ、他人からどう思われているかをあまり気にしないようになりたい」と相談された。そこで**「気持ちを落ち着けたい衝動」を「ワクワクする気持ち」に置き換えてみたらどうか**と提案したところ、ローリーはさっぱり意味がわからないという顔で私を見つめ返した[*4]。

ハーバード・ビジネス・スクールの准教授アリソン・ウッド・ブルックス博士の研究によって、参加者の90％が**「能力に評価を下されることに不安を感じたら、気持ちを落ち着けなければいけない」**と考えていて、実はその考え自体がストレスの原因になっていたことがわかった。

自分自身に置き換えてみても、「すぐにリラックスしよう」とがんばっても、かえって疲れるだけではないだろうか。ブルックス博士はそんなときには**「再評価」**する——つまり自分の気持ちを劇的に変えたいという衝動を手放し、強い感情を許してワクワクする気持ちへと再解釈する——ことを勧めている。感覚を抑え込むよりも尊重し、感情のベクトルをポジティブな方向に持っていくのだ。

ブルックス博士が主導した別の研究では、カラオケでジャーニーの『ドント・ストップ・ビリーヴィン』を歌う前に**「私はワクワクしている」**[*5]と口に出した人は、そうしなかった人よりも正確に自信を持って歌うことができた。

また、別の実験でも、2分間スピーチをする前の不安を「ワクワクする」と捉え直した人は心のこもったスピーチができ、より長く話したという。ストレスをワクワクに捉え直した人は、周りからも有能で自信があると見られたのだ。

ローリーもストレスを悪いものだと思い込むのをやめただけで、新しい仕事への熱意を取り戻すことができた。

さらに、イライラしたときに「落ち着かなきゃ」とプレッシャーをかけて自分を責めるのをやめ、集中する余裕もできた。そう、うまくやるためには心が平穏な状態よりも多少エネルギッシュなほうがいいのだ。ローリーはまた、ワクワクする気持ちを仕事以外の大切なことにも向け始めた。

*4 あらゆるストレス要因をワクワクに再解釈しろというつもりはないが、評価を下されるような場合や社交上の心配があるときにはとりわけ効果的。

*5 私もはじめは親しい友人たちに「ストレスの本を書くことがストレス!」なんて言っていたが、ブルックス博士の研究のことを書いているうちに、「ワクワクしている!」と言ったほうが本当だし元気も出ることに気づいた。

「ワクワクすることで思考力やエネルギーを取り戻せました。読書会に復帰し、ＤＶ被害者の履歴書作成支援ボランティアも始めたんです」

「自分にどう言い聞かせるか」が大切

さあ、次はあなたの番だ。

生活の中で「落ち着け、私」を**「なんかワクワクする！」**に置き替える実験をしてみてほしい。

それでも不安になることはあるだろう。たしかにストレスを感じても大丈夫だし、ワクワクしていると自分に言い聞かせることもできるかもしれない。だけど身体がついてこなかったら？

ロチェスター大学の心理学教授でストレスの研究者ジェレミー・ジェイミソン博士が、**「胃の中の固いもつれをリボンに変える」**という写実的なタイトルの論文を共同執筆している。

その研究では、多くの大学院が採用している入学試験ＧＲＥの試験勉強をしている学生に、自分自身のストレスの生理的な症状

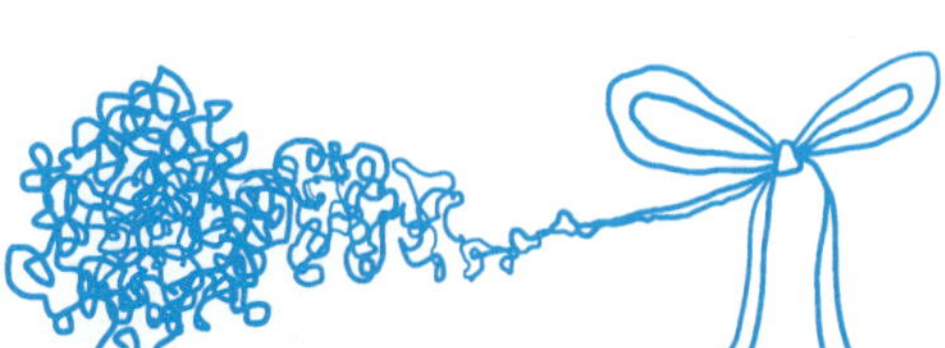

を再評価するよう指示した。

それが動悸であれ不安であれ、**身体のストレス兆候は困難を意味するのではなく、良い成績を取るのに役に立つことを思い出すよう促した**のだ。それを実行した学生は、指示を受けなかった学生グループと比較して、数学で良い成績を収めた。


ジェイミソン博士の別の研究に、コミュニティ・カレッジで数学を受講する学生を対象にしたものがある。

ここでもストレスによる感情のたかぶりを「再評価」するよう教えると、数学の成績が向上しただけでなくコースを修了する確率も高まり、ストレスの生理的兆候であるコルチゾールの値が低下していた。

ハーバード大学の心理学者ミランダ・ベルツァー氏らが行った研究では、被験者に人前で話すよう頼んだ。心臓がドキドキする感覚を**「身体に酸素が供給されている証拠だ」**とポジティブに考えることで、恥ずかしさや不安が軽減し、ソワソワする度合い、認知機能、心血管系に至るまで「全般的に」向上することがわかった。自分にどう言い聞かせるかでアプローチや感じ方が変わり、パフォーマンスにも大きな影響を及ぼすのだ。

さらに驚いたのは、ストレスに対する見方を変えることで、周囲の人のストレスまで軽減されることだ。

カリフォルニア大学サンディエゴ校ラディ経営大学院の准教授で社会心理学者のクリストファー・オヴィエス博士が主導した研究では、製品デザインチームに所属する被験者にストレスを再評価してもらったところ、他のチームメンバーまでストレスが軽減されたという。

再評価をする際に試してほしいのが、多種多様な状況でやってみることだ。

ここで紹介した研究の被験者は特定の状況（テストを受ける、スピーチをするなど）でストレス反応を自主的に考え直すことができたが、難しい人間関係をうまく切り抜けたり、健康面の不安があったりするときにも同じようにできるとはかぎらない。それに関して、ジェイミソン博士は「別の局面でもうまく活用できるかどうかにかかっている」としている。

ストレスを味方に

ジェイミソン博士の研究協力者であり、テキサス大学オースティン校の准教授でもある発達心理学者デイビッド・イェーガー博士は、人生のさまざまな場面に適応できるマインドセット**「シナジー・マインドセット」**を勧めている。

課題に思慮深く取り組み、途中で助けを求めればそれが前向きな挑戦になると信じる「成長《グロース》型マインドセット」と、身体のストレス反応が自分を奮い立たせてくれていると認識する「ストレスがプラスになるマインドセット」を融合させたものだ。

「自分には成長する力があり、身体もそれについてきてくれる」と信じることで、あらゆる類いのストレス要因に柔軟に取り組めるようになる。

イェーガー博士の研究チームは、8年生から大学生まで4000人以上を対象に6つの実験を行った。それによると、30分のシナジー・マインドセットのトレーニングセッションをオンラインで受けた学生は、コルチゾールのレベルが低下し、メンタルの症状が緩和されたという。さらに1年後も受講コースで合格点を取る確率が高く、成績の差が縮まった。

人生においても**「自分も成長できる」**と考えて、時折感じる不快感（胃の中の固いもつれ）を受け入れることで、自信を持って新しい目標に取り組めるようになる。

ローリーも視野を広く持ち、自分は常に成長できると考えるよう努力した。解雇されるかもと悩むよりも、ストレス反応も役に立つと考えたのだ。

健全な思考を育むにはもちろん、**周りの支援を受けやすい環境に身を置くことも大切**だ。ジェイミソン博士が言うように、「良い種だけでなく、適切な土壌が必要だ。砂地には何も育たない」のだ。

ローリーの場合は、パートナーにもっと主張できるようになるべく取り組んだ。「落ち着け」とか「仕事を辞めれば」ではなく、励ましてほしいと言えるように。あなたも自分を助けてくれる人々に、ストレスで強くもなれること、そしてストレスを悪いものだと決めつけずに(必要なときには)励ましてほしいことを伝えておこう。

ローリーとはまた、とくに苦しい場合の具体的な対処法を一緒に考えた。具体的には価値観を明確にして、過剰に分析するのを防ぐテクニックにフォーカスした。

たとえば、上司から意図の不明瞭なメールがくるとストレスを感じていたが、以前のように考えすぎてしまう前に、数分間タイマーをかけて庭の芝生で椅子に座り、自分の呼吸と周りの自然環境に意識を集中させるようにした。その結果、気分が良くなってから、上司にメールで「もう少しはっきり説明してください」と頼むことができるようになったのだ。

＊＊＊

ストレスを感じることを自分に許すのも大事だが、エネルギーの充電が必要になったときにすぐに使えるテクニックを知っておくことも重要だ。

この複雑な世界では、ストレスリセットのような一見シンプルな解決方法を軽んじてしまうことがある。しかし、小さな車輪がスーツケースを運びやすくしてくれるように、気づきを得て、実行可能なテクニックも身につければ、かなりちがった気分になれる。「ストレスを受け入れること」と組み合わせれば、なお効果がある。

自殺を止める2つのスキルとは？

たとえ絶望的な状況にあっても、戦略的にストレスを和らげることが重要だ。それに気づかされたことがある。

昔、自殺ホットラインでボランティアをしていた頃に困難な局面にいる人たちとかかわる中で学んだのが、危機カウンセリングの中核となる次の2つのスキルだ。

1　**その人の孤独感を減らし、理解してもらえていると感じさせる**

2　**この先数時間どう対応するかを計画する**

対応といっても、クロスワードパズルを解く、テレビ番組を観る、友人に連絡するといったシンプルなことだが、そのおかげでその晩彼らは命を失わずにすんだ。

「危機に直面すると感情などを司る大脳辺縁系が活発になり、理性やアイデア創出を司る前頭前野が停止してしまう」と、アメリカ・カトリック大学教授で自殺を防ぐための臨床介入「CAMS自殺の危険のマネジメント」を開発したデイビッド・ジョーブズ博士も説明している。

「適切なツールさえ与えれば、人間は上達するのが得意だ」

問題のパターンを理解し、比較的シンプルな対処計画を使うことで、前に進みたい気持ちが湧くようなマインドを持てるようになる。

心理学者になってDBT研修を始めたとき、自殺ホットラインのボランティアと同じテクニックがベースになっていることに驚いた。そして今では、自分をコントロールし、癒やす能力を向上させるために使っている。

この本は、ストレスとどう付き合うかという本であって、自殺願望を抑えるための本ではないが、その2分野がオーバーラップしているということは、ストレスリセットの効果が、自殺という人生の危機においても発揮されることがわかる。

ローリーは、最終的にストレスを恥ずかしいものではなく、**「モチベーションの源」**だと捉えられるようになった。それでもダメなときのために、「仕事を中断する」という手堅いテクニックを身につけ、心を落ち着けられるようになった。

あなたもこれまでストレスを「ワクワク」に置き替えたことはなかったかもしれないが、その感覚がわかるようになることを願っている。

これは自分とストレスの関係性（意義ある人生を送るからこそ生まれるストレス）を改善するためにも重要なステップだ。このステップを踏むことで、「自分には無理」から**「できる。やります。私の計画では……」**に変えることができるのだ。

第2章 感情をコントロールする

私がメラニーにはじめて会ったとき、彼女は40代で、自分の性格を「感情の起伏が激しい」と表現した。幸せ、悲しみ、イライラなどの感情が限界まで高まり、それが長時間続くという。

感情を深く感じられる自分の特性には感謝してもいて、繊細であるがゆえに共感力のある人間、そして良い友人でいられることをわかってもいた。

しかし自分の感情──とくに悲しみ、怒り、恐怖を悪いものだと決めつけていた。**「子どもの頃から、父に『お前は過剰に反応しすぎだ』と言われてきた」**と振り返る。

現在、彼女は幼い子どもを持つ母親になり*1、ジャーナリストという過酷な仕事とイヤイヤ期を迎えた息子の育児をなんとか両立させようとしていた。

ひどい睡眠不足にも悩まされ、自分がこれほどイライラすることも懸念していた。

「インスタグラムではみんなすごく幸せそうなのに、私だけいつも嫌な気分でストレスを感じてばかり。なぜなの?」

はじめてのセラピーセッションに来る直前には、アパートの中で慌ただしく出かける用意をしていて、裸足で小さなおもちゃのゴミ収集車を踏んづけてしまい(痛そう!)、悪態をつきながらそれを放り投げてしまった(幸い幼い息子はその様子を見ていなかった)。

「私、気がおかしくなったみたいでしょう?」

メラニーはそう言う。

「そんなとき、人生は不公平だと心から思う。夫はサッカーの話ばかりしているし」

こんなふうに、メラニーは自分に厳しい評価を下していたが、私は彼女を批判するつもりはなかった。見るからにやさしげな女性だし、私にも幼い子どもが3人いるから、彼女の毎日がどれだけ予測不可能で、エンドレスに感じられるかもよくわかった。

「私はただまともな人間でいたいし、良い母親になりたいだけ。夫を憎みたくもない

＊1 もしあなたが子育ての例に共感できなければ、自分が今努力している「大変だが意義のあること」に置き換えてみよう。

のに……」

そこで、メラニーには私が主導するセラピーグループへの参加を勧めた。感情をコントロールするために、具体的な方法を学ぶグループだ。目標は、自分の感情をオン・オフする電気のスイッチではなく、明るさを調節できる調光器のようにすること。つけたり消したりするのではなく、まぶしさを抑えるのだ。

メラニーにはまず、自分の感情をうまくコントロールできるようになればどんな変化が起きると思うかを考えてもらった。すると「ストレスや予期できない出来事があったとしても、動揺しないようになれるかな？」というのが彼女の答えだった。メラニー本人も気づいていたのだ。共働きの親としてやらなければいけないことが多すぎて、短気になり、問題に対処する余裕がなくなっていることに。

メラニーの予測は正しい。ストレスと感情は互いに影響を与え合うのだ。身体が興奮していると（ストレスがピークに達するとよく起きる反応）、感情的にも反応しがちになる。逆に、感情をコントロールできるようになるとストレスを管理する能力も上がる。

カリフォルニア大学サンフランシスコ校の教授で感情制御とストレスを研究しているウェンディ・ベリー・メンデス博士にストレスと感情のちがいをたずねたところ、その2つは驚くほど似ているという答えだった。

しかし、感情は急に押し寄せることがある。怒りが稲妻のように閃いたり、嫌悪感が波のように押し寄せたりするのだ。一方で、ストレスは長い期間、継続してコントロールしていく必要がある。しかしメンデス博士は「興味深いことに、ストレスでも感情でも、コントロールし管理するときには同じプロセスを利用できる」と言う。感情を制御することとストレスに対処することは、基本的に同じことと考えていいのだ。

「自分の感情を批判している自分」に気づく

ストレスとの関係を改善するには、ストレス体験を悪いものだと決めつけてはいけない。

それと同じように、感情を制御する重要な第一歩は「自分の感情を批判していること」に気づくというものだ。

メラニーの場合は、自分が望んでいるほどには夫のブレットが育児にかかわってくれないことに、よく腹を立てていた。しかし、その感情を維持するよりも、「夫に怒りを感じる自分は悪い人間だ」と考えるようになり、ますます塞ぎ込むようになった。

このように、**状況や起きたことへの怒りが、怒っている自分への怒りにすり替わり、恥も感じることで、見事にネガティブな感情の網を形成してしまう。**

しかし、その感情が事実（ネガティブな考えではなく）に基づいているなら、感情から何か学ぶことができるし、そこからモチベーションを得て、周りの人に合図を送ることもできる。

恐怖や不安といった感情は、適切な強さであれば即座に行動を起こす原動力になるし、悲しみは人生に前向きな変化を起こす目覚まし時計の役割も果たす。妬みは野心をかり立て、嫉妬は人間関係を守り、罪悪感や後悔は行動を改善して誤りを正し、嫌悪感は汚染されないように自分を守るのだ。

しかし、**「一次感情（最初に感じる感情）」**から**「二次感情（最初の感情を判断して感じる感情）」**に移るときに、そもそも何に怒っていたのかを見失うことがある。必要なものがあって買い物に出かけたのに、衝動買いをした挙げ句に本当に必要だったものを買わずに帰ってくるようなものだ。

私はメラニーにも「怒りを悪いと決めつけずに受け入れてみよう。ニーズが満たされていない合図として捉えれば、夫に助けを求めることができるかもしれない」と説明した。

しかしこれまでは二次感情、つまり怒りを感じることへの怒り、さらには恐怖にもかり立てられて夫に怒鳴り散らしていたため、彼のほうも助けようという気にはなれずにいたのだ[*2]。

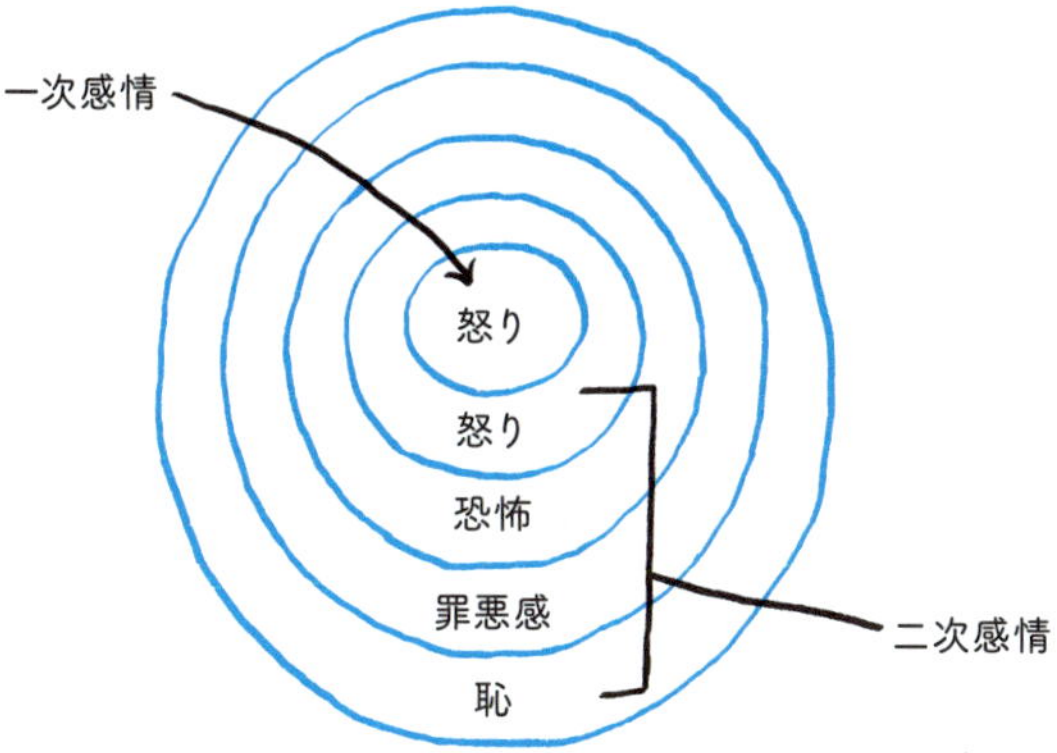

*2 その感情を悪いと決めつけるのをやめる以外に役に立つのが、「感情にポジティブな信念」があるかに気づくことだ。たとえばメラニーは心のどこかで「どれだけ怒っているかを見せれば夫も耳を傾けてくれるはず」と信じていた。そうやって相手に伝わるだろうと仮定しつつも、永久に嫌われてしまうのではないかという心配との間で揺れ動いていた。ここで厄介なのは、メラニーが激怒しているときに夫が耳を傾けたこともあったからだ。それで怒りが強化され、負のサイクルを断ち切るのが難しくなってしまった。

メラニーはまた、怒りを感じること自体に罪悪感と恥を覚えていて、そのせいで感情を抑え込み、激しさをエスカレートさせていた。誰しも覚えがあると思うが、感情を抑え込むのはストレスフルだ。研究でも、文化を問わず感情を隠すと血圧が上昇することがわかっている。

「できると思う人はできる」

メラニーは、「感情を人生の指針にできる」と知ってほっとした一方で、もっとも大きな感情である「怒り」が強すぎて、それをコントロールしたり効果的に周囲に伝えたりできないかもしれない、と心配していた。

そこで、ストレスも同様だが、**「感情をどう捉えるかが非常に大事だ」**ということを説明した。

エルサレムにあるヘブライ大学の教授マヤ・タミール博士が主導した研究は、スタンフォード大学でストレスの多い入学直後の学生の感情の浮き沈みを追っている。

そこでわかったのは、**感情を一時的なものだと捉え、対処する自信のある学生は、感情をうまく制御できるだけでなく、社交面でも成功し、深い幸福感を感じている**ということだった。タミール博士らがこの結果に、ブッダの「できると思う人はできる」という言葉を引用したのも不思議はない。

ストレスに対処するときもそうだが、感情をコントロールするときにも「成長マインドセット」を採り入れることが不可欠だ。

その一方で**「日々の習慣」**も重要になってくる。疲れていたり、空腹だったり、孤独だったり、定期的に運動していなかったりすると感情を制御するのが難しくなる。

子ども、夫、仕事以外の生活のことをたずねると、メラニーはここ数カ月間、社交的なことはほとんどしていなかった。しかもリラックスするためにやっていた行動は役に立たないものばかりで、夜遅くまで中毒性のあるゲームをするなど、翌日のストレスをよけいに増やしていた。

当たり前のように聞こえるかもしれないが、高速道路でエンストするリスクを負うよりも、ガソリンを満タンにして出かけたほうがいい。

良い睡眠の習慣をつくり、自分に悪い影響を与える物質は避ける。そして友情を育む、栄養のある食事をする、身体を動かすなど、レジリエンスを高める活動をする。

メラニーもこれまでより1時間早く寝る、少なくとも月に一度は社交の予定を入れるなど、スケジュールを少し調整するだけで感情をコントロールしやすくなったことに驚いていた。

また、検査していない健康上の問題がメンタルに影響していることもある。私のアドバイスで主治医に診てもらったメラニーは、イライラの一部が更年期障害とホルモンの変化によるものだとわかり、自分に対してもっと思いやりを持てるようになった。

もちろんこれからも、よく眠れなかったときなど過剰に反応しやすくなることは常にあるはずだ。しかし、疲れているときには苛立ちなどの激しい感情に敏感になりやすいことを思い出せば、行動に出てしまう前にペースを落として、大きな決断は別の日に延期するといった対策をとることができる。

感情の「ARC」

感情という体験がどんな要素で構成されているかを学べば、感情やストレス要因にとらわれることなく、適宜自分の気持ちを再調整し改善できる。まず知っておきたいのが、感情は「**ARC**」という予測可能な経路をたどることだ。

ARCとは

Antecedent　先行刺激（きっかけとなる出来事）
Response　反応（考え、身体の感覚、行動）
Consequences　結果（短期的な結果および長期的な結果）

の頭文字だ。

感情の展開を追うには、まず毎回共通する「**先行刺激（A）**」に気づくようになること。そしてその先行刺激が外的な要因、つまり誰かにがっかりさせられたことや締め切りが間に合わないことから生じているのか、それとも身体の痛みや心を乱す考えなど内部から生じているのかを分析する（先行刺激にはもちろん、陪審員の召喚状が届くなど突発的なものもある）。

その最初のストレス要因に気づいたら、**まずは自分を責めないこと**。

そして、今後はもっとうまくやれる部分がないかを考えてみる。事前には準備できないことだったとしても（結局はストレスと同様に感情も避けられないものだし）、自分独自の先行刺激に気づくだけでも、ストレスのスパイラルを防ぐことができる。

次に**「反応（R）」**に注意を向ける。

これは**「考え」「身体の感覚」「行動」**で構成されていて、それらが組み合わさって感情が構築される。それぞれの部分を振り返る時間を持つことで、サイクルのさまざまな段階で出口をつくれるようになり、途中で行きづまることなく感情を和らげることができる。

最後に自分の反応の影響、つまり感情にかられた行動――メラニーが息子のおもちゃを放り投げたような――の**「結果（C）」**を見ていくことも大切だ。

その行動によってどう感じただろうか。

その瞬間にはおもちゃを投げて悪態をつくことが当然のように感じられたが、自分が怒りをぶちまけている様子を息子に見られていたらどうなっていたかと思うと、メラニーは次回はもっと良い判断をしようという気持ちになった。

さあ、次はあなたの番だ。最近経験した感情を左のARCの図に落とし込んでみよう。

先行刺激（A）	反応（R）			結果（短期、長期）（C）
	考え	身体の感覚	行動	

ARCを見直す

感情がたかぶる原因が明確になったら、各過程で気持ちを改善するためのテクニックがある。さっそく見ていこう。

1　先行刺激を予測する

ストレスの原因となる出来事をトラブルシューティングできる場合は、計画を立てることでストレスを軽減し、気分を良くすることができる。ここで例を挙げてみよう。

とくに楽しい予定もなく、週末が長く感じられそうで怖いなら、何人かに連絡をして気分が晴れるような予定を入れておいたほうが、惨めな気分になってからそこから抜け出そうとするよりも気分良く過ごせる。

メラニーの場合、繰り返し現れる先行刺激というのが、休憩もとれず度を越えて疲れているときに、夫がテレビの前でくつろいでいるのを目にすることだった。

その点をセラピーで話し合い、新しい対応をしてみようということになった。腹を立てる前に自分のニーズを伝える。具体的には「ねえ、サッカーの試合を観るつもりなら、その前に1時間くれない？」と申し出てみる。そもそも「1時間くれ」と頼まなければいけないこと自体嫌だったが（だって言わなくてもやってほしいし！）、夫が喜んで手伝ってくれたのでほっとした。

また、自分に何が必要かが明確になり、休息するための時間を捻出するようにしたところ、つくった食事を息子がわざとこぼすなど、避けられないストレス要因への忍耐力も高まった。

2　柔軟に考える

ここでは、自分の考えを**「観察する練習」**をしよう――というのも、考えというものは一瞬で頭に浮かび、蜃気楼のように現実味があるからだ。

しかし、観察できるようになればよくある「分類ミス」、たとえば悲観的に考えすぎていたり、気になることをさらに悪化させたりしていないかどうかを見極められるようになる。

結論を急いだり、ありえないような最悪のシナリオを準備したりしている可能性もあるだろう。たとえば友人が自分の誕生日を忘れていたら（先行刺激）、そこから劇的な結論（もう誰も頼りにできない）を導き出し、合理的な説明（友人は忘れっぽい）とはちがった感情の反応を起こしてしまう。

自分のメンタル習慣を注意深く観察すれば、その習慣が足を引っ張っていることに気づけるようになる。**「この考えは私を助けてくれない」**というラベルを貼るだけで、感情に押しつぶされそうなときにもそれを和らげるのに大いに役立つ。

他にも、「私なんてどうせうまくいかないのに、なぜわざわざがんばる？」といった無為な考えを、看板に書かれた文字を読むように距離を置いて見るというテクニックもある。そうすると、その考えのパワーが薄れるのだ。

別の選択肢に「事実確認を行う」というのもある。順序立てて自分に問いかけてみよう。

・この考えは正確？
・他にはどのように解釈できる？
・この考えは激しい感情によって引き起こされている可能性がないか？

ストレスとそこから生まれる身体の感覚を改めて分析することで、ストレスを「自分を傷つける存在」から「やる気を出させてくれる存在」に変貌させるテクニックはすでにとり上げたが、同じことが**「認知的再評価（出来事の意味を再考する）」**にも言える。

一例を挙げると、会っている相手があくびをしたら、**「自分は退屈な人間だ」**と思い込むこともできるし、**「この人は疲れているにちがいない」**と考えることもできる。

感情制御の第一人者でこの分野で数十年の経験があり、スタンフォード大学で教授を務めるジェームズ・グロス博士も、感情をコントロールするためには、柔軟かつ状況になじむ形で考えることが不可欠だとしている。

本当は平和な気持ちでいたいのに、つい悲観的になることは多い。しかし、最悪の事態が起きると信じたままでは、つらい感情が居座ってしまう。

脳の研究でも、感情を抑え込むよりも自動的に浮かぶ思考を再評価することで、感情を司る脳領域の扁桃体の活動が抑えられるという。再評価をするには、そうしたいという気持ちと努力が必要だが、やる価値は充分にある。

「自分を痛めつける考え」と距離を置く

あなた自身の経験を振り返ってみても、メラニーのように足を引っ張る考えが浮かび、それに対処する心の準備ができていないことがあるかもしれない。

息子が病気で一睡もできなかったときなど、つらいときに柔軟に考えられなくて困っているメラニーには、「最悪の事態を想定する練習は充分にした。だけど考え方を変えるにも時間がかかるのだから」と思い出せた。

そして最終的には、「私の人生は不公平すぎる！」という極端にネガティブな考えが現実でもなく、運命に定められているわけでもないことを理解できるようになった。

かといって、建設的に考えれば感情を感じないということではない。

しかし**健全な見方ができるようになれば、そこで湧く感情は前ほどその人の力を奪わなくなる。**

別のクライアントでメラニーと同じスキルを学んだルーシーは、期待外れのデートが続いたせいで「私は良い人には巡り会えない」と思い込んでいた。気の合わない人と1時間過ごして悲しい気分になったり、怒りや不安まで感じたりするのは普通のことだ。そこでルーシーには「デートが失敗だっただけでもつらいのに、孤独な未来を想像して痛みを何倍にも増やしてはいけない」と伝えた。

別のクライアントのエドガーは「家を買うお金なんか絶対に一生貯まらない」と人生に失望していた。しかし実際には彼のキャリアは始まったばかりで、貯金も始めていたのだ。

脳内の上客になってしまっている思考を振り返ってみて、感情で苦労させられる一因になっているものはどれだろうか[*3]。距離を置いて眺めるか、事実を確認する習慣をつけよう。

3　身体の感覚を受け入れる

次に、特定の状況で身体に表れる変化と、そこから引き起こされる思考に対処していこう。

メラニーの場合は怒りを感じると筋肉に力が入り、心臓がドキドキし、それが怒りの思考を生む原因になっていた。他のクライアントも、まずは身体を締めつけられるような感覚を感じ、そのあとにネガティブな思考が続くことが多いという。

そこでメラニーにはまず、**「ボディ・スキャン」**（187ページ参照）によって緊張を解く方法を教えた。

そして、家に帰ったらまずは身体が緊張しそうな政治に関する動画を数分間観て、その感情を維持し、不快な感覚を受け入れる練習をするように勧めた。するとメラニーは驚いて聞き返した。

「怒りという感情に問題を抱えているのに、わざわざ激怒するようなものを観ろというんですか？」

そこで私は、**「毎回必ず気分が良くなるわけではないけれど、反応せずに感じられるようになるから」**と説明した。

練習として意識的にその状態に留まり、身体の感覚を受け入れられるようになれば

＊3 瞬間的に私の頭に浮かんだのは「この章はダメだ」「こんなに一生懸命書いてもどうせ誰も読んでくれないのに」といった考えだった。

心がラクになる。それに、自分の身体が感情がピークの状態を長く維持できないことも体感できる。

「身体の興奮状態はやがて消える。そのことを根気強く思い出せば、瞬間的に行動せずに良い決断ができるようになる」

ペンシルベニア大学の精神医学教授で認知療法センター所長コリー・ニューマン博士もそう述べている。

「すると、最終的にはちがった感情が湧くのです。興奮状態をずっと維持するなんて、生理的に不可能なのだから」

4　自分の気持ちと逆の行動をとる

ARCの「反応」の最後の1つは「行動」だが、**「自分の気持ちと逆の行動をとる」**という対処法がある。

怒って誰かに声を荒らげる、不安だからといって予定をキャンセルする、悲しいときに昼間から布団をかぶって引きこもってしまうというのは感情にかられた行動だ。

そうすることが自然で、カタルシス効果もあるように思えるかもしれないが、感情を増幅させてしまう恐れもある。なぜかというと、思考と身体の感覚がその人に特定の行動をとらせていて、その行動が感情をセメントのように固めてしまうからだ。

ネガティブな感情によって、破滅的な行動をとってしまう――それをやめるために**「自分の気持ちと逆の行動をとる」**というテクニックがある。変えたいと思うような感情が湧いたら、その気持ちとはちがった行動に出ることで、自分の気持ちを改善できるのだ。

まずは自分の感情を分類し、それに引っ張られている行動がないか分析する。

次にその感情に従って行動することが長期的に良いかどうかを考え、良くなさそうであれば気持ちに反する行動をとる。逆の行動をしている間には、必ず自分の考えを観察するようにしよう。たとえば、勇気を出して新しい趣味を始めても、「私なんてダメだ」とおびえていたら元気は出ないからだ。

私もこのスキルがお気に入りだが、「気持ちを偽ること」と混同してはいけない。ポジティブに感じているふりをするのではなく、自分の感情をしっかり感じながら、最終的な目標に合った行動を選択することがポイントだ。

居心地が悪くても、どの段階においてもその瞬間から逃げずに留まってほしい。「いつ気分が良くなるのだろうか」と心配したり、ネガティブな考えにとらわれたりすると、このスキルの効果を得にくくなる。

仕事が気になっても、あえて目の前のことに集中する

ある朝、メラニーはグループセラピーで「仕事の締め切りが迫っていると、仕事のあとに息子と遊んでいてもすごく不安になる」と語った。不安にかられてスマホを握りしめ、心ここにあらずの状態で子どもの相手をしているという。しかし一歩引いて考えると、自分の不安のレベルが現実と見合っていないことに気づいた。

勤務時間外にすぐにメールに返信する必要などないし、そんなことをしても気分が落ち着かないだけだ。そこでタイマーを15分に設定し、スマホをしまって、この世で唯一の関心事は息子と遊ぶことだけというようにふるまった。

すると驚いたことに、心の準備もしていなかったのに、意欲的にふるまうだけで大きなちがいを感じられたのだ。また、今に集中することで不安が減り、子どもと遊ん

でいても楽しめるようになった。

その後、仕事のことばかり考えていることに気づいたときには、何度も繰り返しこの逆の行動をとった。そう、感情の変化を楽しめるようになるには繰り返し練習しなければならない。「逆の行動」をとるのもそのときの気分を良くするためではなく、心をラクにして生きるためだからだ。

私にとってもこの「逆の行動」は、究極のメンタルハックだ。疲れていても、運動をすれば気分が良くなるとわかっているときなどに使っている。

ほかにも、イライラしているときほど他人を好意的に解釈するよう意識し、思いやりのあるコミュニケーションを心がけている。

最近、数分遅れたせいで怒られたことがあったが、それで守りに入ったりその場の緊張感を長引かせたりするよりも、**「この人は時間に追われていて、自分がリスペクトされていないと感じたのだ」**と考えることにして、心を込めて謝罪した。

私がちゃんと理解しているのを感じてもらった上で、本当ならこれ以上気まずい会話は避けたいと思いつつも、「今後はイライラしていることを怒鳴らずに伝えてもらえるか」とお願いした。

このように逆の行動というのは1つの行動でなく、**長期的に見て役立つ行動を継続的に重ねていくもの**だということがわかるだろうか。その瞬間に一番ラクだと感じる行動をとることではないのだ。

「行動活性化」は重度のうつ病にも効果がある

興味深いことに、うつや不安の行動療法はどれも自分の気持ちとはちがった行動をとることがベースになっている。

なぜなら**「自分の気持ち」に従って行動すると気分に左右されてしまうか、高いレベルの意図によってではなく、感情に人生を動かされてしまうからだ**。

気分が落ち込んで希望を持てない人でも、この逆の行動をとることで症状が大幅に改善される。これは行動療法では**「行動活性化」**と呼ばれ、日常生活に楽しみや達成感を感じられる活動を増やすことで、意義のある生活を計画するというものだ。

コロラド大学ボールダー校教授で心理学者のソナ・ディミジアン博士が主導した画期的な研究では、**「行動活性化」は抗うつ薬よりも重度のうつ病に効果があった**。

先行刺激（A）	反応（R）			結果（短期、長期）（C）
	考え	身体の感覚	行動	
どのように心の準備をする？	この状況に対するもっと良い考え方は？	身体に何を感じる？　どうやって受け入れる？	どういう逆の行動をとれる？	何を学んだ？

自分の気持ちと逆の行動をとることで「上昇スパイラル」を巻き起こし、そこからポジティブな感情につながる経験をし、ネガティブな物語を少しずつ取り除いていける。

マインドを変える究極のテクニックは、まずは人生自体を変えることなのだ。

5　結果を見極める

ここでやっとARCの「結果（C）」にたどりつく。もっと他の行動も試してみたいという意欲を高めるためにも、先ほどの「反応」の結果を追うことが大切だ。上の図のように自分のデータを集めて、パターンが存在するかどうか分析してみよう。

クライアントや自分自身の人生をベースにすると、次のように予測できる。

感情にかられた行動をとるのは短期的には気持ちが良いかもしれないが、長期的には不快に感じられる。感情が強まるし、その方程式に恥と罪悪感まで加わることがあるからだ。

しかし、「柔軟に考える」「自分の気持ちと逆の行動をとる」といったテクニックを使えば、最初は手が届かないように思えても、長く続く報酬が返ってくる。

メラニーの場合は、「夫が私の心を読みとれるわけがない」と自分に思い出させるようにした。意識的に顔をリラックスさせて「手伝って」と頼むには努力が必要だったが、そこから安定した誇りと安堵の感情が生まれた。瞬間的に満足させてくれるものを求めるのは簡単だが、その「結果」を覚えておくことが助けになるのだ。

自分の経験こそが最高の教師だから、前ページのチャートを使ってARCを向上させていこう。

いつでも練習しよう

メラニーは疲れているのに税金の申告をしなければならなかったとき、自分の考え

小さなストレス要因＋反応がエスカレート＝結果が悪化

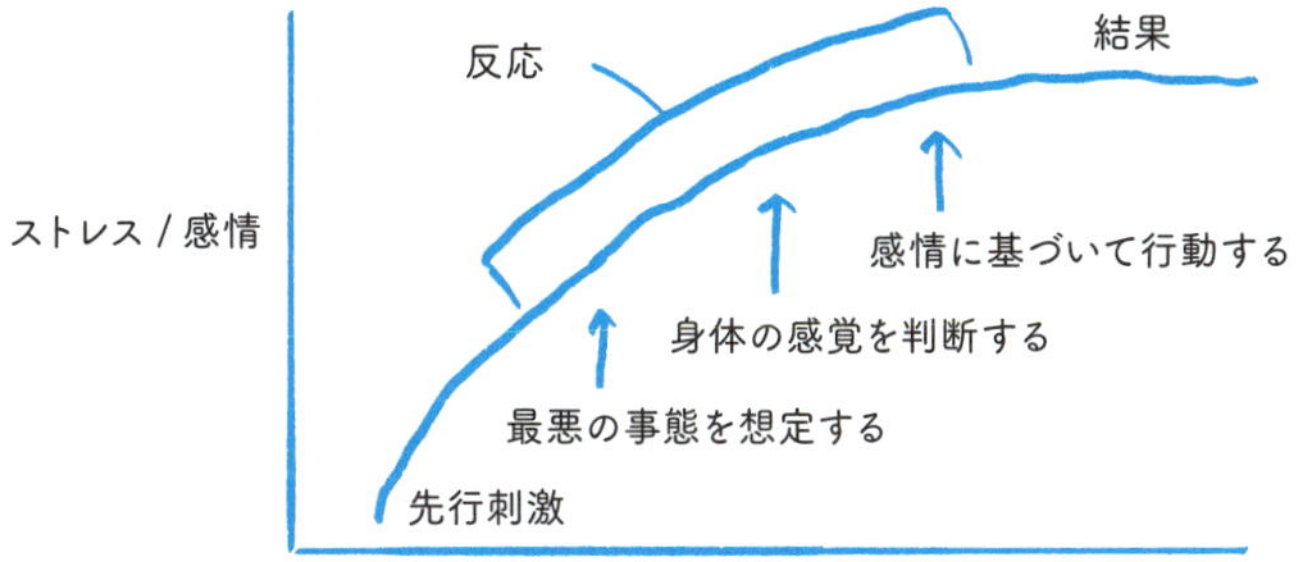

大きなストレス要因＋戦略的な反応＝結果が改善

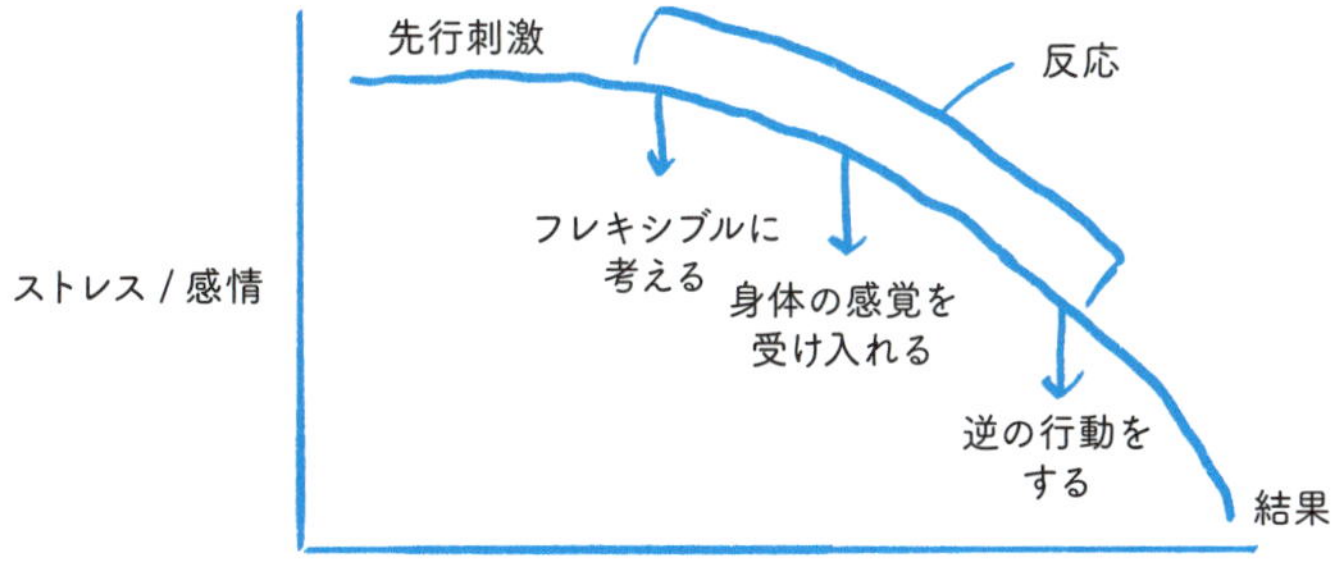

に気づく練習をしようとした。私にはできない——そんな考えが浮かんだから、事実を確認する練習もした。

すると、**「30分ならできる」**と感じられた。身体の緊張具合から判断せず、柔軟に考え、一見不可能に思えるタスクに着手する。そうやって始めるときに不安が高まってもすぐに打ち勝ち、作業を手早く終わらせることができた。

私の場合は、人前で話すことに恐怖心があった。

3分間のテレビ番組を撮影するだけで、心配のあまり一晩中寝られずにいたほどだ。しかし、これはまさにふだん自分がクライアントに勧めているテクニックを実践するときだと思い、人前で話すための講座に申し込んだ。それが自分のやりたいこと（講座もふくめて二度と人前で話したくない）の逆だったからだ。

その後、別の講座にも申し込み、さらに別の講座にも申し込んだ。そのかいあって、今では聴衆を前にして話すことを楽しめている（それでもまだ不安や興奮は感じるが、そこからは最善の準備をしておこうというモチベーションをもらえる）。

本当の意味でスキルを習得し、ストレスの多い状況でも効果を得るには、幅広いテクニックを多様な状況下で定期的に練習しなくてはいけない。
自分は思っていたほど人前で話すのが上手ではないと気づいたが、テレビでインタビューを受けるというシチュエーションは毎日あるわけではない。
講師からは「瞑想の先生みたいに落ち着いた声で抑揚のない話し方をするより、声のトーンにバリエーションをつけたほうがいい」とアドバイスされた。だから毎日少なくともセラピーセッション1回と日常会話1回（友人、知らない人、子どもなど）で、声にバリエーションを持たせる訓練をした。そうやって、人前で話すような大事な場面でも声のトーンを自然に変えられるようになったのだ。

コロンビア大学の客員研究員アメリア・アルダオ博士は感情の制御に関する論文を何十本も執筆しているが、安定して感情をコントロールできるようになるには、さまざまな状況で幅広い感情に対していくつも戦略を試さなくてはいけないと言っている。

「さまざまなツールを自由に使えるようになれば自信がつき、地に足が着く。感情をコントロールするスキルを1つか2つしか持たないなら、特定の状況にぴったりのスキルを体得しておくのがよいでしょう。しかし、やはりいくつも持っているほうが（そして何度も試行錯誤する覚悟があるなら）、大きな問題にも対処できます」

ACTを開発したネバダ大学リノ校のネバダ財団教授スティーブン・ヘイズ博士に50人の心理学者が協力して、何百種類という心理療法の論文を分析し、人生がラクになるための必須要素を特定した取り組みがある。

彼らは**「心理的柔軟性」**に着目し、ヘイズ博士はそれを**「メンタルヘルスにおいてもっとも重要なスキルのセット」**だと考えた。そして、そのセットとは、**自覚（気づくこと）、オープン性（受け入れ難い考えや感情を処理するのを自分に許すこと）、価値ある関与（自分にとって何が重要かを特定し、その方向に進むこと）**だと定義した。

身体が柔軟だとうまく動きを制御できて怪我のリスクを減らせるのは誰もが知るところだが、心理的な柔軟性についても同じことが言えるのだろう。

自分の感情に込められたメッセージを理解し、ARCを観察して改善していくことで感情やストレスとの関係性に変化が生まれる。それがインスピレーションになることを願っている。

第3章 考えすぎをストップする

別のクライアントのマックスは、大学のルームメイトが自分のことを「チル要素のないやつだ」と評しているのを聞いてしまった。Z世代の言葉で「リラックスできない人」という意味だ。

傷ついたけれどそのとおりなんです――とマックスは言う。

そんなふうに思われていたのは恥ずかしかったが、ふだんからストレスフルなことばかり頭に浮かんでしまい、日曜の午後ですら、のんびり過ごすなど普通の時間を楽しめず、苦労していた。

学生保険の特典に無料のセラピーセッションが10回ついていたこともあり、セラピーを受けてみようかと考えていた矢先にルームメイトの言葉を聞いてしまい、私のクリニックに予約を入れたというわけだ。

そんなマックスが、セラピーを始めることにして本当によかったと思う。考えすぎという習慣はエネルギーを消耗する上に、うつのリスク要因でもあるからだ。

一度目のセッションでマックスはこう語った。

ToDoリストに試験勉強や論文執筆のような重要事項があったり、友人とけんかしていたり、大事な決断をしなければいけないような差し迫った問題があったりすると、それが頭から離れない。何か他のことをしようと、テレビを観たり眠ろうとしたりしてもダメだった。

「ずっとこんな状態なんです。自分の頭の中で迷子になったみたいに、答えの出ないことを分析し続けてしまう。人生に何の意味があるのか、なぜ良い人に悪いことが起こるのか、なんてね」

では、「今」という瞬間に集中するために何かしているかとたずねると、高校の保健の授業でガイドつきのマインドフルネスのことを教わったという。しかしマックスの声はあきらめきっていた。

「だけど自分には全然無理でした。簡単なはずなのに」

マックスは自分の生い立ちについても話してくれた。

両親は非常に愛情深くて面倒見も良い。弟のジョーイは発話に問題があり、自閉症だと診断されている。人生の目標をたずねると、移民の両親が自分の将来と弟の治療にできるかぎりのお金と時間を注いでくれた――だから、両親が不安なく引退できて、弟のことも養えるだけのお金を稼ぎたいんだ。そんな夢を語る様子に私はすっかり感動してしまった。

マックスは中学生の頃から、常に自分がベストを尽くせているかということばかり考えていた。

また、たとえ給料が良くても、ハートを撃ち抜かれるような情熱は感じないようなキャリアを追い求めることにストレスを感じていた。

たしかに懸念して当然だし、思考が反復して受け身にもなりがちで、戦略も役に立つものではなくなっていた。心理学用語で言うところの**「反芻《はんすう》思考(rumination)」**――懸念や感情を繰り返してしまう――をしていたのだ(ラテン語のruminariに由来し、部分的に消化された食物をゆっくり咀嚼し直すという意味。消化にもエネルギー補給にもならないのに、ただ噛んでいるだけの状態)。

ストレスフルな経験を頭の中で再現して予期につなげるというのは、人間特有の能力だ。しかし、そのせいで慢性的なストレスが生まれることもある。しかもこの「反芻思考」は、自分だけでなく周りの人にも影響を与えてしまう。

たとえば、夫が予定より何時間も遅く家に帰ったら、愛犬は愛情たっぷりに夫の顔をなめるだろうが、思いやりのあるあなたは夫がいつ帰ってくるかとずっと気をもんでいたせいで、すぐには怒りを抑えられないだろう。

また、誰かが少し眉をひそめただけで、目にほこりが入っただけかもしれないのに過剰に分析し、その人との関係がぎこちなくなってしまうこともあるだろう。誤報ばかりをつくり出して反応していては大変だ。

マックスにはまずこう伝えた。

自分にとって何が重要な目標なのかを考えたりすると、なおさら考えが頭から離れなくなる。**考えすぎは根深い習慣になりやすい**ものだ。

だからこそなぜ考えすぎるのか、いつ考えすぎるのか、そして自分にどう影響を与えているのかを認識しなくてはならない。もっとラクに今に戻れるように代替案を幅広く何度も試すのだ。

考えすぎから抜け出す方法

考えすぎることは、一見、責任感のある行動のように思えるかもしれない。すぐに解決できない問題を常に頭の中で一番上に留めておいて、少しずつ理解に近づき、モチベーションを湧かせ、問題解決の準備を整え、そのおかげでミスをせずにすむ――そう思い込むのは簡単だ。

クライアントの中には、心配さえしておけば魔法のようにうまくいくと信じている人もいるくらいだ。ストレスを感じている問題の多くは、なぜかうまくいってしまうものだし。しかし、取り憑かれたように考えたところで、未来は魔法のように良くはならない。むしろ精神的に行きづまってしまう。

皮肉なもので、このパターンから抜け出す第一歩というのが**「自分の考えに対する考え」つまり「メタ認知」を振り返ること**だ。

振り返ってみると、考えすぎに対してさまざまな信念（「考えすぎると不安定になり、自分を制御できなくなる！」「なぜこんなことになったのかよく考えれば今後は恥をかかずにすむはず」など）を持っていることに気づくだろう。

もう1つのテクニックは、**考えすぎの「プラス面」と「マイナス面」を意識することだ。**

タイマーを2分に設定してマイナス面（ストレスが溜まるなど）とプラス面（今まで気づかなかったことに気づけるかも？）をいくつか書き出してみる。自分の経験を紙に書くことで、考えすぎの習慣がどんな結果につながっているか理解が深まり、もっとマインドフルになりたいというモチベーションが湧くはずだ。

このエクササイズをマックスにも試してもらったところ、リストにはありとあらゆることが書かれていた。考えすぎるのはストレスフルで、うざくて、間違いなく喜びを奪っていると感じていると同時に、目標を達成するために軌道からそれないようにしてくれているとも考えていた。

その理論を正確に分析できるように、1週間の行動実験をやってみることにした。勉強と楽しみを組み入れたスケジュールを詳細に作成し、決めたタスクをやっているとき以外は「やるべきことすべて」について考えるのをやめる、というものだ。

すると当然のことながら、**「将来という長期計画に執着するよりも、目の前にあることに集中したほうが、それが何であってもはるかに生産的だった」**と報告してくれた。

どんなマイナス面とプラス面があるのかを明確にし、体系的に自分のメタ認知（考えすぎることで目標に向かって進み続けられる、など）を精査する。そうすることで、騒がしいルームメイトと一緒に部屋で勉強するよりも図書館に行くなど、問題解決のための計画を立てれば、考えすぎることなくやる気が出ることに気づいた。

反芻思考は不安という火に油を注いでいただけで、そのせいで先延ばしをし、負のサイクルにつながっていたのだ。ストレスの爆発（締め切りが近いなど）で奮い立つこともあったが、恒常的なストレスはエネルギーを消耗させる。心配ばかりしていると、現実的に考えたり建設的なステップに進んだりできなくなる。

「精神的な習慣」が苦しみの原因に

考えすぎはまた、孤立にもつながる。寛大な友人でも、あなたが何度も声に出して反芻思考するのを聞かされれば辟易するだろう。

友情という面では、共反芻（その人たちと何度も興奮して同じテーマを語ってしまう）に陥るリスクもあり、そうすると友人関係からのサポートを受けられなくなる。

誰かに延々と不満をぶちまけていては、ひとりで同じことを繰り返し考えているのと変わらない。ローマ大学の准教授クリスティーナ・オッタヴィアーニ博士が率いた研究でも、腹が立つようなことを人とじっくり話すと、同じことをひとりで反芻思考したときと同じくらい激しい心血管反応が見られた[*1]。

考えすぎが、さまざまな心理的苦痛の根底にあるのも無理はない。

不安やうつ、不眠症、過食、薬物乱用、人間関係――その影響は長いリストになる。このあと見ていくが、**考えすぎというのはストレスのせいで起きる身体症状の多くの原因でもある。**

私自身、大学院の心理学科に合格できるか、そして心理学者として成功できるかどうかを何千時間も考え続け、そのためにできることはすべてやった。

恋愛では軽くデートしただけの男性から真意のよくわからないメッセージが届いたら何度も蒸し返して分析する傾向があったが、そのおかげで心の平穏やパワーを得られるということは一度もなかった。そんなとき、スーザン・ノーレン・ホークセマ博士の反芻思考に関する論文に出会ったのだ。

ホークセマ博士は、2013年に早すぎる死を迎えるまでイェール大学の心理学教授を務め、人々の苦しみを脳内物質のアンバランスや不幸な状況のせいにするのではなく、**「精神的な習慣」**が苦しさの原因である可能性を明らかにした研究者だ。その論文を読んで気づいたのだ。自分も反芻思考をしていて、それが何の役にも立っていないことに。

自分の思考プロセスに名前がついていること、そしてそのマイナス面を知った。それだけではっきり見えるようになり、選択肢を授かった。マックスと同じで、心のどこかで心配事を常にそばに置いておけば良心的な人間でいられると思い込んでいた部分があったのだ。

私が（そして多くのクライアントも）考えすぎていたもう1つの大きな理由が、それを「自己確証」と混同したり、自分を思いやるつもりで心に湧く感情を正常だと見なそうとしたりしたからだ。

誰しも自分の感情は正当だと感じたいものだ——だからこそ周りの人がしっかり耳

＊1　これはセラピストや友人に自分の経験を語ってはいけないという意味では断じてない。ただ、行きづまるような形ではなく、助けになりそうなことをシェアするように。

を傾けてくれるのがとてもありがたい。しかし多くのクライアントが目に見えない傷(慢性的な痛み、悲しみ、トラウマ、不当な扱い)に苦しんでいて、他の人がその経験を尊重してくれないときには、とくに反芻思考をしがちだと語っている。しかし最終的には、反芻思考は苦しみを長引かせるだけで、つらい経験に立ち向かうには別の方法があると気づくだろう。

考えすぎは心身のストレスに

人生においてやるべきことやストレスがあまりに重いとき、その原因が考えすぎだと誰にわかるだろうか。たとえばマックスは、「自分が人生を大変だと感じるのは、これまでの経験や責任のせいであって、自分の考え方の癖のせいではないだろう」と思っていた。

その答えを探すために、私はノレーン・ホークセマ博士の研究を紹介した。1989年にマグニチュード6・9を記録したロマ・プリータ地震が起きたとき、地震を経験した学生の幸福度を測定した研究だ。反芻思考をしがちで、地震のことを考えすぎた人は精神的な問題を発症する可能性が高く、PTSDのリスクも高かったのだ。

実際、「固執認知」（心配したり反芻思考したりすること）は急性ストレスを長期的なストレスに変えてしまう。「慢性的なストレス要因が長期的に影響を及ぼさないこともあれば、急性ストレス要因が人生にずっと影響を及ぼすこともある」と、カリフォルニア大学ロサンゼルス校でストレス評価・調査研究所を率いる心理学者ジョージ・スラヴィッチ教授も説明している。

「ストレス経路の特徴は、ストレス要因が現実のものか想像上のものなのかはあまり関係ないところだ。つまり人は誰しもこの経路を活性化する、あるいはそこから出られなくなってしまう能力を持っている」

これは、ストレスのかかる出来事が何も起きていなくてもという意味だ。「それでも急性ストレス要因を再体験している可能性がある」とスラヴィッチ教授は指摘する。

その言葉に私は、著名なマインドフルネス指導者で作家のシャロン・サルツバーグの話を思い出した。

ネパールでトレッキング中に足に水ぶくれができた仲間がいて、一歩歩くたびに痛みを訴え、足を下ろす前から痛みを感じていた。するとガイドが**「一歩ごとに痛みを**

一度感じることもあれば、三度感じることもある」と言ったという。

水ぶくれはさておき、こういったストレスが身体の健康にまで影響を与えるのは間違いない。

日中に心配するとスイッチオンの状態が続き、睡眠が妨げられ、夜間に回復するはずの思考力やエネルギーが減ったままになってしまう。

ストレスフルな出来事を再体験するのをやめる

反芻思考から引き起こされるストレスは、心臓の健康にも影響を与えるという。

ペンシルベニア州立大学の元教授で心理学者のウィリアム・ゲリン博士によると、被験者の心血管の状態を測定しながら「腹の立った出来事を思い出すように」と指示したところ、何十年も前に起きたことでも考えただけで血圧が急上昇した。

「脅威の再現であっても、身体にとってはこの上なく現実的な脅威なのだ」とゲリン博士は言う。

「『人生で最悪の出来事は？』とたずねると、湧き出るのは記憶だけではない。その出来事の影響まで完全に再体験することになる」

他にも数十件の研究がそのことを裏づけているが、それを逆手にとって**「ストレスの大きい瞬間を再体験しない」方法を身につければ、長期にわたる慢性的なストレスを「つかの間の経験」に縮小できる。**

ペンシルベニア大学の心理学者で上級研究員のマット・キリングスワース博士の頻繁に引用されている研究がある。

被験者に今この瞬間に何をしていて何を考えたかを記録してもらい、幸福度も評価してもらった。するとほぼ半分の時間は、「そのときにやっていること」とは関係のないことを考えていた。

しかし「今」に集中できているときには、それがビーチに座っているときであっても、郵便局で列に並んでいるときであっても、幸せだと報告する見込みが高かった。

キリングスワース博士はこう結論づけている。

「人間の心はさまようもので、さまよう心は不幸である」

ゲリン博士によると、悲惨な状況にある人でも、「今」に集中することで心の平安を高められるという。このように状況がましになるのを待つ間にも、手に入れられる心の平安がある――それに気づくことで解放感を得られる。

もう1つ、私がよく皆に語って聞かせるシャロン・サルツバーグのエピソードがある。著名な瞑想家のジョセフ・ゴールドスタインとテキサスを訪れていた際、ある男性が「もっと広い空間を楽しむために、ワイオミング州〔ロッキー山脈など豊かな大自然の広がる場所〕に行きたくてたまらない」と言った。

それに対してゴールドスタインは瞑想の指導者らしく、**「自分の中にワイオミングが存在するのを知っていますか」**と問い返したという。**今満足感を得るために、何かがうまくいくことを待つ必要はない**のだ。

別のクライアントのカーラは、自分の母親が何年も癌で闘病していて、ホスピスに入ったタイミングで私のセラピーを受けにやってきた。電話が鳴る音さえもが、カーラの急性ストレスの原因になっていて、「悪い知らせにちがいない」と彼女をパニックに陥らせていた。

最愛の母親をホスピスに訪ねること自体も強い悲しみの原因だったが、それでも1日の大半は、自分の生活を営み、楽しめる仕事、ランニング、友人と会うことなどに集中していれば、死の床にある母親の映像をオフにすることができた。

カーラが意図的に今に集中したのは逃避ではない。自分の感情はたしかに感じていた。他の活動によって元気を取り戻し、燃え尽きないように危機に対応していたのだ。

考えすぎをやめるための10のテクニック

考えすぎを減らして目の前のことに集中するために、マックスも効果を感じた10のテクニックを紹介しよう。もちろん私自身や他の多くのクライアントも使っているテクニックだ。なお、この本のストレスリセット（PART2）とバッファー（PART3）も、どれも考えすぎから抜け出すために役立つ。

1　目標を明確にする

「考えすぎ」との関係性を変えるには、目標を小さなステップに分けるとよい。

まずやってみてほしいのは、人と話しているときに自分がしたことや言ったことを考えすぎるのをやめること。次に、頭にこびりついた大きな心配事を特定してみよう。

たとえば「私を永遠に愛してくれる人が本当に見つかる？」「望んだライフスタイ

ルを実現できるだけのお金を稼げるだろうか」などだ。

考えすぎをやめるなんて不可能のように思えるだろうから、反芻思考を減らすための計画を具体的に合理的に考えるところから始めよう。

2 リスク要因を正確に特定する

私のお気に入りのテクニックに**「機能分析」**というものがある。

これは、「反芻焦点化認知行動療法」を開発した、エクセター大学の心理学教授エドワード・ワトキンス博士が考えすぎる人への治療に用いているものだ。

何が自分を考えすぎにかり立てるのかにフォーカスする。たとえば朝目覚めた瞬間や夜眠れずに横になっているときなど[*2]、1日のうちで心配事に没頭してしまう時間帯がないかどうか考えてみる。

顔をしかめるなど、身体に兆候を感じることは？　あるいは引きこもりたくなるといった精神的な兆しは？

何度も繰り返されるテーマがあるか、行動を引き起こす特定の人はいるのかも考えよう。

パターンが見つかったら、次は問題が起きても考えすぎないでいられるときのことも振り返ってみよう。たとえば仕事後に運動したり、通勤中におもしろいポッドキャストを聴いたりするなど、リラックスのために何かをすると、それほどつらくなくなるだろうか？

ワトキンス博士も「どの考えすぎにも効く万能ハックは存在しない」と言うが、自分の人生から情報を集めれば、自分に合ったテクニックをいくつも用意しておくことができる。

「もしこうなったら→こうする」と計画することを、クライアントにも勧めている。たとえば自分に対して批判的になっている→ペースを落とし、肩の力を抜いて、15分小説を読むなど夢中になれることをするなどだ。

3　言葉の力に気づき、打ち勝つ

悪いメンタルの流砂にのみ込まれるのを回避するもう1つの方法が、**「言葉が引き起こす苦痛」**について認識しておくことだ。

＊2　私の問題は、楽しい外出をしているのにスマホをチェックしてしまうこと。感情を乱されるようなメールにすぐに返信できなかったり、悲惨なニュースを見てしまったりするともう大変。しかし、スマホを機内モードにすれば外出を楽しむことができる。

言葉によって、わずか数秒で本物の感情が湧いてしまう。ドーナツショップで「ゴキブリ」という言葉を思い浮かべたら、食欲がなくなるのと同じだ。

自分の考えから距離を置き、**「単なる考え」**として見る練習をしよう。

それだと抽象的すぎて難しいなら、誰かがカラフルなボール（自分の考え）をジャグリングしているところを想像してみる。そのときに特定のボールに執着したり、ボールやジャグラーを良いとか悪いとか判断を下したりしないこと。

つまり、考えの具体的な内容ではなくて、**「考えるプロセス自体」**に集中するのだ。これも練習しなければうまくできないが、いつも湧いてくるやる気をそぐような考えが、「本当の予測」ではなく「パターン」にすぎなかったことに気づくはずだ。

4　自分の思考、感情と距離を置く

感情的になっているときに、考えすぎるとかえってよくない大きな理由は、その体験に深く入り込みすぎてしまうから――とミシガン大学の心理学教授イーサン・クロス博士は説明している。**「3　言葉の力に気づき、打ち勝つ」**と同じように、一歩下がって全体像を見るようにしよう。

これは**「セルフディスタンシング［自分の思考・感情と距離を置くこと］」**として知られるテクニックだ。

誤解のないよう言っておくと、間違いを振り返って反省するのが目的ではなく、考えすぎて我を忘れているときに効果的なテクニックだ。反芻思考をやめられない困難な経験を振り返って観察するが、自分は直接かかわっておらず、あくまで自分は壁にとまったハエだと思おう。

もう1つの方法は、頭の中で話しているときに**「私」**を**「あなた」**に替えることだ。たとえば、「私は大きな間違いを犯してしまった」を「**あなた**は大きな間違いを犯したと思っている」にする。自分自身の課題よりも他人の経験のほうが冷静に見やすいものだ。

あと、私のお気に入りのテクニックは**「心のタイムトラベル」**だ。

今現在感じているストレスを1週間後、数年後にどう感じるか想像してみるというものだ（でもその頃にはもう覚えていないかも！）。

5　**「なぜ」を「どのように」に**

ネガティブな考えを簡単に建設的なものにするには、自分に思いやりを持って**「なぜ?」（なぜ私なの?）**を**「どのように?」（どのように前進できる?）**に置き替えていく。

これは非生産的な反芻思考から、力の湧く計画へと思考のプロセスを変えることに他ならない。

たとえば、デートは楽しかったのに、そのあと相手から連絡がこなかったら、**「なぜ?」**とその理由を考え続けてしまうことがある。

そんなときは、それでも**「どのように」**落ち着いた気分でのんびり夜を過ごせばいいかにフォーカスしよう。

ちがいをよく考えてみてほしい——**「なぜ」は行き止まりだが、「どのように」は行動につながる**のだ。

6　**制御できる問題を解決しよう**

メンタルを占めるトピックが自分にとって大事な人生の分野なのは当然だ。

しかし原因や結果にフォーカスして反芻してばかりいると、前進するための行動を起こせなくなる。クライアントにはユーモラスに「アナリシス・パラリシス（分析しすぎ麻痺）に陥っていいことはありませんよ」と説明している。

自分にとって大切なことがあって行動に移せそうなら、「堂々巡りの思考」を**「解決策を見つける」**に置き換えてみよう。

たとえば健康が心配なら、突然恐ろしい病気に襲われたらどうしようと考え続けるよりも、毎日の歩数を記録したり、コレステロール値が改善するような行動をしたりするほうがよっぽど役に立つ。

7 書き出す

感情や経験を処理したければ、考えすぎるよりも執筆セラピー**「エクスプレッシブ・ライティング［表現豊かに書く］」**という方法を試してみよう。

テキサス大学オースティン校の心理学教授ジェームズ・ペネベーカー博士が開発したテクニックだ。その効果に着目したデニス・スローン博士は、ある研究で大学生に反芻思考とうつに関する調査票に記入してもらい、その後、エクスプレッシブ・ライティングをやってもらった。

初回のセッションで、1つのグループにはペンと紙を使って人生でもっともストレスの多かった出来事、あるいはトラウマになった出来事を20分でできるだけ感情を込めて書いてもらった。

次のセッションでは、その経験が人生の他の面にどう影響しているかを書くように指導した。

最後の3日目にはまとめとして、その経験が今の人生や将来にどう関係しているかを書かせた。その間、もう1つのグループの学生には自分がどんな時間を過ごしたかを感情を抑えて書いてもらった。

2つのグループを比較すると、1つめのグループで調査票から反芻思考の傾向が読みとれた学生は、5週間後の追跡調査でうつの症状がかなり減ったことが報告された。驚くべきことに、20分×3回の執筆で6カ月後もうつが改善していたのだ。

悩んでいることがあるなら、3〜4日続けて紙とペンで15分以上かけて書いてみてほしい。書くことで終着点が生まれ、悩みから距離を置くこともできる。

くわしくは269ページに具体的な手順を書いておく。

8　感じる余地をつくる

意外なことに、反芻思考は感情を感じるのと同じことではない。むしろ反芻思考が感情を感じることを許さず、頭の中に留まらせてしまう。

「反芻焦点化認知行動療法」を開発したワトキンス博士の治験には、つらい離婚を経験した女性が参加していたが、反芻思考を測る質問票のスコアは順調に下がったのに、ちっとも気分が良くなっていないと訴えた。いったい何が起きたのだろうか。

実は彼女は生まれてはじめて自分の感情と向き合っていたのだ。

考えすぎないようにして今を生きるということは、感情から逃げるのではなく、湧き上がる感情に寄り添っている状態だ。

それがなぜ役に立つのかというと、感じて当然の懸念を感じるための時間や場所を自分に与えないでいると、反芻思考がまた忍び寄ってくるからだ。

難しそうだと思っても、**どんな感情も一時的なものだ**ということを思い出してほしい。考えすぎても感情が持続しない場合はとくにそうだ。

9　考えることを後回しにする

反芻思考の強迫性を少しでも減らすには**「不安になったり、考えすぎたりし始めたらそれに気づき、後回しにする」**というテクニックがある。

たとえば、夜の7時になったら10分間だけ悩む時間をつくると決め、あとは前を向いて進むようにする。

266ページでくわしく説明するが、このテクニックは何十年にもわたって不安を研究してきたペンシルベニア州立大学の名誉教授で心理学者のトーマス・ボルコヴェック氏が開発したものだ。ここでの目標は考えすぎを**「頭の中で1日中響いている雑音」**から、**「一時的で自己完結するようなもの」**に変えることだ。

この方法により、いつもの悩みが頭に浮かんでも、以前は「耳を傾けなければ」と思っていたのが、**「いや、あとで考えればいい」**に変わるのを感じられるはずだ。

もう1つ嬉しいのは、昼間や夜に忙しくしているうちに、心配事を思い出すのを忘れてしまうこともあることだ。忘れなかったとしても、意識することで自分の考えを客観的に見られるようになる。

10　他のことに夢中になる

他のことに参加するだけで、「今という瞬間」に入り込むこともできる。夢中になれるようなことならなおさらだ。

ローマ大学のオッタヴィアーニ博士が主導した研究では、2つのグループに対して「それが起きたときに怒りを感じ、そのあとも動揺が続いた出来事を1つ思い出しながら、自分がどう感じたかをよく考えるように」という指示を与えた。

次に一方のグループは10分間ただ静かに座るよう指示され、もう一方のグループはドアが半開きになった隣の部屋で実験担当者たちが話していることを「盗み聞き」して気を紛らわせた。

後者の気を散らせたグループのほうは、90％以上が他人の会話を聞いて反芻をやめたが、静かに座っていただけのグループは100％が反芻していたことを認めた――つまり気を散らすこと、ましてやそれが魅力的な内容なら即座にフォーカス先を変えられることがわかった。

よく似た実験をゲリン博士も主導している。

自立型のスクリーンに、鮮やかな色のカードやポスターを表示して、視覚的に気を散らせただけでも反芻思考が減り、血圧も改善することが示された。

そう、ちょっとした気晴らしにこれほど大きな効果があるのを覚えておいてほしい。誰だっていつも逃げてばかりいたくはないだろう。短い休憩を取り、健全なマインドになってから大切なことに向き合うのがポイントだ。

＊＊＊

マックスはこれらのテクニックを活用して、考えにはまっていた状態から脱し、自由を手に入れた。リラックスして友だちと遊べるようにもなり、ほっとした。

マックスのように私たちの多くが自分を責め、もっと努力してなんとかしなければと考える傾向にある。

絶えず新しい出来事が「考えすぎ」に誘うのだから、自分に精神的な休息を与えることが不可欠だ。もっと幸せになりストレスも減らしたいなら、同じ場所で回り続ける思考を「対処」に置き換えて、人生を生きることと分析することのバランスをとるよう心がけよう。

第4章 より大きなことにフォーカスする

ゲイリーはコンサルタントの仕事を定年退職した60代後半の男性で、孫娘には「グランピー・グランパ（不機嫌なおじいちゃん）」と呼ばれているそうだ。「おそらくそのとおりなんだろう」と本人も苦笑していた。

数年前に交通事故に遭って以来、慢性的な痛みに悩まされていた[*1]。何十年も奮闘して社内で出世し、退職後は旅行やゴルフを楽しもうと思っていたのにその夢を打ち砕かれた。しかも今は健康状態に強い不安を感じていて、耳鳴りなどの無害だが不快な症状に悩まされていた。

医師から指示されている回数以上に血圧を測り、しょっちゅう心臓専門医にかかって検査を依頼している。

*1 慢性的な痛みがない人は、すぐには逃れられないような人生の苦境として考えてみる。

「念のためです——親族に心臓病の人がいるので」

身体に感じる痛み、そして常に健康状態が不安定だと感じる現状から逃れたいと思っていた。

「常にあれこれ病気を疑ってばかりなんです」


これまでの経歴についてたずねると、生きていく過程で人生とはお金を稼ぎ、物を買い、楽しみ、満喫することだと思うようになったという。

「カルペ・ディエム［今この瞬間を楽しめ］と資本主義が、うちの宗教のようなものでしたから」


自分の家族を持つようになっても、懸命に働いて妻と娘に良い生活をさせること以外、自分にとって何が重要なのかは考えたことがなかった。

「家族で夕日を眺め、キャンプファイヤーをしてスモアを食べていると、自分は良き父親で良き夫だと思えた。満足していたと言ってもいいくらいだ」

しかし、子育てを終えて10年近く経った今、慢性的な身体の痛みのことばかり考えてしまい、かつては幸せだった結婚生活にも亀裂が入った。

「いつも身体のことに気をとられていて、それ以外に話すこともなく……。私のネガティブな態度や健康上の不満に妻がうんざりしていることはわかっているし、責めるつもりもない」

ゲイリーは、もう自分が理想的な父親であり夫であるとは感じられなかった。仕事は引退したし、一家の大黒柱やパートナーとしてではなく、自分を病人として見るようになったことで人生の基盤が揺らいだのだ。

それがストレスにつながり、自分の能力を疑うようにもなった。ただ、危機的な健康状態だというストーリーができあがっているのに、それでも痛みや不安の話をしていないときには活力を感じさせる人でもあった。その表情や話し方から、苦悩の奥には素晴らしいユーモアのセンスが潜み、「不機嫌なおじいちゃん」以外の何かがあるのが感じられた。

自分にはどうしようもない問題でストレスを溜め込むよりも、自分にとって何が大切かに気づく――私の役目はゲイリーをそこへ導くことだった。

＊＊＊

ストレスや日々の煩わしさで注意力が落ち、目の前の課題しか優先できなくなるのはよくあることだ。しかし、本当の意味で豊かに生きるには、視野を広げて考え、意味や目的を感じられることに時間を使わなければならない。

ゲイリーは身体の不調に夢中になりすぎて、自分の夢や希望についてはほとんど考えていなかった。そこで私はこんなふうにたずねた。

「ある朝目覚めたら奇跡が起きていたと想像してみてください。セラピーに通う理由、つまり今の不満がすべて消えていたとします。そうしたら次の質問にどう答えますか？」

これを読んでいるあなたも一緒に考えてみてほしい。

▼**なぜ奇跡が起きたとわかる？**
▼**周りの人はどんなことに気づく？**
▼**自分はどうする？　考え方をどのように変える？**
▼**ビフォーアフターを比べてみると何が見えてくる？**

この**「奇跡の質問」**は解決志向のアプローチとして、米国ミルウォーキーのブリーフ・ファミリー・セラピー・センターのソーシャルワーカーであるスティーブ・ド・シェイザー氏とインスー・キム・バーグ氏のチームが開発したものだ。

2人は何千時間もセラピーセッションを観察し、クライアントに前向きな変化を起こすテクニックを絞り込んだ。複雑な問題にとらわれるよりも、解決に焦点を当てたほうが簡単で、力を得られるという前提に基づいている。

「奇跡の質問」の効果

ゲイリーはしばらく「わかりません……」と考えあぐね、「だって私は理性的な人間だから」と反発した上で、しぶしぶこう答えた。

「そりゃあもちろん医者に行くのはやめて、痛みのことばかり考えないようにしたいし、もっと感謝の気持ちを持ちたいですよ」

それに周りの人たち、とくに妻に配慮し、もっと良い時間の使い方をしたい――。

私は好意的にうなずき、さらにたずねた。

「では、あなたの奇跡が起きる日はどのくらい近づいていますか？　その日に少しでも近づくために今すぐにできることはありますか？」

するとゲイリーは、そんな日がくるのはまだまだ先だと言った。

「目標を立てさせようとしているんでしょう？　だけど、まずは私が理想について話せるような状態になるまで待ったほうがいいのでは？」

ゲイリーにも説明したが、**自分の人生がどうなってほしいかを想像するだけで驚くほど解放感を得られる**のだ。

大きな悩みがあるときに希望にフォーカスするなんて、矛盾しているように感じられるかもしれないし、やっても無駄だと思うかもしれない。しかし、多くの人が「奇跡の質問」の答えを考えることで前向きになれる。ストレスの対処法を向上させられると考えてほしい。

ストーニーブルック大学の臨床心理学博士課程の学生ジェナ・ソン氏が率いる研究では、外来の順番待ちリストに載っている患者に、カウンセラーによるセッションを1回提供して、奇跡の質問に答えてもらった。

奇跡が起きた日のことを想像し、その日を迎えるための具体的なステップを3つ考え、立ちはだかる障害を予測して解決策も立てる。その後、カウンセラーが「あなたならできる」と励ましの手紙を書くことで[*2]、失望感や不安が大幅に改善したという。

奇跡の日のことを考えると何が思い浮かぶだろうか。

自分を妨げているのはどんな障害？ それに向かって前進するにはどうすればいい？

奇跡の質問のフォローアップとして、ゲイリーには**「どうしても避けられない障害にぶつかったとして、それでもどんなふうに時間を過ごしたいか、どんな価値観を体現したいか」**ということもたずねた。自分の望む人生へと導かれていくためには奇跡の日を思い描くだけでなく、価値観を振り返ることも大切だからだ。

痛みの大きな原因は、意味を感じられない人生を生きること。だからゲイリーにも、健康に問題を抱えていても自分の価値観にそって生きることが可能なのだと思い出してもらいたかった。

正直なところ、身体の痛みを劇的に改善できるかはわからなかった。しかしフォー

*2 尊敬している相手から手書きで「あなたならできる！」という手紙をもらうのは素晴らしい体験だ。他にも自分が励まされるような方法を考えてみて。友人とペアになって希望を語り合い、励ましのメッセージを送り合うなどだ。それが難しければ、「自分には目標を貫く能力がある」と心から信じているようにふるまうのもいい。

カスを身体以外に広げ、人間関係など人生の他の側面を改善できる自信はあった。問題の1つや2つで人生全体の質が損なわれないようにするのだ。

「自分の価値観」にフォーカスしよう

ゲイリー自身ももっと意欲的に日々を過ごしたいとは思っていたが、しつこい痛みや健康に不安を抱えたままでは無理だと考えていた。それでも試してみることには同意してくれたので、まずは**「目標」と「価値観」を区別すること**に取り組んだ。

目標は痛みを緩和したり仕事で成功したりという「達成したい願い」であるのに対し、価値観は**「人生においてどのように行動するか」**だ。

価値観をＴｏＤｏリストにして消していくことはできないし、大切にしていることが反映された人生を築いていくしかない。

その点に関しては、ニューヨーク州立大学アルバニー校の博士課程に所属するエリック・ティフト氏が非常に示唆に富んだ研究をしている。瞑想を習慣にした「理由」がその効果に影響するというのだ。単にストレスを減らすために瞑想を始めた人は、マインドフルになり周囲を受け入れたいと思って始めた人ほどの成果は上がらなかった。

これほど人生に四苦八苦しているのに、ゲイリーには確固とした価値観があった。ただ、ふだんはそれを認めようとしていなかったのだ。ずっと良い父親だったし、今でも娘たちが難しい決断をしなくてはならないときには親身になって相談に乗っている。しかし、そういった瞬間を自分ではほとんど評価していなかった。

「だって誰でもやることでしょう?」

ストイックにそう切り捨てる。

「それに我が子を助けるわけだから、自己中心的なくらいでは?」

こんな調子では、自分を褒める機会をどれだけ逃しているだろうか。

その後のセラピーでこんな質問もした。

「70歳の誕生日にどんな言葉で祝われたいですか?」

するとゲイリーは「不機嫌なおじいちゃんとは言われたくない」ことを自覚した。

また、身近な人たちに偽りのやさしさを持たれることも望んでいなかった。

何度か話し合ううちに、「思いやりのあるパートナー・父親・おじいちゃんと呼ばれたい」ということがわかってきた。

痛みを和らげることではなく、自分の価値観にフォーカスできるようになったのだ。

そうすると、次の課題は、不快感を受け入れながらも、「なりたい自分であり続けること」だ。

1日に数分、自分にとって「意味のある行動」を考える

直面するストレス要因が何であれ、同じことが言える。

それが金銭面での悩みであっても、家族に扱いの難しい人がいる、満足できる関係を求めてもがいている、あるいは慢性的な痛みに苦しんでいることであってもだ。

そういったことは必ずしも自分でなんとかできるわけではないが、フォーカスを広げて自分の価値観に注意を向けることはできる。

数カ月前、私は38歳で癌で亡くなった友人アリソンの葬儀に出席した。

感動的な弔辞がいくつも続く中、ある男性が昔の思い出を語った。

高校時代、上級生の男子と一緒にクラスメートや年下の生徒をからかっていると、年下のアリソンが近づいてきて、「あなたたちのしていることはかっこ悪い！」と言い放ったというのだ。

アリソンは人間関係を心配したり、「他人の視線」というストレスに惑わされたりすることなく、**「やさしさ」**という価値観に忠実であろうとし、そこから自信を得ていたのだろう。

私はこの話を聞いて、自分がこれまでの人生で何度リスクを冒すことを躊躇しただろうか、と考えずにはいられなかった。人と衝突するのを避けたいがために、無関心を装っていた。

しかし、どんなときでも価値観を体現することはできる。そうやって他の人のインスピレーションにもなり、自分自身の人生を定義していくのだ。

だからこそ、1日に数分（あるいは週に一度）時間をとって、ToDoリストや問題以外のことを見つめ、意味のある行動について幅広く考えよう。そうすることで、ストレスという檻から出られるのだ。「人生のパイ」つまり自分の人生を構成するパイ（要素）を多様にすることで、1日のうちの良くない部分を縮小することもできる（159ページを参照）。

「人生の目的」の大いなる力

人生の目的を考え、頻繁に見直すには時間がかかるが、それによって健康や回復力を高められると考えてみよう。

フロリダ州立大学の心理学者ジナ・パーク博士が主導した研究でも、**「自分の人生に意味を感じていれば、ストレスに直面しても立ち直れる」**という結果が出ている。

また、ウィスコンシン大学マディソン校のステイシー・シェーファー博士が主導した研究では、学生に不快な写真（赤ちゃんが痛みで泣いているなど）を見せたところ、人生に目的があると感じている学生は、自分にとって何が重要なのかはっきりわかっていない学生よりも、不快な気持ちから早く立ち直ることができたという。

人が大きな苦難に対処する姿には毎回感動させられる。

それもあって、ニューヨーク市ベルビュー病院の拷問被害者プログラムの責任者であり、臨床心理学者のホーソーン・スミス博士が、どのように患者を支援しているのかを知りたかった。彼のグループセラピーに世界中から参加する患者は、大きなトラウマを経験した人ばかりだ。

中には亡命申請が保留にされたままで、何年も家族と離れ離れになっている人もいる。しかし「拷問で命を奪われかけた彼らでさえ、自分の犠牲を社会貢献として見ることで希望が湧いた」とスミス博士は語る。

「社会に貢献できた、自分は家族や次世代のために生き延びたのだと考えることで大きなちがいが生まれたのです」

スミス博士は深呼吸や筋肉をリラックスさせるテクニックも教えているが、患者たちはその方法によって力を取り戻し、つらい瞬間に耐えている。

博士自身は自分のストレスをどのように管理しているのかというと、趣味でサックスを演奏する他、**「自分のやっていることに意味を見いだすことが不可欠だ」**と言う。

奴隷の子孫として生まれた博士は、仕事を通して祖先の犠牲に報いている——これほどの苦しみを目にすることになっても、自分の仕事をそう捉えることで前に進めるそうだ。

時間をかけて自分の価値観を明確にすれば、「健全な自分」だと意識できる。自分に失望するようなつらい感情を払いのけ、自分のポテンシャルを信じられるようになるのだ。

自分の価値観を明確にすると、ストレス耐性が上がる

スタンフォード大学のJ・パーカー・ゴイヤー博士らが行った、経済的に恵まれない家庭出身のアフリカ系およびラテン系アメリカ人の若者を対象にした研究がある。価値観とその重要性について15分間書くという演習を何度かやった学生は成績が上がり、10年後の成功の度合いとも相関関係があった。

この研究の共同研究者でスタンフォード大学教授のジェフリー・コーエン博士は数十年にわたり簡易介入（ブリーフ・インターベンション）を研究してきたが、**「自分にとって重要な価値観を肯定することで強くなれるし、ストレスからも身を守れる」**と説明している。

つまり自分の価値観を明確にすれば耐久力も上がる。そうやって耐えたことが報われ、さらに良い循環が生まれるのだ。

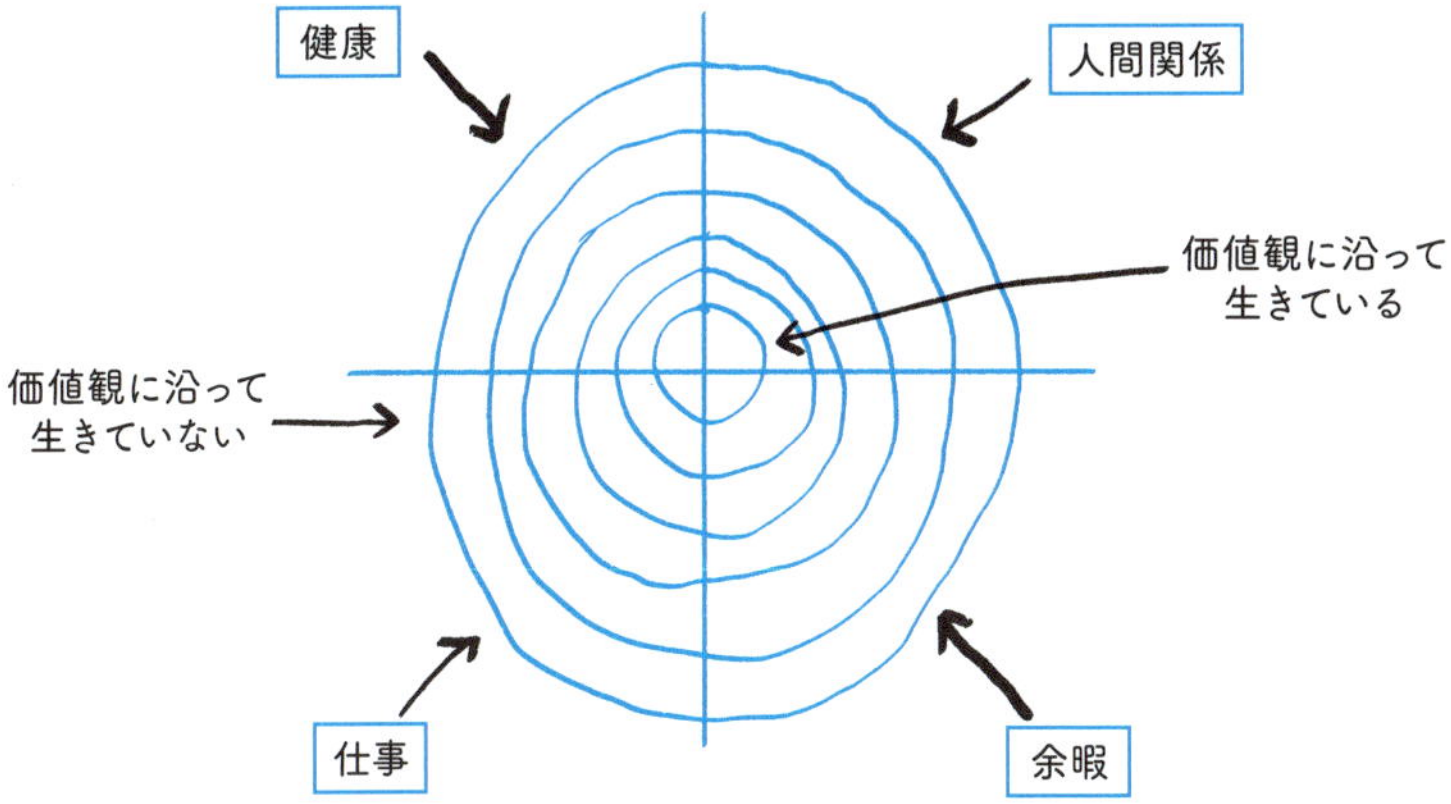

ゲイリーとは、価値観への取り組みをトラッキングする方法も試してみた。

進捗状況を追ったほうが前向きな変化がキープされやすいことはセラピストならば誰でも知っている。ありがたいことにトラッキングの手段はたくさんあり、私のお気に入りは**「ブルズアイ価値観明確化エクササイズ」**だ。

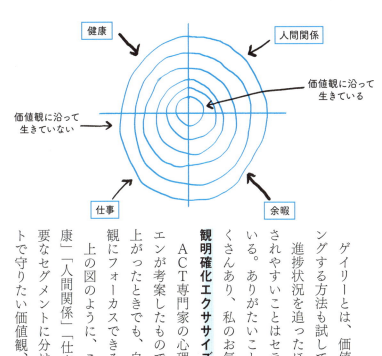

ACT専門家の心理学者トビアス・ルンドグリエンが考案したもので、つらい考えや感情が湧き上がったときでも、自分自身が大切にしたい価値観にフォーカスできるようになっている。

上の図のように、このブルズアイ（的）を「健康」「人間関係」「仕事」「余暇」という4つの重要なセグメントに分け、ゲイリーとも各セグメントで守りたい価値観、今はゴールからどのくらい離れているか、そしてどのように進めばいいと思うかを話し合った。

驚いたことに、ゲイリーは「健康」に関して「問題ない」という結果を求めてばかりの状態をやめて、不確実性や不快感を受け入れたいと感じていた。

「仕事」の面では請求書の支払いのことを考えるだけではなく、もっとボランティアや学習をしたいと考えていた。

「人間関係」に関してはより配慮ある人間になりたい、「余暇」についてはできないことを嘆くのではなくもっと冒険したい、そのためには比較的近い街に旅行することから始めればいいと考えた。


この勢いを維持するために、「マトリックス」という別の演習も採り入れた。これはケビン・ポーク博士が開発したテクニックで、紙に矢印を2本逆向き（↑↓）に描き、それによって「離れる」と「近づく」を示す。

ゲイリーもこの矢印を使って、離れたいこと（健康上の不満を反芻する、不必要に医者に予約を入れる、しかめ面をする、など）、そして近づきたいこと（1日5分妻の希望について話し合う、孫娘の宿題を手伝う、など）をリストアップした。

やるべきこととやってはいけないことを詳細にリスト化しておけば、その場の勢いでついやってしまうのを正当化しづらくもなる。ゲイリーは頭の中でゲームを楽しんでもいた。

「離れる」リストに載っていることをやってしまうとポイントを失い、「近づく」リストにあることをやると「チャリン！」とポイントが加算されるというゲームだ[*3]。

＊＊＊

ここまでに挙げた例は、自分や周りの人にどう接したいかということもふくめて、より意識的に人生を生きるためにできること、そのごく一部だ。

この分野で大きなインスピレーションを与えてくれるのが緩和ケアとホスピス専門の医師で、片腕と両足のないBJ・ミラー博士だろう。

ミラー博士はプリンストン大学の学部生だったときに恐ろしい事故で大火傷を負って三肢を失い、研修中には妹を自死で亡くすという悲しみを経験しながらも、医学部を卒業した。

＊3 ここまでにすでにいくつもエクササイズをとり上げたので、選んでやってみよう。あなたなら目標に向かい続けられる！

彼がいかにして自分の価値観に沿って生き、他の人を助けてもいるのかをずっと聞いてみたかった。ミラー博士のTEDトーク『人生を終えるときに本当に大切なこと』は1500万回以上視聴されている。

ミラー博士は事故後、自分の過去が黒板のように消された気分だったという。紛れもない悲劇だったが、おかげで型どおりの期待を捨て、ペースを落とし、本当になりたい人間になれた。

しかし、目標にたどり着けたのは、分析的に考えたり立派なマスタープランを立てたりしたからではなく、**自分の行動が賢明だったかどうかを常に自問し続け、その過程で起きることに対してオープンマインドでいる習慣をつけたから**だという。

火傷治療室に入院していた頃、ある晩看護師がこっそり小さな雪だるまを持ってきてくれた。火傷をした手に冷たい雪を感じたときに、彼の思考やフォーカスが自分の苦しみから他人を思いやることへと移ったそうだ。

それから何週間、何カ月と経つにつれ、こういった小さな奇跡を存分に満喫することで、肉体の痛みや喪失感にも負けずに前進できることに気づいた。

やがて、つらい状況下にある人を慰め希望を与えたいと考えるようになり、最終的に緩和ケアの分野を選んだ。

死を目前にした人々をカウンセリングしていると、同じ後悔の念を繰り返し聞くことになる。**「自分らしく生きてこなかった」**あるいは**「もっと深く人を愛したかった」**という後悔だ。

それを念頭に置いて自分の人生にも畏怖の念と遊び心を忘れずに、常に内省し自分に対して思いやりを持つようにしているそうだ。

ミラー博士のように生きるために、なにも多大な喪失や怪我を経験しなければいけないわけではない。自分にやさしくして、つらい感情にも向き合う――他人からの承認を求めるのではなく――そうすれば自分にとって何が大切なのかが明確になる。

「自分にこうたずねてみてください。『きみはまだ生きているじゃないか。じゃあ何をしたい？』と」

＊＊＊

目的意識を高く持ちたければ、**「自己規制」**、つまりその人が長期的に役に立つ行動ができるように管理していかなければならない。

ゲイリーの場合は毎週価値観チャートを確認して、自分にとって何が大切なのかを再認識した。その際、何かに向かって努力しているという実感や自分を信用できるという感覚も新鮮だった。大変そうに思えてもやる価値はあるのだ。

自己規制により、心身の健康を得られることがわかっている。アイルランドのメイヌース大学心理学准教授マイケル・デイリー博士の研究によると、自制心が強い人のほうがストレスレベルをうまく管理していて、心拍数やコルチゾール値も低かった。

「逃げたいもの」ではなく、「望んでいるもの」に目を向ける

ゲイリーは自分の価値観に沿うように意識的に行動を変え、新しい儀式も採り入れた。前向きな気分で気配りができそうな日には、妻と朝のコーヒーを飲むことにした。また、5人の孫とは毎週フェイスタイムで話し、娘たちには励ましのメッセージやミームを送った。高齢者ITサポートのボランティア活動も始め、食事の際には身体の無数の機能がちゃんと働いていることに意識的に感謝するようにした。

それで身体の痛みが消えるわけではないし、フォーカスがそれることもあったが、すぐに文句を言ったり横になったり、原因を探し回ったりすることなく痛みを受け入れた。心臓に違和感があっても、健康診断の結果は正常だったのだから「これは緊急事態ではなく不安によるものだ」と自分に言い聞かせられるようになった。

そしてセラピーセッションでは、価値観に基づいた行動が良い循環につながったと振り返った。

「コーヒーを淹れるためにベッドから起き上がり、周りに注意を向けると、自分が健康で良い夫だと感じられた。ここ数年、自分のことしか考えないのが習慣になっていて、その罪悪感にもさいなまれていた。そのことに気づいてもいなかった」

逃げたいもの（痛み）ではなく、望んでいるもの（意味のある人生と人間関係）にフォーカスする。そこに本質的なやりがいがあると気づいたのだ。

ゲイリーには、「友情」という価値観についても考えてもらった。研究によると、良き友でいることを繰り返し選択することで気分に良い影響があるという。

カーネギーメロン大学のシェルドン・コーエン教授は、第1章で紹介した「知覚されたストレス尺度」を開発したストレス専門家として著名な心理学者だが、**交際範囲が広いほど風邪をひきにくい**ということも発見している。社交から得られる支援もやはりストレスの強力なバッファーで、回復力と免疫力を高めてくれるのだ。

ゲイリーの場合、最初は「この歳で新しく友だちをつくるなんて……」と躊躇していた。しかしフェイスブックで昔の知り合いに連絡をとってみたところ、すぐに大半から返信があって驚いていた。そこから思い出話や写真の交換、おすすめポッドキャストを教え合うなどのやりとりに発展した。

「自分だけが大変な思いをしていて、他の人は自分なんかに割く時間はないと思い込んでいたが、どうやら皆同じ気持ちだったみたいだ。ほとんどの人は驚くほど再会を喜んでくれた」

不安定な世の中だからこそ、価値観に基づいた人生を守ることで確実性も生まれる。ゲイリーが学んだように、私たちは内でも外でも完璧ではないことのほうが多いように思えるが、**自分の内なるコンパスに頼れば心を落ち着けられる**。ストレスリセットやバッファーを試す際には、そのことを心に留めておいてほしい。

PART 2

つらいときのストレスリセット

ここからはエビデンスに基づいたテクニックを、ストレスフルな局面で使えるように紹介していく。どのテクニックも健全な精神状態へと導くものだ。

繰り返しになるが、この本は自分専用のレシピ本だと考えてほしい。

レシピの材料は感情の空腹を満たすように選ばれている。

あえてこれだけの数のオプションを用意したのは、にっちもさっちもいかないように思えるときでも、すぐに気分が改善される方法をいくつも知っているだけで安心できるからだ。

しかし、ここでの目的はストレスや不快な症状を無理に消すことではない。むしろ、**困難な状況でも自分を思いやり、柔軟に対処できるようになることが大切なのだ。**

どこから始めてよいかわからなければ、どのページを開いてもらってもかまわない。そのときの集中力や、心の落ち着き具合に応じてリセットを選んでほしい。

皮肉なことに、よく効くリセットほど努力が要りそうに見えるだろうし、最初のうちは、ふだん自分を慰めているやり方ほどの満足感を得られないかもしれない。その気持ちはよくわかる。

不健全な習慣がそもそもストレスの原因になっているのに、それに頼っているというのはよくあることだ。しかし、やっていくうちに、どのリセットが自分に必要なのかすぐにわかるようになる。人によってどのテクニックが効果があるか（そしてやってみたいか）はちがうのだ。

今までの害になるような対処法はいったんやめて、**良い変化を1つ起こせば他の変化にもつながっていく**という現実を体験しよう。

そういうリセットは自己効力感を高める助けになる。自己効力感が高まることで、より前向きな習慣を継続しやすくなり、**「負のスパイラル」を「ポジティブな連鎖反応」に置き換えることができる**だろう。自分を大切にして、もっと心をラクに生きられるようになる——それに気づけば、変化を起こす努力を前向きに捉えられるはずだ。

問題にぶつかる可能性にあえてここで言及するのは、それを知っておくことで、本能に足を引っ張られたときにも逃れられる抵抗力が高まるからだ。

私やクライアントもそうだが、強いストレスに直面したり苦痛の感情が高まったりすると、**「こんなの絶対に嫌だ！」**という反応を起こしてかたくなになり、立ち往生してしまう。しかし、自分からやりたいと思えば、**人生に「イエス！」と言える**はずだ。

状況	考え 気分 衝動	感情と その激しさ	試した こと	短期的な 結果	長期的な 効果

もがいている最中には単純に見えるテクニックを排除したり、そんなことをやる元気はないと自分に言い訳したりすることもあるだろう。そんなためらいが忍び寄ったら思い出してほしい。ここで紹介するテクニックはほんの数分でできて、研究によって効果が証明されている。

どれがうまくいくとか、すぐに気分が良くなるはずだという期待や先入観は邪魔になることもあるので捨てよう。たとえば新しい趣味に誘ってもらったのに、先回りして「それは得意じゃない」と考え、楽しみ成長する機会を逃さないでほしい。

上のフォーマットを使って、試したことを記録しよう（考えや感情にラベルをつけるだけでも対処能力が改善される）。

ここから紹介していくリセットは**「思考に効く**

リセット（マインドリセット）」「身体の感覚に効くリセット（ボディリセット）」「行動を変えるリセット（行動リセット）」の3種類だ。

その状況に合ったリセットを見つけやすくするために分類したが、得られる効果は重複している。たとえば、思考を改善するリセットがストレスからくる身体の感覚を落ち着かせてくれることもある。

「マインドリセット」を使えば、問題を何倍も悪化させるような思考から解放され、「ボディリセット」でストレスによる身体の反応を恐れなくなり、自分の身体や能力を信頼できるようになる。

最後の「行動リセット」では目標を管理し、そこへ進むための行動にフォーカスしていく。

まずは今週、あるいは今月フォーカスしたいリセットをいくつか選んで印をつけてみよう。必要に応じてリセットを追加しつつ、習慣になるまで続ける。

リセットのサイクル

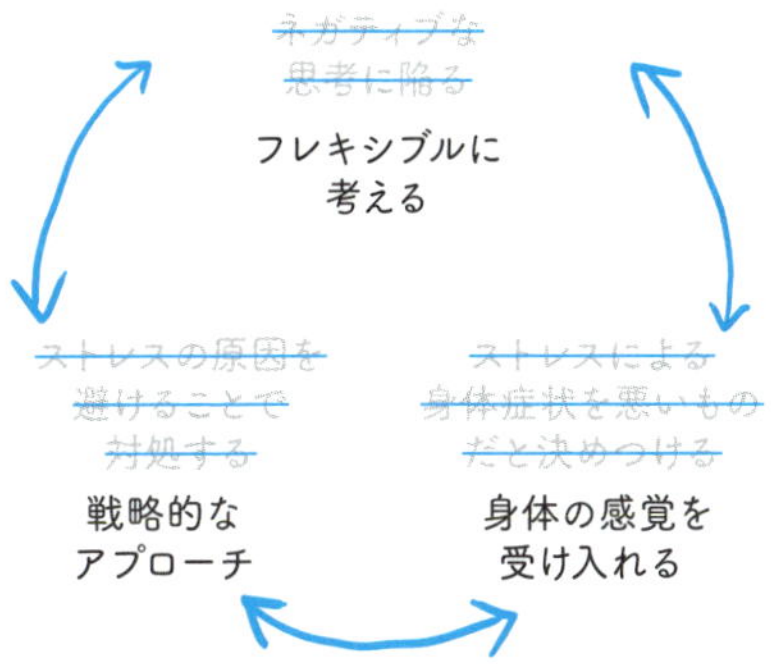

中にはつらいときには思い出しづらいリセットもある。部屋が散らかっていると、探し物が目の前にあるのに見つけられないようなものだ。

しかし、よくクライアントに説明するのだが、リセットはタイヤに空気を入れたり精神的な断捨離をしたりするのと似ている。リセットの目的は**「リチャージ」**だ。

少し栄養を摂ることで思考が明確になり、そもそものストレス原因が何であれ、解決できる状態になる。そうすることで前に進めるのだ。

ここで言う「チャージされた状態」とはラクな人生を歩めるということではない。**「何が起きても対処できる自信がある状態」**ということだ。

マインド
リセット
1

しっかり地に足をつける

あれこれ考えてしまい、精神的に追いつめられていると感じたとき

ここではシンプルな**「アンカリング」**のテクニックを使う。

いったん立ち止まって、「今ここ」で起きていることに立ち返ってみよう。

まずはかかとが床についている感覚を捉え、文字どおり地に足をつける。そして自分にたずねる。

▼**今何を考えている?**
▼**身体に何を感じる?**
▼**今、何をしている?**

その後、次の質問も考えてみる。

▼その反応は自分の役に立っている？
▼長期的な目標に沿っている？
▼将来の心配事、あるいは過去の痛みからきている？

これら6つの質問を付箋に書いて（「考える」「感じる」「している」「役に立っているか」などと略してもOK）パソコンなどに貼り、ストレスのせいでネガティブな方向に流されそうになったらその付箋を見て踏み留まろう。

その時点で立ち止まり、自分のマインド・身体・行動を棚卸しすることで、頭の中で考えがぐるぐる回っていても、次のステップを選ぶ余裕ができる。

どんなときにも自分の足が地についている部分に意識を向け、今という瞬間にアンカリングする。それによって、ポジティブな体験を楽しむことができるのだ。

マインドリセット 2

心の状態を把握する

心の状態が目の前の課題や状況と合っていないとき

問題を解決するために理性を働かせる必要があるのに、感情が邪魔をして物事を冷静に見られないことがある。たとえば希望が見えず、「どうせ努力しても仕方がない」と心の中でささやいてしまうようなときだ。

もちろん、感動的な映画を観ているときや友人とお祝いをしているときなど、感情に身を任せたほうがいいときもあるが、理性が求められる重要な状況（予算組みなど）もある。また、頭と心を統一させたほうがいい決断（仕事やパートナー選びなど）もある。

そんなときは、次の質問をして、自分の心の状態を把握しよう。

▼今、自分の考えや行動を制御しているのは感情？↓「感情的なマインド」

▼事実やロジックに基づいている？→「合理的なマインド」
▼感情・ロジック・直感が統合されている？→「賢明なマインド」

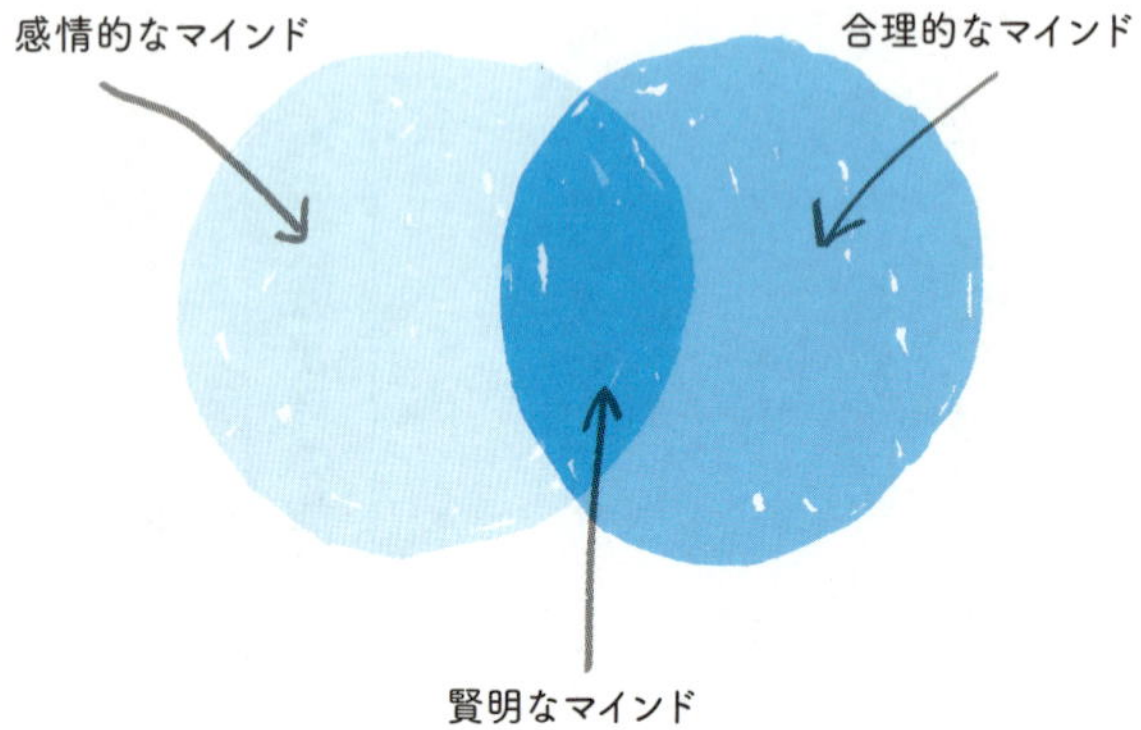

次に自分のマインドの状態が現状に合っているかどうかを考えよう。

睡眠不足や過労、孤独感が強ければ「感情的なマインド」に陥りやすい。

そこでいったん立ち止まって、自分が「感情的なマインド」になっていることを認識すれば、悪い習慣を身につけずにすむ。

あるいはロジックを優先するあまり幸福感が下がるなら（たとえば、家族だから仕方ないと思って批判的な親戚と無理に付き合うなど）、一歩下がって自分の「合理的なマインド」に気づくことが大切だ。そして、自分をもう少しいたわり、感情のニーズにも目を向けるよう心がけよう。

今どんなマインドなのか、それが現状に合っているかどうかを認識することで見えてくるものがある。

「自分は今、感情的なマインドになっている」と気づけば、「感情的な決めつけ」、つまり「こう感じているからこうにちがいない」という思考を中断できる。

「何をやってもうまくいかない！」「誰も私のことなんて気にかけてくれない」と本気で感じたとしても、実はそれは悲しみや孤独感が原因であって、その人の人生の正確な描写ではない。

何をするにしても自分がベストな状態ではないことを認めたほうが対処しやすいし、今感じているストレスが長続きしないことも理解できるようになる。

マインドリセット 3

あなたの中の「賢い自分」と対話する

難しい決断に悩んでいるとき。自信が持てないとき。他人に安心感を求めてしまうとき

自分の中にある**「賢明なマインド」**にアクセスすることで、感情・知識・直感が統合され、自分だけの気づきを得られる。
次のエクササイズを1分ずつ試して、どれが一番効果的か確認しよう。気に入ったエクササイズはその後も必要なときに実践してみてほしい。

▼**息を吸って吐く。吸うときには賢明なマインドにアクセスし、吐くときは心を落ち着かせるイメージで。**

▼**自然に息を吸っては吐き、呼吸に集中する。意識を自分の内側に向け、呼吸をし**

ている間は丹田に集中する。

▼息を吸い、また吐く前に自然に生じる「間」に意識を向ける。息を最後まで吸い込んだら、その頂点でほんの少しの静かな間があることに気づこう。息を吐いたら、再び息を吸う前の空間にも意識を向けよう。

▼何かをしようとしているとき、それが本当にすべきことなのか迷ったときは（たとえば、約束をキャンセルするなど）、「これは賢明なマインドか？」と自分に問いかけてみる。

▼視覚が優位な人は、美しく澄んだ湖に小石がゆっくり沈んでいく様子を想像して「賢明なマインド」に入ることもできる。自分の内なる知恵の深みへと降りていくイメージで。

自分の内なる知恵を活用することで、最終的な目標に集中し希望を持ち続けられる。答えはたいてい自分の中にあるので、それに耳を傾ければいいのだ。

私のセラピーでも、繰り返しこのエクササイズをやっている。「賢明なマインド」に入りやすくなり、自分を信頼できるようになる。

クライアントに意見を聞かれるときにも、「自分の賢明なマインドに従って」とアドバイスしている。自分が知っていること、感じていること、そして自然な直感を活用することで、自分の洞察力の素晴らしさを認識し、自信を高めよう。

マインド
リセット
4

ネガティブな考えを歌にする

自分を疲弊させる考え、やる気をなくすような考えから抜け出せないとき

自分の考えを楽しい歌にしよう。思考との関係性が変化し、真剣に捉えすぎなくなる。

▼**アップビートの曲を選び、頭の中で繰り返されるネガティブな考えをメロディーにのせてみる。**

▼**好きな曲に合わせて「この考えはもう私を傷つけない」などと歌ってみる。**

およそ80〜99％の人が、頭の中で自分の容姿や仕事、対処する能力に対して役に立たないネガティブな考えを繰り返しているという。**「認知的脱フュージョン」**、つまり**考えを文字どおり深刻に受け止めないようにする**と、そうした考えの信憑性や頻度が下がり、自分なりのジョークにできるようになる。

マインド
リセット
5

ありのままを受け入れる

不確実な現実やフラストレーションなど、事の大小を問わず苦しんでいるとき

「ラディカルアクセプタンス（徹底的な受容）」とは、**自分の心身の苦痛を認識し、今この瞬間をあるがままに全面的に受け入れること**を意味する。なぜこれが重要かというと、痛み自体もつらいが、「痛み」と「受け入れられない」という状態が組み合わさると、苦しみへと変わるからだ。これは練習する必要があるが、まずはオープンになることから始めてみよう。

「受け入れること自体難しいのに、徹底的にやるなんてしんどすぎる」という意見をよく聞く。もっともな意見だが、受け入れるなら心からやらなければいけない。

なぜなら、中途半端に受け入れても（相手を恨んでいるのに親切にするなど）そこまでの効果がないからだ。次のように練習しよう。

1 直面していることをどれだけ受け入れられているか、0〜10のスケールで評価する（10＝完全に受け入れている）。

2 「なぜ私なの」「こんなの我慢できない！」など、批判的な考えがないかどうか頭の中をスキャンする。実際に起きていることを描写して、事実に基づいて考えてみる。

3 身体に起きていることに着目し、額、唇、歯、肩、手の緊張をゆるめる。

4 その瞬間の感情や感覚をしっかり感じて正常だと見なす。その感情が正常ではない、あるいは永遠に続くのではと思って感情を抑えたり増幅させたりすると（「精神状態が良くなることなんてない！」「なぜ私はこんなふうに反応するの！」など）、感じていることがどれも重くなってしまう。

5 現状を受け入れるとしたらどうするか、自分に問いかけてみる（難しい課題にとりかかる、苦手な人の行動を分析しすぎない、など）。そしてその練習をする。

6 1〜5をやったあと、現状を受け入れられているかどうか0〜10のスケールで再評価する。

またうまくいかなくなったら、オープンな姿勢に立ち返るように心がけよう。クライアントにも説明しているが、受け入れるというのは、飛行機に乗るのではなく回転ドアをくぐるようなものだ。いつでも戻ってこられる。

クライアントに「セラピーで一番役に立ったテクニックは？」とたずねると、必ず**「徹底的に受け入れたこと」**だという声が上がる。最初にそのテクニックを教えたときには、あきれたような表情をしたクライアントもふくめてだ。

このセラピーはストレスや薬物使用、不安、慢性的な痛みを軽減し、人間関係や幸福感を向上させることが証明されている。

信じられなければ、ストレスのかかった状況を思い浮かべ、顔と身体を緊張させながら自分は不当な扱いを受けていると想像してみよう。

それを受け入れなければ、よけいに苦しみが増すことに気づくだろう（私は緊張性頭痛を起こす）。身体の緊張を和らげてから、同じストレス要因に向き合えば少しラクになるはずだ。

何に対応するにせよ、その瞬間とそれに伴う感情を受け入れられるようになれば、状況に対処し成長することもできる。

心理学者でマインドフルネスの専門家、『ラディカル・セルフ・コンパッション――つらい人生を心癒やされる幸せな人生に変化させるために』（星和書店）の著者でもあるタラ・ブラック氏も、**「人生には精神的ストレスや怒り、健康上の不安、人間関係で失敗したという恥が定期的かつ必然的に伴う」**と述べている。

「人間としての体験を完全に受け入れないかぎり、そういった感情にとらわれ続けるでしょう」

受け入れるには、自分の性格を完全に変えなければいけないように感じるかもしれない。しかし、このリセットによって心の平安が深まり、エネルギーが溜まり、前に進めるようになることが研究でも示されている。**何かを受け入れるというのは現状に満足することではなく、それによって具体的な変化を起こすこと**――そう覚えておくとよいだろう。

マインドリセット 6

感情に名前をつける

ネガティブな感情が湧いてくるとき

心を落ち着け、自分の感情を観察して名前をつけていこう。名前を声に出すか、感情追跡アプリや日記でリストにしてもいい。**単に「悪い」というラベルを貼るのではなく、感情を正確に分析することがポイントだ。**

最後に、感情の強さを0〜10段階で評価する（10＝もっとも強い）。これは、耐えられないほど不快になってから行うのではなく、日常的に習慣化することが大切だ。同時にポジティブな感情にも気づくことで、自分が何に喜びを感じるのかを自覚することもできる。左の**「感情ホイール」**の図を参考にしてみよう。

感情を客観的に観察するのは難しく、そのまま感情にのみ込まれてしまうのはよくあることだ。いったん立ち止まってその感情に名前をつけることで、感情が脳や身体

感情ホイール

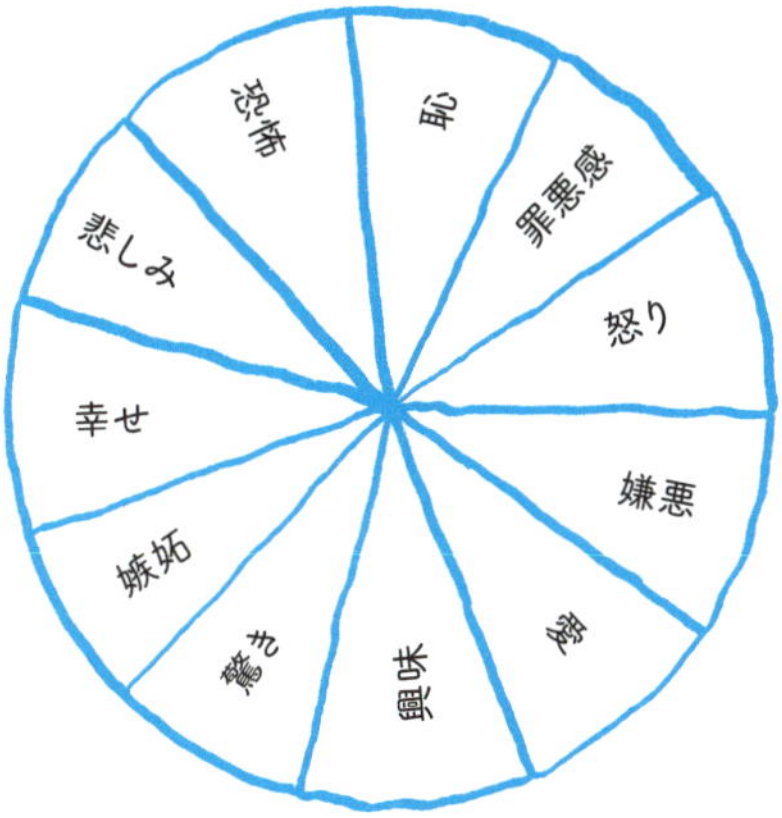

を支配する力を弱められる。

このテクニックは**「感情ラベリング」**と呼ばれ、大脳辺縁系（脳の感情的な部分）の活動を妨げ、右側の腹外側前頭前皮質（脳の理性的な部分）を活性化して感情を和らげてくれる。

研究でも、動揺するような画像を見たあとにその感情に名前をつけると、苦痛が大幅に軽減されることがわかっている。

別の研究では、怒りに名前をつけると心拍数と心拍出量が下がり、しかも効果が持続した。

クモ恐怖症の研究では、タランチュラが入ったカゴに近づく際に感情を言葉にした人は、そうしなかった人に比べて翌週クモを見たときの恐怖が軽減されたと示されている。

マインドリセット7

どんな感情も認めて、受け入れる

ストレスを感じることがストレスなとき

自分が周りから認められていない感じがして、外部からのサポートがあったらいいのにと思うときはないだろうか？　自虐的な発言をしたり、うまくいったことを過小評価したり、何か達成してもすぐに次を心配し始めたりするなら、このリセットを試してほしい。

この自己承認のテクニックで、たとえ周りに理解してもらえなくても安心できる瞬間をつくれる。

まずは、自分の考え、感情、行動、そして置かれている状況に注意を払おう。

次に、自分が感じていることの正当な部分を認める。

「私は誠実なので、要求ばかりしてくる人の下で働くのはつらい。このストレスは当然であって、私が何もうまくできないとか、おかしいというわけではない」などだ。

別の例を挙げると、**「私は一生懸命やった」**と思うのか**「ただ運が良かっただけ」**と思うのかでちがいが生まれる。自分を認めなかったり、当然湧く感情を口うるさく批判していたりすることに気づいたら、この自己承認リセットをやるようにしよう。


他人に軽視されたときにはすぐ気づくが、自分自身の経験を無意識に軽視していても気づかないものだ。いったん立ち止まって自分に理解を示すだけで（「こうなるとは予想していなかったわけだから、当然こう考えてしまう。なぜなら……」）、直面している問題が何であれ痛みが和らぐはずだ。


あるクライアントは「この先もっと気分が暗くなるのでは」と心配していた。

彼はこの6カ月で恋人と別れ、友人を自死で亡くし、転職して引っ越し、当然のことながら気分をコントロールできずに苦しんでいた。人間関係を大切にする人だったのに、人生の大部分が不安定になったからだ。

しかし、その感情を当然だと気づくことができた。感じることを自分に許すことで、ストレスと気分の落ち込みを脱したのだ。人間らしい感情を持つことを誇りに思い、自分を思いやることもできた。

　自分を慰める心の声をどうやって出せばよいかわからなければ、**親しい友人や優秀なセラピストがそばにいたら耳元で何とささやいてくれるか**を想像してみよう。

「自分を認めることは自分を甘やかすことにつながるのでは」と懸念する人もいるが、そうではない。自己承認は自分への思いやりを高め、成長しやすくしてくれるのだ。

　せっかくポジティブな経験をしたなら、どうせ間もなく振り子が反対側に振れて調子が悪くなると予測するより、自分が何を達成したかを認め、それを満喫するほうがずっとモチベーションは高まる。

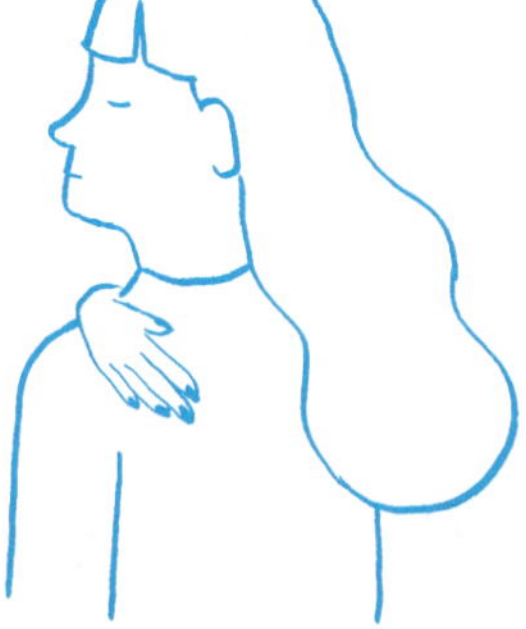

マインドリセット
8

選択肢のメリットとデメリットを整理する

心の中で綱引きをしているとき。何かの決定に執着しているとき。衝動と闘っているとき

役に立たない行為にふけって疲れるよりも、力をもらえるような選択をしよう。

そのためには選択肢を整理する。155ページの表のように「**メリット**」「**デメリット**」「**衝動的な行動**」「**他の選択肢**」を書き出して、今どんな衝動や決定と闘っているのかを特定し、短期的および長期的にどう感じるか（今この衝動に従ったら明日後悔するだろう、など）を分析する。長期的なものにはアスタリスクをつけよう。

たとえば「**衝動的に行動することのメリットとデメリット**」と「**ストレスと向き合ってから選択した場合のメリットとデメリット**」を比べてみる。

細かく書き出すことで、すぐに満足感を得たい衝動にかられたときのために備えることもできる。今後のためにリストを保存しておこう。

始めやすいように、左の表に例を挙げておく。


メリットとデメリットをリストアップすると判断がスムーズになり、リスクの高い習慣やストレスの多い習慣に陥るのを防いでくれる。

ストレスがあると、選択肢をバランスよく検討できなくなるものだ。しかも認識が歪み、手っ取り早い解決策の誘惑に流されてしまう。

強迫行為に苦しむクライアントたちからは、**「衝動的な行動をとることのメリットなんてせいぜい5分で、逆にデメリットになる罪悪感や恥は何日も続くなんて知らなかった」**と何度も言われたことがある。結果的に自分を罰するような行動をとらないだけでも、ストレスが減るのだ。

	メリット	デメリット
衝動的な行動 （例）攻撃的なメールを送る	▶大事なことを言った気になれる ▶相手に自分と同じ気持ちを味わわせられる ▶自分の感情と向き合わなくてすむ	▶明らかに正しい状態だったのに問題を起こす ▶敵意のあるメッセージを送るとよけいに怒りが増す ▶ほしい返事は確実にもらえない ▶結果的に「やはりやりすぎた」と後悔する*
他の選択肢 （例）自分が怒っていることを認識し、好きなポッドキャストを数分聴く	▶良い意味で気が散る ▶感情が高まっていないときなら、うまく会話ができて良い結果になるとわかっている* ▶その日1日を進めやすくなる* ▶自分の感情や人生を制御できると感じられる*	▶（最初は）違和感を覚える ▶怒りを爆発させたい衝動を絶えず抑えなければならない ▶ふだんほどはポッドキャストを楽しめない

* 長期的

マインドリセット 9

愛を表現する

間違いを犯したとき。燃え尽きているとき。人付き合いが不安なとき。困難な状況や誘惑に直面したとき。「私はバカだ！」という気持ちが湧いたとき

このテクニックは、反芻思考をしているときにも使える。とくにこの見出しを読んだだけで恥ずかしくなる人にはぜひ試してほしい。

自分に厳しくするのは簡単だ——ましてやそれで自分を鍛えられると思い込んでいる場合には。しかし、**「自己批判」を自分への「思いやり」に変える能力を身につけるほうが、もっといい形で自分自身とかかわれるようになる**というエビデンスがある。

私もお気に入りの**「慈愛の瞑想（ラビング・カインドネス・メディテーション）」**は、マインドフルネスの専門家で作家のシャロン・サルツバーグが考案したエクササイズで、必要なときに自分にやさしくなれる。次の行動を試してみよう。

目を閉じて座るか、目を開けたまま一点にフォーカスしよう。
数分間かけて、次に当てはまる人を1人ずつ選ぶ。

▼考えただけで心に愛があふれる相手
▼自分自身
▼今つらい時期にある人
▼顔見知りだがよく知らない人
▼やや付き合いづらい人
▼すべての存在

選んだ人を思い浮かべながら、それぞれに慈愛の言葉をかける。
▼○○さんが幸せでありますように。
▼○○さんが健康でありますように。
▼○○さんが安全でありますように。
▼○○さんが心穏やかに生きられますように。
▼自分自身に言葉をかけるときは、「私が幸せでありますように」とする。

1人に少なくとも1分かけよう。

効果を最大限に得るためには、**善意の贈り物を自分自身と他者に届けているとイメージすること**。この瞑想を定期的に、たとえば朝コーヒーを飲んだあとや寝る前に実践する。少なくとも数週間は同じ人に集中して、完全にポジティブな感情が湧くまでやってみよう。

日常生活の中で使うこともできる。人にどう思われるかを恐れているとき、ハードな1日を過ごして家に帰るときなどだ。

何十件もの研究で、この慈愛の瞑想が自己批判をしやすい人、あるいはもっと幸せを感じたい人にポジティブな感情を生むことがわかっている。また、他人とのつながりを強化してくれるというエビデンスもある。

このエクササイズは自分にやさしくするためにも使える。「何か価値あることをした」と感じるまで待つ必要はないのだ。自己批判をして努力を無駄にするよりも、自分を向上させるモチベーションが高まるだろう。

マインドリセット 10

人生で大切なものを円グラフにする

激しく動揺して時間やエネルギーを奪われてしまっているとき

心を乱す出来事が頭から離れず、そのことで心がいっぱいになってしまっているときは、少し視点を変えることが必要だ。そのためにも、**「人生を総合的に見る能力」**を高めよう。

まず、健康、友情、家族、個人としての成長、キャリア、経済的安定、精神性、趣味、社会貢献など、人生で自分にとって重要な分野をリストアップしよう。

次に、リストアップした各分野に求める価値観を書く（人間関係の分野では「努力」と「許し」という価値観を持ちたい。具体的には毎週1人の友人に連絡する、などど）。そうすることで目標が単なる憧れではなく実行可能な存在になる。

自分にとって重要な分野を、パイの1片のようにイメージしてみよう。そして、各分野をどのくらい重要視しているかを考える。たとえば「健康」に何%割り当てたいのか。仕事には？

最後に、重要度を反映した割合で円に書き入れる。

これで人生の円グラフの完成だ。この図を写真に撮っておくと、このバランスを保つ目安や、人生のポートフォリオを多様化することを思い出すきっかけになる。

人生で何が起きるかによって優先順位は変わっていくので、各価値観の重要性をときどき見直す。

自分にとって何がどれだけ重要かを分析すると、初デートでがっかりするなど、不快で

人生の円グラフ

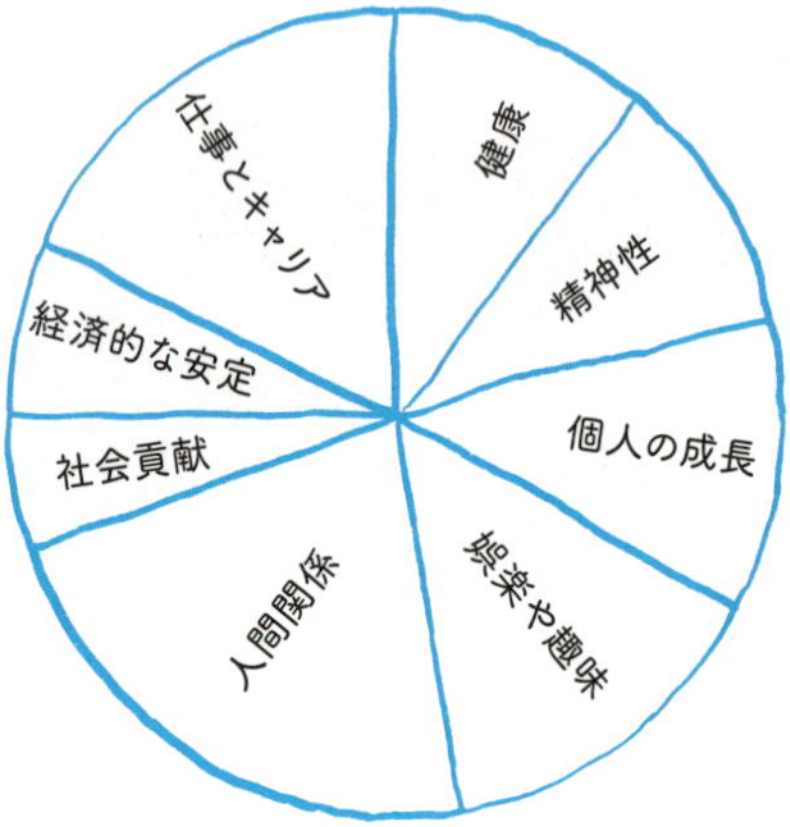

はあるがあくまで一時的な出来事を、人生の舞台から降ろせるようになる。

また、仕事で上司から良い評価をもらえなかったなど、深く傷ついた場合にも少し距離を置ける。

ズームインして小さな欠陥を拡大するのではなく、ズームアウトして全体像を見られるようになるのだ。

可視化することで、何に注意を払うべきなのかを思い出しやすくなる。

さらに、このプロセスにはもう1つのメリットがある。それは、自分でコントロールできる点（忍耐強くなる、丁寧にコミュニケーションをとるなど）を具体化することで、気が遠くなりそうな高尚な目標（運命の人に出会うなど）を目指すときにも希望を感じられるようになることだ。

マインド
リセット
11

最悪なシナリオを想像している自分に気づく

最悪のシナリオが現実になると思っているとき。強い感情に苦しんでいるとき

物事の捉え方のせいで、つらさが悪化するのはよくあることだ。

たとえば、拒絶されたときに、「私は愛されない」「私なんて何もうまくいかない」と思い込むと、その出来事よりもその解釈が心の痛みをエスカレートさせ、長引かせることがある。

そんなときは、ネガティブな考えと現実を混同せずに、次のような戦略を使って事実確認を行おう。

▼**「この考えは助けになっている？」と自分にたずねる。考えのどれかが役に立たないことに気づくだけでも手放しやすくなるはずだ。思考の迷惑フォルダをつくるとイメージしてもいい。**

▼あまりに動揺して、自分の考えに根拠があるかどうか見極められない場合は、次にとるべき具体的な行動を計画する（自分は絶対に失敗する→15分だけベストを尽くしてみよう、など）。

▼最悪のシナリオばかり考えてしまうときには、戦略的なアプローチが有効だ。こう自分に問いかけてみよう。

「本当にそれが真実だとわかる？」

「勝手に脅威だと思い込んでいない？」

「現実的に考えて、そうなる可能性はどれくらい？」

「それ以外の解釈や結果は考えられない？」


書くことで客観的になれるなら、次ページのフォーマットを使ってもいい。

たとえば、スーパーで銃乱射事件があったというニュースを聞いて、強い恐怖やストレスを感じたとし

原因となった出来事	思考	その考えは役に立つ？	最悪のシナリオの信憑性は？	他にもっと現実的で助けになるような考えは？	力を与えてくれる次のステップは？

よう。

それが「動揺するような恐ろしい出来事だ」と認めた上で、自分がスーパーで買い物をしている間に銃撃が起こる可能性はとんでもなく低いことを理解する。

悲劇に目をつぶるのではなく、最悪の結果にフォーカスするのを防ぎ、もっと現実的な結果に視野を広げるのだ。

「たとえ現実をコントロールできなくとも、自分の人生を生きる努力をするのが自分にとって唯一の選択肢だ」と言い聞かせて前に進もう。

結論を急いだり、最悪の事態を想定したりするとパニックになるだけだ。

思考というのはそれほど感情や行動に影響を与える。

3世紀初頭のストア派の哲学者から禅師、現代の認知療法のパイオニアまでが「うまく対処するには思考を追求せよ」と説くのも無理はない。状況のせいでエネルギーが減っていくのと同じくらい、ネガティブな思考のせいで人生がさらに困難になることもある。

ここで重要なのは、**自分を騙すことではなく、現実的で効果を生む形を考える**こと。最近あるクライアントが「仕事でも恋愛でも、一歩を踏み出したとたんに壁にぶち当たってしまう」と話してくれたことがあった。そこで私は「壁」を「スピードバンプ（段差）」［道路にある、車のスピードを減速させるための構造物］に置き換えてみようと提案した。

この発想の転換によって、彼は失望する出来事があっても、挑戦を続ける意欲を持てるようになったのだ。

マインドリセット
12

誤った思い込みを見直す

他人に怒っていたり、自分を厳しく批判したり、そういったネガティブな感情にしがみついているとき

瞬時に判断すれば状況や相手を迅速に正確に分析できる、と思いたいところだが、**「根本的な帰属の誤り」**を犯している場合にはそうはいかない。

つまり、全体像を考えずに（例：「あの人は駐車禁止取り締まりの仕事をしているだけ」）、行動を「相手の性格のせい」（例：「何、あのバカ」）にしてしまう。

誰か（自分や大切な人もふくむ）に対して偏見を持ったり悪いと決めつけたりすると、一歩下がって何が起きているのかを広い視野で見られなくなる。それでは誤解するだけでなく、不必要に憤ってしまう。

他人とのやりとりは、前後の文脈がかぎりなく大切だと認識しよう。

そうすることで健全な解釈ができるようになる。

たとえば、誰かについて最悪な話をつくり上げていたが、現実はそういうわけではなかったケースを思い返してみよう。

印象的な例をスタンフォード大学のジェフリー・コーエン教授が著書『Belonging: The Science of Creating Connection and Bridging Divides（帰属感：関係づくりと分断に橋をかける科学）』（日本未翻訳）に書いている。

授業中にサングラスをかけていた学生を「態度が悪い」として叱った教師がいた。しかし、その学生は目の周りの青あざを隠していただけだった。こういった事実の歪みを思い出すだけでも、イライラを好奇心に変えられるはずだ。

「根本的な帰属の誤り」に陥らないように、コーエン教授は次のように勧めている。目を大きく見開き、社会の流れを見渡すよう心がけ、心の体操をして思い込みをストレッチする。

最近イライラした状況を思い出し、そこに幅広い説明を考えてみよう。相手を好意的に解釈し、状況が許すなら説明を求めればいいのだ。

ある日のセッションで、社会不安障害を持つクライアントが、「僕にイラついていますよね？」と聞いてきたときには嬉しくなったほどだ。

私は彼に対してイラついてなどいなかった。当時私は妊娠中で、たまたまつわりがひどい日だったのだ。しかし、クライアントは非常に敏感な人で、私の様子がいつもとちがうことに気づいた。おまけに心配性で、自分は嫌われていると思い込む傾向があった。

彼は「根本的な帰属の誤り」を犯した――私の気に障るようなことをしてしまったと思い込んだのだ。

そこで私はすぐに自分の余裕のなさを謝り、理由を説明し、聞いてくれて本当にありがたいと伝えた。彼に聞く勇気があったおかげで気持ちが近づいたし、「とっさの判断はよく確認しなければいけない」ということを改めて学べた。

現在進行形の人間関係で悩みがあり、それを裏づけるような事実もある場合は（たしかに私は気分が悪そうに見えたし）、とくにそれが重要になる。

自分や他人をどう解釈するか、それを改善できるような視点を他にも見つけてみよう。

ノースウエスタン大学教授で心理学者のイーライ・フィンケル氏が主導した研究では、60組の夫婦に最近の夫婦げんかについて20分程度、文章を書くよう依頼した。

その際、「関係者全員にとって最善を望む中立的な第三者の視点」から書くように指示した。そして、次に誰かと衝突したときにもこのテクニックを覚えておくようにアドバイスした。するとその後の1年間、この練習を実践した夫婦は、この練習をしなかったグループよりも夫婦関係に幸せを感じていたという結果が報告された。

出来事を寛大に解釈するには最初は努力が必要だが、慣れてくると、自分自身の中にも他人とのかかわりの中にも心の平安を得られるようになるのだ。

マインドリセット
13

感情を流れるままにする

強い感情が湧いて、絶対に良くならないと確信してしまうとき

ふだんから感情を抑え込んでいる人はとくに、この**「感情を流れるままにするリセット」**から大きな効果を得られるだろう。

感情を抑制するとストレスになるし、かえって激化してしまうこともある。悲しみや恐怖といった感情に耐えられないと思い、大変そうな状況を避けたことがある場合にも試してほしい。

一歩下がって自分の感情を観察してみよう。そのときに感情をブロックしたり、良いとか悪いとか決めつけたりしないように。それから身体のどこでその感情を感じるかを正確に見極めよう。自分がサーフボードやボートに乗っているところをイメージする。波が寄せては返すが、バランスを保っている。感情も寄せては返す波のようなものだ。将来どう感じるか予測したり、過去に感じたことを思い出したりせず、今現在起きていることに留まる練習をする。

人間は「感情予測」、つまり将来どのように感じるか予測するのが下手なことで有名だ。今後どう感じるかを心配しても（「この状況を乗り越えることなんて絶対にできない！」など）、その問題が何であれ失望感が増すだけだ。

感情の良し悪しを判断するのではなく、その「波に乗る」ことで、感情から逃げたり行動を起こしたりする必要はないとわかるはずだ。

客観的に感情に寄り添うことで通常は長く続かないことにも気づく。私はこのリセットを指ハブ［指を引き抜こうとすると締めつけられ、リラックスさせると抜けるおもちゃ］だと考えている。

それと同じように、**「自分の感情をなりゆきに任せること」が自分を解放する唯一の方法**なのだ。現在の感情を受け入れることは、ポジティブな経験（友人とリラックスした週末を過ごすなど）を楽しむ助けにもなる。

楽しい時間が終わることを心配したり、次に何が起きるか（「ああ、ストレスフルな仕事の1週間が始まる……」など）を考えたりしないですむのだ。

マインドリセット 14

悪夢を良い夢に変える

トラウマを経験した人の多くが悪夢を見る。睡眠や身体の機能を妨げるほどの悪夢を見たときに

悪夢をよく見る人は、リラックスするための方法をいくつか持っておこう。

▼**見るだけで癒やされる場所の写真を集めておく。**

▼**心が落ち着くような曲のプレイリストをつくっておく、など。**

選んだ方法で本当にリラックスできるかどうか確認する。今回のエクササイズの途中でエネルギーを充電する必要がある場合は、これらの方法を使う。

まず、繰り返し見てしまう悪夢を思い出そう。複数ある場合は、それほど強烈ではない悪夢から始める。できるだけくわしく書き留めて、最後はポジティブなエンディングに変える。

馬鹿馬鹿しくて記憶に残るようなエンディングがいい。

たとえば、観衆が見守る中、高飛び込み台に立っていて、パニックになって恥をかき、おまけに大怪我をするという悪夢を見たなら、「オリンピック選手と目が合い、果敢に優雅に飛び込む自分に彼が親指を立ててくれた」というエンディングに変える。

ベッドに行く前に数分間、新しい夢をリハーサルしよう。

朝起きて悪夢を見たことを思い出したら、記憶が新鮮なうちにこのプロセスを繰り返す。


悪夢を見るのはもちろんその人のせいではないが、悲惨な経験をすると心の習慣になってしまうことがある。

しかし、この**「イメージリハーサル」**で悪夢を制御すれば睡眠の質も上がる。目覚めているときにこうやって丁寧に対処することのほうが、「また悪夢を見るのでは」と心配するよりも予防効果が高いことが証明されている。

マインド
リセット
15

苦しみの中に「意味」を見つける

物事が思ったように進まず、自分を奮い立たせたいとき

まず、**感情は「理解可能なもの」**だと知っておこう。

そして感情に敬意を払う。つらい感情を感じる瞬間を飛ばして、「この経験には意味があるはず」と考えようとすると、今の苦しみを軽視してしまうように感じることがある。

その過程の中で、**ネガティブな感情を押しのけようとはせずに、自分を苦しめているものに成長の機会がないかどうか考えてみる**。

クライアントの中には、自分が病気を乗り越えた経験を活かして、同じような体験をしている人を支えることで、自分の苦しみを意味のあるものにする人もいる。

意味を見つけるには、**「新しいものの見方をする」**という手もある。

「未来の自分」が「今の自分」に会いに来る場面を想像してみよう。今の自分を助けるためにどんな知恵を授けてくれるだろうか。あるいは、あなたの最大のサポーターである未来の自分はどんなふうに励ましてくれるだろうか。今味わっている挫折は、まだ全貌を理解できていない壮大な計画の一部だとイメージしてもよい。

どれを試すにしても、**「苦しみを否定せず、それでも意味を見つけること」**が目的だ。マーシャ・リネハン博士の場合も、自分自身が自傷行為に苦しんだことがDBTの開発につながり、激しい感情やつらい状況に苦しむ人の命を無数に救ってきた。なんとか立ち直ろうとする患者をセラピストがサポートするときには、**「雲が真っ黒なのを否定せずに、その中にある希望の光を見つけることが大切だ」**と述べている。

目的意識があればストレスが軽減される——これは研究でも明らかになっている。目的意識の強い人は、ストレスに直面してもネガティブな感情や身体症状を経験することが少ない。意味を見いだすことで、「こんなの無理」という状態から「成長」に進みやすいのだ。

たとえば、病気の家族のもとに急いで帰りたいのに、疲れていて電車に乗り遅れたとしよう。

そんなときこそ立ち止まってイライラを抑え、**「これはゆっくりするチャンスで、忍耐力を鍛えるチャンスでもある。それにやっと20分、マインドフルネスのアプリを開くことができる」**と考えてみよう。

そう捉えれば、タイミングの悪さを呪ったり、最近の運が悪かった出来事を次々思い出したりするよりも痛みが和らぐだろう。

ボディリセット 1

氷水に顔をつける

エネルギーが尽き果てて行きづまったり、パニックになりそうになったり、あるいははっきり考えられないときに

強い感情に圧倒されそうになると、自分を助けるどころか、傷つける結果になるような不健全な逃避をしてしまうときがある。ここで紹介する方法は、そんなときほど大きな効果を発揮する。

1 大きなボウルに氷水を張る。氷はケチらないように。水は冷たいほうがいいが、10℃以下にはしない。効果的なのは氷水だが、アイスパックや冷凍野菜の袋を使ってもいい。

2 タイマーを30～60秒にセットする。氷水なら最初は30秒から始め、アイスパックを使う場合は60秒続ける。

3　心の準備を整え、深呼吸をしてから息を止めて、こめかみまで水に顔をつけ、タイマーが鳴るまでそのままで（「もうリセットされた」と感じたり息が苦しかったりする場合には中断してもかまわない）[*1]。外出中など、もっと手軽に気持ちを落ち着かせたければ、氷をなめたり、顔にアイスローラーを転がしたりして冷たい感覚に意識を向ける。

顔を冷たい氷につけて酸素を遮断すると、副交感神経系の中でも主要な迷走神経が活性化し、心拍数が下がり、脳への血流が再分配される。それによって自然に心身の緊張が和らぐ。

冷たい水に飛び込んだ経験がある人なら、その衝撃で思考が乱れ、気分がすっきりするのを感じたことがあるかもしれない。

冷たい水につかるなどの難しいことを、「より戦略的に対処できるようになるための学び」として行うことで、コンフォートゾーンが広がり、安らぎを感じ、自分が生まれながらにして持つ回復力に感謝できるようになる。

ボディリセット

＊1　顔を氷水につけるテクニックは、ＤＢＴで「危機サバイバルスキル」として教えている。このエクササイズは単独でも高い効果があるが、ボディリセット2、3、6と組み合わせればさらに対処能力を高められる。ＤＢＴではそれがセットになっていて、「ＴＩＰＰ（温度、激しい運動、漸進的筋弛緩法、一定ペースの呼吸）」と呼ばれる。

ボディ
リセット
2

体をすばやく動かす

緊張しているとき。不満が溜まっているとき。疲れているとき。不安を感じているとき。考えすぎているとき

不安でいっぱいになっていても、短時間有酸素運動をするだけで不安を解消できる。おまけに**定期的な運動はストレス、うつ、不安を大幅に軽減する**ことがわかっている。身体や心臓に良いのは言うまでもない。ある研究では12分間激しい運動をしただけで、心血管系とストレスに広範囲な改善が見られた。

このリセットで提案している**「自重トレーニング」**は、トレッドミルで走るのと同じ生理的効果があることがわかっている。有酸素運動を20分行うだけでも、認知機能や気分の改善、ストレスの軽減につながるような変化が脳で起きる。

ボディリセット

あるクライアントは急な締め切りによるストレスで心拍数が上がり、不安のせいで集中できなくなっていた。しかし、数分間全神経をバーピー［全身運動の一種］に集中しただけでパニックが和らぎ、心が静まり、やるべきことに戻ることができた。

激しい動悸を運動のせいにするほうが、自分で不安を制御できないと感じるよりずっと気分が良いのだ。

同じことが、怒りで身体をこわばらせている場合にも当てはまる。それを「アップビートの曲に合わせて限界まで腕立て伏せする」ことにすり替えれば、怒りが収まるのを感じられるはずだ。

短時間でいいので心と身体を運動に使うと、ストレスが解消でき息抜きにもなる。

次の方法を試してみよう。

▼**集中できそうなアクティビティを選ぼう。**たとえば腕立て伏せ3回、スクワット3回、腹筋3回のセットなど。3分でも20分でも、現実的に取り組める長さにタイマーをかけ、できるだけ何度も繰り返す。

▼ハイニー、スクワットジャンプ、シザージャック（ジャンピングジャックに似ているが、足を横ではなく前後に動かす）、ジャンピングランジ、バーピージャ

ンプの腕立て伏せなしバージョンを1ラウンド行う。

自分のニーズに合わせて内容を調整しよう。

音楽をかけて楽しむのもいい。お気に入りのフィットネスアプリがあったり、もっと長いワークアウトをする時間があったりするのならなお良い。

激しい運動が合わないなら、穏やかな運動を試してみよう。ストレスの原因に心がさまよっても自分を責めたりせず、必要なだけ何度でも運動をしよう。

ボディ
リセット
3

身体をゆるめる

なかなか寝つけないとき、あるいは身体にストレスの兆候を感じるとき（緊張型頭痛や肩こりなど）。パソコンの前に長時間座っていて、気づかないうちに筋肉に力が入ったり、歯を食いしばったりしているとき

多くの人が身体の中にストレスを溜め込んでいて、そのせいで身体に不快さを感じ、不安にもつながっている。しかし、**身体のストレスを解放すれば、嬉しいことに思考も落ち着く環境ができあがる**。

ストレスと身体の不調は密接な関係にある。

頭痛や胃腸の不調といった慢性疾患であっても、日常の姿勢を意識し、筋肉の緊張を意図的にほぐすことで改善することがある。

1920年代、エドモンド・ジェイコブソン博士によって考案された**「漸進的筋弛緩法（PMR）」**は不安を自然に和らげる方法として注目された。この技法は、ストレスや睡眠を改善する効果があり、医学的に不快感を抱える人々にも役立つことが繰り返し研究で証明されている。また、心臓病だと診断された人の不安やうつ症状の軽減にも効果があるとされている。

以下の筋肉群を順番に5秒ずつ緊張させてから、10秒間ゆるめよう。ゆるめたあとは呼吸に完全集中し、緊張と弛緩のちがいを感じとってみよう。

1 **座りやすい椅子に座るか、横になる（就寝前でもよい）。身体の上のほうから始める。まず眉を寄せ、それからゆっくりと力を抜き、額に感じられるちがいに意識を向ける。**

2 **リップクリームを塗るときのように軽く唇をすぼめる。そのあと、ゆっくり力を抜き、上唇と下唇を離す。**

3 **歯を噛みしめて、舌で上顎を押し当てる。そのあと、ゆっくりと力を抜き、上下の歯の間に適度な空間をつくる。舌が自然な位置で落ち着くのを感じる。**

4 **顎を胸に近づけ、首の後ろが引っ張られるようにする。それから力をゆるめて、**

5　額から首にかけて力が抜けた状態を感じる。
肩をすくめるようにして耳に近づける。それから下ろして、顔から肩までの緊張と弛緩のちがいに注目する。

6　肩をうしろに引いて、肩甲骨を寄せるように背中を反らせる。そのあと、ゆっくり力を抜き、肩を自然に落として広げる。息を吸って吐き、残った緊張を解く。

7　お腹をへこませるように力を入れ、それから膨らませる。ちがいを感じ、呼吸を続けて顔から腹部にかけての緊張をゆるめる。

8　指に力を入れて握り、力を抜いて指を離す。

9　力こぶをつくるように前腕と上腕二頭筋の両方を緊張させ、ひじを90度に保ち、それから腕の力を抜いて下ろす。手、そして上腕と下腕の緊張と弛緩のちがいを意識する。吸う息と吐く息にも意識を向ける。

10　お尻に力を入れて締めてからゆるめ、力を抜く。

11　左右の太ももをくっつけるように力を入れる。緊張に意識を向け、それから離す。

12　最後につま先とふくらはぎを伸ばしたり引いたりする。

13 **息を吸って吐きながら、頭からつま先まで順番に身体をスキャンし、身体がリラックスしているかどうか観察する。**

受動的にマッサージを受けるのとはちがって、このリセットでは自分がマッサージ師になるので、マッサージベッドに横になっているときのように簡単に意識がそれることはない。

身体の緊張を手放すことは、自分自身とのつながりを取り戻し、セルフ・コンパッション（自分への思いやり）を実践するのにも役立つ。このエクササイズを、「自分のことを心配してくれている人が、その温かい手を自分の緊張した肩に置いてくれる」ようなイメージで行ってみよう。

私はこの漸進的筋弛緩法の**「意識的に注意を向けることで、自分の気持ちや状態を着実に改善していく」**というコンセプトが大好きだ。

ボディリセット 4

呼吸と身体の感覚に意識を向ける

寝る前に気持ちが落ち着かない、夜中に目が覚めて何度も寝返りをうちながら、「今すぐ寝ないと明日はひどい1日になる」と苦悩しているとき。または、痛みや悩み（体重や体型へのネガティブな感情など）から注意をそらすために試してもよい

ここで紹介する**「ボディ・スキャン」**は自分の身体に対する認識を広げてくれる。心を落ち着けて入眠を促すリセットなので、そのあと起き上がって行動しなければいけない場合には勧めない。

1　**仰向けになり、呼吸と身体の感覚に注意を向ける。そして身体がベッド、あるいは床に触れている部分に意識を向け、息を吐くたびに身体が深く沈むイメージをする。眠らなければと思うのではなく、意識に集中する。「今この瞬間を**

感じる」以外に何かしようと思わなくていい。

2 呼吸に集中すると、自然にお腹が上がったり下がったりする。呼吸を続けながら、息を吸うとお腹がどんなふうに膨らみ、へこむかに注目する。

3 意識を左足に移し、つま先まで下ろす。足の指1本1本の感覚にフォーカスし、どんな感覚があるのかを判断せずに、ただ感じとる。吸った息を左足のつま先まで届けるイメージで。

4 左足の裏とかかとに意識を移動させ、そこの感覚に注意を向ける。とくにかかとがベッドか床に触れている部分に。足に集中しながら呼吸も意識し続ける。

5 足から頭に向かってゆっくり意識を移動させながら、同じことを繰り返す。各部分に少しずつ時間をかけて（左足首、左すね、左膝、左腿、右のつま先、右足の裏、足首、右すね、右膝、右腿、骨盤、お尻、腰、お腹、背中、胸、肩）。そして手に移動する（両手同時でよい）。指から始めて、手の平、手の甲、手首、前腕とひじ、上腕、もう一度肩、脇の下、首、顔（顎、口、唇、鼻、頬、耳、目、額）、最後に後頭部。もし途中で意識がそれてしまったら、（それが普通だが）、それに気づくようにし、意識がそれたことを悪いとは思わずに注意を戻す。

ボディ・スキャンは漸進的筋弛緩法に似ているが、身体に力を入れたくない場合に適した方法で、全身にやさしく注意を向けられる。

この練習を続けることで、自分の健康状態に感謝し、非現実的な目標（秒で眠りにつくなど）を手放すことができる。

この方法は、**「マインドフルネスストレス低減法（MBSR）」や「マインドフルネス認知療法（MBCT）」**における中心的なエクササイズで、生活の質を向上させ、うつの再発を防ぐための代表的なアプローチだ。

また、ストレスからフォーカスをそらす訓練にもなるので、心が温かく静かになる。

MBSR開発者のジョン・カバット・ジン博士もこう語っている。

「ボディ・スキャンは分子レベルでどのように作用するのか、まだ完全には解明されていない。だが、緩和ケアに携わり、極度の痛みを抱える患者を治療する専門家の多くが、このアプローチを使うことで患者の心身が安らぐ瞬間を目にしている」

ボディリセット5

ため息をつく

つらい状況に直面していて、気分を改善したいとき

唇を軽く閉じて鼻から息を吸い、もう一度吸おう。

つまり2回続けて鼻から息を吸う。そして口から長く息を吐き出す。

これが**「生理学的ため息」**と呼ばれるもので、繰り返すと**「周期的ため息」**になる。

これを2〜3回やる。短い息止めを入れるなら、息を吸って3〜4秒間息を止め、再び息を吸ってまた短く止め、リラックスして長い息を吐く。

ため息はホメオスタシス（体内の恒常性）を維持し、呼吸の調節もしてくれる反射作用だ。

人間はふだんからおよそ5分に一度深呼吸をしたり、長くため息をついたりしているが、それが肺の健康にとって非常に重要である——ということをカリフォルニア大学ロサンゼルス校の神経生物学教授ジャック・フェルドマン博士から教わった。人間は深く眠っている間にも無意識にため息をついているという。

意識的にため息をつけば、この反射作用の恩恵をすぐに得られる。

肺が広がって二酸化炭素を多く排出できるからだ（高レベルの二酸化炭素は不安につながる）。

「我々が知るかぎり、この特別な『生理的ため息』は意図的に心を落ち着かせる最短の方法だ」とアンドリュー・ヒューバーマン博士も述べているとおりだ。

ヒューバーマン博士は神経科学者でスタンフォード大学准教授、ポッドキャスト「ヒューバーマン・ラボ」のホストでもあり、ため息が気分、不安、睡眠に及ぼす影響を研究している。

不安なときにはつい呼吸をしすぎたり息を止めたりしてしまうが、生理的なため息をつくことでそれを正すことができる。

「これはプラセボや魔法ではない。生物学の基礎だ」と科学ジャーナリストで『BREATH　呼吸の科学』（早川書房）の著者であるジェームズ・ネスター氏も述べている。

ネスター氏はため息と息止めを組み合わせた方法がお気に入りということだが、それもある神経科学者に紹介されたテクニックだそうだ。

最近のスタンフォード大学の研究（ヒューバーマン博士らが主導）によると、**1日5分間の周期的なため息を1カ月間続けた人は、ポジティブな感情が生まれ、睡眠中の呼吸数も減少した**ことが確認された。

ヒューバーマン博士自身も気持ちがたかぶっているときや就寝前にリラックスしたいときに2、3回やっていると教えてくれた。かといって、1日中ため息をついていなければいけないわけではない。

やりすぎると二酸化炭素を排出しすぎ、過呼吸になる恐れがある。過呼吸はパニック他の不安障害に関連している。

ため息は心理的なメリットがある以外にも、大きな希望を秘めていることがわかるだろうか。今どんな困難に直面していても、人間にはリセットする力が備わっている。人間の素晴らしい生理機能のおかげで、リラックスして地に足をつけられるのだ。

ボディ
リセット
6

5秒吸って、5秒吐く

何かに追われているような気分で、身体的にも精神的にも安心したいとき

このリセットは**「コヒーレンス呼吸法（整った呼吸法）」**として知られ、回復力を高めてくれる秀逸な呼吸法だ。ただしパニックになっていて指示どおりの呼吸ができそうになければ、音楽を聴いたり、短時間運動をしたりして気持ちを落ち着かせてから、この呼吸法を採り入れていこう。

1　背筋を伸ばし、肩の力を抜いて座る。目は閉じるか一点を見つめて。唇は軽く閉じ、鼻から息を吸う。ゆっくり呼吸することを忘れないように（ストレスがあると力が入ってしまい、副交感神経系ではなく交感神経系が活性化されてしまう）。

2　5秒間、息を吸いながらお腹を膨らませる。やりやすければ「1…2…3…4

…5…」と数えてもいい。

3　5秒間、お腹を収縮させながら息を吐く。できれば鼻から。

4　このサイクルを数分間繰り返す。

音声ガイドを使ってもいい。私はメトロノームやチャイムの音が入ったものが好きだ。Joachim Nohl のアプリ〈Breathe・Calm down・Meditate〉がおすすめだ。

ストレスへの対処能力を長期的に高めたいなら、このコヒーレンス呼吸法を1日15〜20分練習する。吸う息と吐く息を5・5カウントか6カウントまで伸ばしてみる。

これははるか昔から行われているヒーリングで、瞑想の基礎だ。自分の呼吸に意識を向け、ゆっくりした深い呼吸を維持すれば、正式なマインドフルネスのトレーニングを受けていなくても適切にストレスに対処できるようになる。呼吸を1分間5〜6回に落とすことで迷走神経が活発になり、血圧が下がり、心の静けさや回復力が得られるなど、生理学的なメリットが多くある。

何が起きていようと、**「呼吸をしているかぎり、間違っていることよりも正しいことのほうが多い」**と瞑想の達人で研究者のジョン・カバットジン博士も言う。

『The Healing Power of the Breath: Simple Techniques to Reduce Stress and Anxiety, Enhance Concentration, and Balance Your Emotions（呼吸の癒やしの力：ストレス、不安を減らし、集中力を高めて感情のバランスを取るテクニック）』（日本未翻訳）の共著者リチャード・P・ブラウンとパトリシア・L・ゲルバーグは精神科医で、トラウマに苦しむ人々に呼吸法を処方してきた。

何十年も難民を治療するにあたって呼吸法を教えてきたブラウン博士も**「呼吸は心と身体のあらゆるシステムを改善する」**と言う。

「欧米では不快なことはなんでも薬で解決するという考えが根強いが、人間は自分で体内のエネルギーを変えられるツールを持っている。呼吸により自分と結びつき、他者とのかかわり方も改善できるのです」

ボディリセット 7

吸ったときと吐いたときに息を止める

集中したいとき。大変な状況でも心の平安がほしいとき

ここで紹介する**「ボックス呼吸法」**は、コヒーレンス呼吸法に似ているが、ボックス呼吸法では吸ったときと吐いたときに息を止める。アメリカの海軍特殊部隊も、闘争・逃走モードからすばやく脱するために活用しているテクニックだ。

1　4つ数えながら鼻から息を吸い、空気が肺を満たすのを味わおう。
2　次に口や鼻を押さえずに4秒間息を止める。
3　それから4秒かけてゆっくりと息を吐き、また4秒間息を止める。

このサイクルを何度か繰り返し、最終的には最大5、6秒あるいは7秒まで伸ばす。これを1回につき5分間できるように、毎日練習する。

すでに説明したとおり、呼吸を落とすと心拍数、血圧、心拍数、血圧そして消化を調節する自律神経系に好影響がある。

また、思考や感覚を司る身体の処理センター「中枢神経系」や感情も落ち着く。呼吸と感情の関係については科学ジャーナリストのジェームズ・ネスター氏の説明がわかりやすい。

「不安になるのは過呼吸だからで、過呼吸になるのは不安だから」

1分あたりの呼吸数を落とすと、衝動を制御する脳の領域が活発になり、悲しみや怒りといった感情が軽減される。不安を引き起こすものが何であれ、それを脇に置いて、数えては息を止めるパターンに没頭しよう。

ボディリセット8

口角を少し上げる

腹を立てずに現状をありのまま受け入れたいとき

「ハーフスマイル」は、私をふくめてDBTセラピストの多くが実践しているテクニックだ。

この方法は、顔の状態が感情に影響を与えるという「表情フィードバック仮説」に基づいている。**口角を少し上げるだけで、気分が改善されるきっかけになる**のだ。

スタンフォード大学のニコラス・コールズ博士が主導し、19カ国3800人を対象にした研究でも、**幸せそうな表情をつくった人はポジティブな感情をより強く頻繁に感じるようになった**、という結果が出ている。

ハーフスマイルといっても自分を騙して笑顔になるわけではない。あくまで自分のためであって、周りに愛想を振りまくためでもない。とはいえ、不機嫌そうな顔をリラックスさせてハーフスマイルをすれば周りの人もほっとするだろう。次の方法をぜひ試してみてほしい。

1　顔、首、肩をリラックスさせる。眉間からも力を抜き、目の周りを柔らかくするイメージだ。

2　口角を少しだけ上げてハーフスマイルをつくる（実際には4分の1スマイルくらい）。これにより額や顎の緊張もゆるむ。「はい、チーズ」と写真を撮られるときのような固い表情ではなく、穏やかな顔をする。

3　鏡で自分の表情をチェックしてみよう。目がやさしく微笑んでいれば合格だ。

4　乗り物の中やひとりでパーティー会場に入るときなど、緊張しそうなときにハーフスマイルを練習しよう。

ある80代のクライアントは、長年孤独に悩んでいたが、ハーフスマイルを始めてあっという間に人生の質が上がったことに驚いていた。ニューヨーク市で何十年も同じアパートに住んでいるが、何年も顔見知りで話したことのなかった隣人たちと交流を持てるようになったという。

ボディリセット 9

脚を壁につけて休む

肉体的、または精神的な負担を数分でいいから減らしたいとき

1日中立っていたり座っていたりすると、血液の循環に影響が出る。しかし、脚を頭より高く上げることで心拍数が下がり、血流が改善される（高血圧の人は事前に医師に相談すること）。

ヨガでも、脚を上半身より高い位置に持っていくポーズで腰の痛みが軽減される。

この姿勢は呼吸を自然と落ち着かせる効果もあり、心身が回復するだけでなく、意思決定もうまくなる。

もっと何かするのではなく、あえてやらないことを強制し、上向きの視点になれるのもいい。もう1つのメリットは寝てしまわずにリラックスできる点だ。

まず、床に仰向けになろう。

枕はあってもなくてもいい。お尻で壁に近づき、脚を壁に垂直につける。膝は固定せずに、身体がなるべくL字になるように。手はどこに置いてもいいが、片手を胸に、もう片方の手をお腹の上に置くか、腕をT字に自然に伸ばす。回復の姿勢が整ったら、数分間そのままで（音楽をかけてリラックスしてもよい）。

その後、片側に身体を傾けてゆっくりと座った姿勢になろう。

1分間ラクな姿勢で座ってから、やるべきことに戻ろう。さらに心を穏やかにしたければ呼吸を整えよう（193ページの「5秒吸って、5秒吐く」を参照）。

ボディリセット 10

視線をズームアウトする

「心配するのはやめよう」と自分に言い聞かせてもうまくいかないとき。困難な状況にとらわれたように感じるときにも

起きたことに圧倒されたりストレスを感じたりすると瞳孔が開き、視野が狭くなる（「闘争か逃走か」の反応）。それにより、状況に囚われたように感じてしまう。しかし、**目の焦点の合わせ方を変えて文字どおり視野を広げ、注意力を訓練し直すことで、ストレス反応を軽減できる。**

視線をズームアウトしよう。それだけで、自分が生活している空間がリラックスしたパノラマビューに切り替わる。これは、頭を動かす必要もなくできることだ。**３つの物、３つの音、３つの感覚を意識してみる。**このテクニックで意識を広げられる。

先入観なしに物や音、感覚の1つ1つに順番にフォーカスしていこう。

これは、創造性のテストではないので、静かな空間にいて聞こえるのが自分の呼吸だけならそれでいい。なんとかして感覚を見つけようと必死にならずに、感覚がやってくるのを待とう。

このテクニックのおまけとして、遠くにある何か1つに集中することでマルチタスクをしたい衝動にも対抗できる。さらには今やっている努力の外に注意を移し、広い視野、とくに心地よい視野を持てるようになり、ネガティブなセルフフォーカスから解放される。

つらい時期に無理に感謝しようとする人も多いが、**自分の感覚を優先させることで、純粋な好奇心や感謝の気持ちにもオープンになれる**のだ。

ボディリセット 11

自分の身体にやさしく触れる

誰かに抱きしめてもらいたいとき

肌と肌の触れ合いは、私たちが生まれた瞬間から深い安らぎを与えてくれる。頻繁にハグをすると血圧、心拍数、コルチゾールのレベルが低下し、免疫力も向上する。

だからこそハグをしてくれそうな人がいたら、恥ずかしがらずにハグを求めよう(聞きたくないアドバイスをもらうよりずっといい)。

しかし、周りに誰もいなくても、やさしく触れられる効果を生むことができる。次の方法をぜひ試してみてほしい。

1　数回深呼吸をして、吸い込んだ温かい空気、そして膝の上に置いた手の圧力に意識を集中しよう。

2　次に右手を胸の左側、心臓の上に置いて、左手をお腹に置いて20秒数える。

ある研究で、被験者は短いスピーチをする、2043から17を引いていくなど、ストレスのあるタスクをやらされた。そのあと、被験者はハグされるか、手を胸に当てるテクニックを練習するか、紙飛行機をつくるかに振り分けられた。

その結果、ハグと手を胸に置く方法のどちらも、急速にコルチゾールのレベルを低下させることがわかった。これらはリスクゼロで、いつでも自分を思いやれる方法なのだ。

行動リセット 1

生きるスピードを見直す

感情に行動や人生を支配されているとき

冷静さを失ってストレスが続くパターンに陥りそうなら、ここで紹介する「STOP」を思い出して立ち止まり、方向転換しよう。やさしく自分に「ストップ」と声をかけ、次の指示に従ってみよう。

Slow down　ペースを落とす
Take a step back　一歩下がる
Observe　観察する
Proceed mindfully　マインドフルに前へ進む

付箋に「STOP」と書いて、よく見えるところに貼ろう。あるいは一時停止の標識としてチャームや可愛いステッカーを用意して、相手に敵意のあるようなことを言ったり、何時間も先延ばしにしたりといった自分の害になるような衝動を回避する。

脳と身体が時速100マイルで走っていたら、ダメージコントロールの余地もなくなってしまう。感情にかられて衝動的に状況を悪化させないよう、自分に「STOP」と（やさしく）奨励しなければいけない。

どうしてもSTOPできないと言う人も多いが、できていると思い込むよりもできていないことに気づくほうが大事だ。そしてほとんどの人は練習すればできることに気づく。やればやるほど自己管理がうまくなり、健全な習慣をつける能力が強化されるというボーナスもついてくる。人生の1つの分野で自制心が働くようになれば、その効果は他の分野にも波及していくのだ。

行動リセット 2

衝動の波を乗りこなす

不健康な衝動にかられ、その状態から解放されたいとき

ストレスを感じているときは、衝動に従って行動しないとその衝動が永遠に続き、意志の力を奪われるように感じるかもしれない。血糖値を改善したいのに大きいサイズのアイスクリームを（また）買いたくなる、SNSを（また）チェックしたい、あとで後悔するとわかっているようなことを口走りたい――どんな衝動と闘っているにしても、衝動の波を乗りこなして苦労を減らそう。

ここで紹介する**「衝動のサーフィン」**のテクニックは、薬物依存の再発防止にも使われている。

▼衝動が湧いたらそれを観察し、詳細に描写する。いつ湧いたか、何を考えたか、身体に感じたこと、衝動の強さなど。

▼誘惑に集中するのをやめて別のことに注意を向けられれば、衝動が右肩上がり（B）ではなく、上下する波（A）のように感じられる。

▼衝動に従わなければいけないわけではないことを思い出す。衝動は湧いたり消えたりするもの。受け入れて波を乗りこなし、反射的に衝動に飛び込んだり、衝動は悪いものだと決めつけたり（「衝動が強くなっている、こんなの耐えられない」など）せず、受け入れて離れたところから見つめる。

▼退屈のせいで食欲が刺激されている、あるいは誘惑にハイパーフォーカスしてしまう場合は、お気に入りのドラマの新シリーズを見たり、夢中になれる本を読んだり、散歩したりするなど、健康的に楽しめる活動に移る。

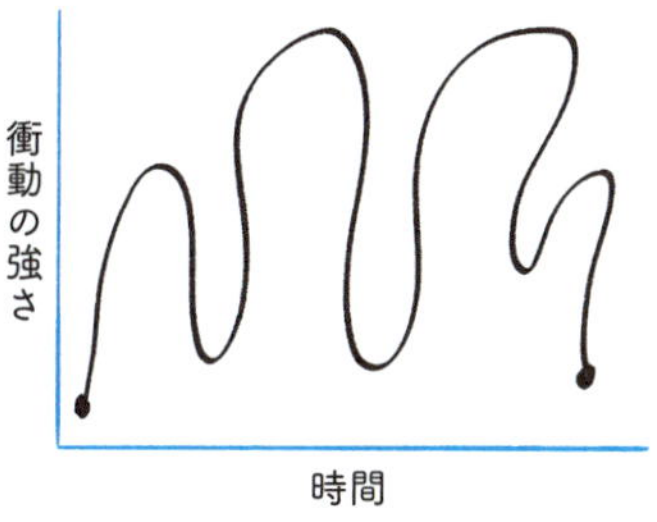

A

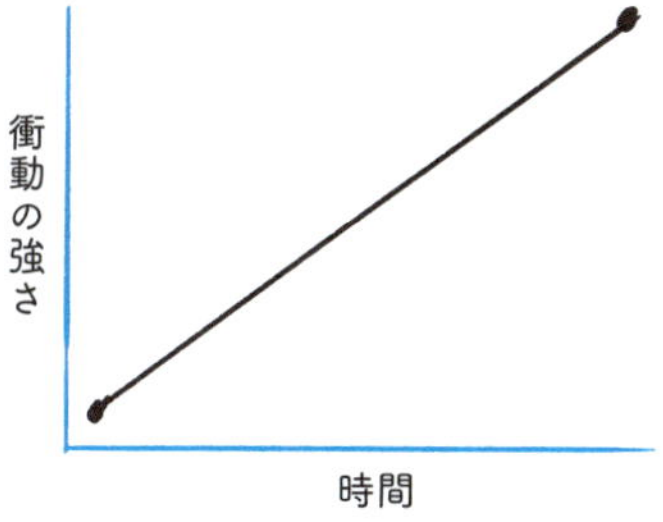

B

「衝動のサーフィン」は欲求の不快感を軽減するテクニックで、もともとは依存症やハーム・リダクション［薬物依存やアルコール依存などの問題に対し、完全にやめさせるのではなく、害（ハーム）を最小限に抑えるアプローチ］が専門の心理学者アラン・マーラット博士によって開発された。

思考、身体の感覚、感情を一時的なものとして受け入れるのと同様に、誘惑にマインドフルな意識を向け、それらもまた一時的なものだと認識することで、ストレス対処能力を向上させる。

パシフィック大学の心理学者サラ・ボーウェン准教授が主導した研究では、喫煙者が口にタバコをくわえるなどトリガーになる動作をしたときに自分の思考、感情、衝動に細心の注意を払ったところ（悪いと決めつけたり、変えなければとは思わずに）、翌週、衝動が同じ回数湧いたのに、吸ったタバコの本数が対照群よりも大幅に減少していたことが示された。わずか11分間、衝動のサーフィンのトレーニングをしただけでだ。

このリセットを長期的に続けると、エネルギーを温存できるだけでなく、「欲求にどう応えたいか」を自分で選択できるようにもなる。

行動
リセット
3

スマホを家に置いて散歩する

考え込んでしまったとき。行きづまったとき

ここでのポイントは散歩を満喫して、それに全神経を集中させることだ。可能ならスマホを家に置いていき、少なくとも10分早歩きをする。自然を目にできればなお良い。**「ストレスの原因は家に置いていく」**と心の準備をしよう。

誰しも経験があると思うが、散歩をしたり自然の中で過ごしたり、その瞬間を満喫したりする行動はどれも人生に余裕を与えてくれる。3つとも組み合わせれば健康への貴重な投資になる。

fMRIで脳をマッピングした研究でも、自然の中を60分間歩いた人は、感情の処理を司る脳の扁桃体の活動が抑えられていた。ある程度エネルギーを消費する歩き方なら、10分でも効果があるという。

自然の中にいると、ポジティブな感情が湧いたり、反芻思考が減ったりする。

つい「今は休憩する時間などない」と考えがちだが、何かに集中したり景色を変えたりすることで行きづまった状態から抜け出すことができる。

研究でも示されているとおり、歩くと思考が明晰になり創造性もアップする。

周りの景色を心から楽しむことができれば、今あなたを悩ませているもの以外にも人生には多くのすばらしいものがあるのだと思い出せる。ほんの数分、自分の周りにあるものを楽しもうとするだけでいいのだ。

さらに、歩くことはがんや心臓病のリスクを下げる効果もある。196件以上の研究を分析した結果、1日11分以上早歩きをしただけで、死亡リスクが大幅に減るという。

行動リセット 4

音楽で心を切り替える

不安を感じるとき。どこかが痛いとき。気分を改善したいとき

まず今の自分の感情とその強さを言葉にしよう。

たとえば、悲しい気持ちが50、イライラが40など。

そしてマルコーニ・ユニオンの環境音楽『Weightless（無重力）』を再生する。穏やかな気持ちになるための音楽で、主要な音楽ストリーミングサービスやYouTubeにある（YouTubeは心が落ち着く映像つき）。

タイマーを5分かけ、音楽に集中しよう。「この音楽が好きかどうか」「本当にリラックスできるのか」などと考え始めてしまったら、その評価はいったん保留にして心から聴くようにする。5分後にはこの体験を評価する機会がちゃんとあるのだから。

聴き終わったら、自分の感情とその強さを再び評価する。

最後に、気分に合わせた曲で独自のプレイリストを作成する。ストレスを感じているときのためにリラックスできる曲、ベッドから起き上がれないときに元気が出る曲などだ。私のクライアントには、社交を伴う場に出かけるのに容姿に自信が持てないときにはリゾ［アメリカの歌手でボディポジティブのアイコン］を聴く人がいる。プレイリストはいつも最適であるように定期的に更新しよう。お気に入りの曲を選ぶこと自体も楽しい時間の使い方になる。

音楽は、その人の気分に劇的な影響を与えることが証明されている。

ペンシルベニア大学で行われた研究では、末梢神経ブロックの手術を受ける前の患者の気持ちを落ち着かせるために、マルコーニ・ユニオンの『Weightless』を聴かせるか、ベンゾジアゼピンを投与した。

すると、穏やかな音楽のほうは副作用もなく、患者の不安を和らげる効果が薬とほぼ同等だったのだ。研究を主導したヴィーナ・グラフ博士も「『Weightless』はこれまでつくられた言葉の中でもっともリラックス効果の高い曲だ」と評価している。

なお、この曲の製作にはサウンドセラピストも参加して効果を最適化している。ボランティアを募って実験したところ、曲を聴いている間にも血圧と心拍数が下がったという[*1]。

ただし、同じ曲があらゆる状況で効果を発揮するわけではない。気分が落ち込んでいるときに心の状態と似た曲（悲痛な別れのバラードなど）を聴いても、明るい曲を聴いたときほどには心の状態は変わらないだろう。

音楽が感情を誘発するかどうかの研究では、悲しい音楽（短調でゆっくりなテンポ）あるいは楽しい音楽（長調でアップテンポ）を3分聴くと、それぞれの感情が湧いた。

別の研究では、**「自分は要求が多く、自己批判的だ」と考えている人たちが明るい音楽を聴くと、自分のことをもっとポジティブに捉えられるようになった。**

音楽はストレスからくる身体の症状、そして感情面の症状も改善してくれる。神経学者で作家のオリヴァー・サックスがその点をうまく説明している。

「音楽は私たちをうつから解放し、涙を流させることができる。音楽は治療薬、強壮剤、そして耳のためのオレンジジュースだ」

＊1『Weightless』は非常にリラックス効果が高いので、専門家も運転中には聴かないよう勧めている。

行動
リセット
5

自分の気持ちが上がる「ご機嫌キット」をつくる

ネガティブなことに集中してしまうとき。人生に対処できるかどうか不安なとき。自分や世界に絶望を感じたとき

希望や喜びを感じるものだけを集めるとしたら、どんなものを選ぶだろうか。元気の出る写真、インスピレーションになる名言*1、感動的な曲のプレイリスト、気持ちのこもったカードやメッセージなどの思い出の品だろうか。

ではさっそく集めてみよう。他にも、希望が湧いたり視点が変わったりするようなアクティビティのリストをつくってもいい。何かのコースを受講したり、5キロマラソンの練習をしたり、夜空を眺めたり、パズルをしたり、おもしろい動画を観たりといったことだ。

そういった物、写真、その他の思い出の品を実際にコレクションして、アクティビティのリストも手近なところに置いておく。希望が必要になったらコレクションを眺めて過ごしたり、リストに書いたことを試したりしよう。

ネガティブな考え（「そもそもこんなことをして何になる？」など）に気づいたら、その考えを手放すように。コレクションには随時アイテムやアイデアを追加していく。

希望を育むものに目を光らせるようになることで、それ自体が希望を生むというおまけもついてくる。

持ち運び可能な「ご機嫌キット」を作成することもできる。

お気に入りの写真のスライドショー、動画をブックマークしたリスト、スマホのメモアプリに入れたインスピレーションになる名言などだ。アプリを使うのが好きなら、科学的に効果が実証されている〈Virtual Hope Box〉というアプリをダウンロードし、自分用にカスタマイズするといい。このアプリには、人生に対処したりリラックスしたり、気をそらしたりするツールがそろっている。

＊1　私の場合、ALSの弁護士ブライアン・ウォラックのポストを最近何度も読み返した。「私は話すことも、歩くことも、腕を上げることもできないが、それでも正義のために闘うことはできる。これは不可能なことは何もないという証拠だ」

行動リセット

この「ご機嫌キット」を、希望が持てなくなったときの救急箱だと考えよう。

カナダのアルバータ大学の教授で、看護学と生活の質が専門のウェンディ・ダグルビー博士が実施した調査では、このキットを使った末期がん患者が楽観的になったことが確認された。

アメリカ国防総省の心理学者のナイジェル・ブッシュ博士が主導した調査でも、うつや自殺願望でメンタルヘルスの治療を受けている退役軍人がアプリ〈Virtual Hope Box〉を利用すると、対照群と比較して不快な感情や考えに対処する能力が大幅に向上した。

希望が見いだせなくて苦しいときは、つい「0か100か」の思考に陥り、永遠に目標に到達できないと思ってしまう。

しかし実際には到達できる可能性は高く、ただ予定どおりのタイミングではないだけかもしれない。また、「いつもあの人にがっかりさせられる」と思い込んでいても、実際にはその人の許容量に波があるだけかもしれない。

大切な人や経験を思い出すだけで、現実にはもっと大切なことが多くあると気づくはずだ。

私自身は、大好きだった祖父母が幼い私を抱いている写真を小さな額に入れてデスクに飾っている。完璧でなくても何かを達成していなくても、自分は愛されている——そのことを思い出すために。

マラソン大会でもらったメダルもパソコンのそばに飾っている。小さな一歩を積み重ねれば、たとえ不可能に思えることであっても、自分にとって本当に大切なことを達成できるのだと思い出せるようにしているのだ。

行動リセット
6

前向きに行動する

悪態をついてしまう（または声を荒らげてしまう）とき。イライラしているときや融通が利かないとき。重い腰が上がらないとき。あるいは完璧を求めすぎてやりすぎたり、相手に対して支配的になったりしてしまうとき

自分の意志をうまく手なずけよう。気が乗らないときでも、その瞬間にやるべきことをやるには、心と身体を一致させる必要がある。

たとえばスーパーで働いていたとして、客がパスタソースの瓶を落とし、ソースがそこら中に飛び散ったとしよう。それだけでも最悪なのに、その客は悪びれた様子は一切なく「さっさと片づけろ」と命じてくる。ここで、どうすれば自分の行動と目標を一致させられるだろうか。

誰かが滑って転ばないように、自分が喜んで片づけよう――そんなふうにふるまうだけで、ずっと怒ったまま過ごさずにすむ。

自分が強情になっているとき（融通が利かず非効率的）と意欲的なとき（行動を起こしたい、起きたことに反応したい）を比べてみると、どんなちがいに気づくだろうか。

私やクライアントと同じタイプなら、強情になることがどんなに自然に思えても、「意欲」を選ぶことで（それが自分の価値観と一致するなら）誇りを感じられるはずだ。

生活の中で、自分が**「強情」になっている瞬間**に気づくようにも心がけよう。気づいたら、強情さを手放してオープンになる。一歩下がって自分の置かれた状況を見つめ、「意欲的な自分」ならどうするかを考え、そのように行動する。

今はそれができるオープンな自分とはかけ離れていると思うなら、まずは心の中でリハーサルしてから始める。

誰でも、混乱（現実的なものか抽象的なものかを問わず）をなんとかしなければいけない状況に直面することがある。そうなったときに、**ヤシの木のように風に身を任せるのか、怒って抵抗して真に望む結果を逃すのか**。

「フレキシブルに行動する」というのは、自分の感情を抑えることではない。どのような行動が自分の心に平安をもたらし、目標を達成するのに役立つかを認識することだ。

自分には無理だと思うなら、**「ウィリングネス（柔軟性のある意志）」**は習得可能なスキルであることを知ってほしい。

これは、苦痛への耐性を高めるために、弁証法的行動療法（ＤＢＴ）でも教えているテクニックで、困難な状況にも対処するために活用できる。

行動リセット 7

メールを見ない時間をつくる

集中できないとき。「マルチタスクしなければ」と感じるとき。大切な人たちと過ごすとき。自分がリラックスしたいときやストレスを感じるときにも

常にスマホを握りしめて最新情報を把握し、誰かから連絡があればすぐに返信する——それで何もかもうまくいくように思えるかもしれないが、常に「オン」の状態だと疲れてしまい、結局人間関係にも悪影響が出る。

今では他の人と一緒にいるときでも、届いたメッセージに返信することが当たり前になってしまった。これでは、すでに嫌というほど感じている孤独や孤立感を増幅させるだけだ。

研究でも食事中にスマホをテーブルに置いているだけで（使わなくても）、楽しさが減り、コミュニケーションに集中しづらくなることがわかっている。さらに悪いことには、**スマホが視界にあるだけで「脳疲労」を起こし、認知能力や集中力が妨げら**

れるのだ。

24時間365日いつでも待機しているようにふるまうと、実際にそう感じてしまう。その状態は不安を生むだけでなく、実は非効率でもある。メールがどんどん届いて、それに返信しているうちに一番重要なタスクから脱線してしまうからだ。受信ボックスを整理する代わりにメールに返信してばかりいると、さらにメールが届くだけだというのはわかるだろう。

「メールの過負荷」、つまり受信ボックスが手に負えない状態になるとそれもストレスになる。**ある研究では、私たちは1日に74回メールを読み、10分ごとにタスクを切り替えていて、人生を「時間の紙吹雪」にしてしまっている。**

これは作家のブリジッド・シュルトによる表現で、**意味ある人生をたくさんの無意味な瞬間に切り刻んでいる**ということだ。私自身はチャットもメールと同じくらい気が散るので、今ではキャッチアップ用の時間を決めて、そのときにだけ確認している。

受信ボックスから離れる時間を決め、離れている間は「今この瞬間」に集中しよう。

プライベートのチャットや仕事のメールにすぐに返信しなくてもいい時間帯（勤務時間後にリラックスするときや、邪魔されずに仕事に集中したいとき）を利用しよう。スマホや他のデバイスは目に入らない場所に置き、メールからもログアウトする。

すぐに返信できないのが不安なら、何がそんなに不安なのかを特定してみる。離れている間に未読メールが山積みになるから？　プライベートで疎外感を感じるから？　その心配を抑えて休憩をとり、実際に自分がどう感じるのかを観察する。

一気に大きな成果がほしければ、**決まった時間にだけメッセージをチェックする**という方法もある。事前に決めた時間にチェックするほうが、無制限にちょこちょこチェックするよりストレスが少ないことが研究でも判明している。また、無駄なやりとりを最小限に抑える方法を考えてもいい。何度もメールを送り合うよりも、ちょっと電話したほうが早いこともあるはずだ。

すぐに返信しない人だと思われるのが心配なら、自分の計画を周りの人にも伝え、いつ返信するかを知らせておくこともできる。

別のアイデアとしては、1日に何度も友人と中途半端なアップデートをするよりも、「実際に会って近況報告しない？」と誘う。自分のニーズの変化に合わせて目標を見直し、微調整していこう。

誰だって「自分は注目されている」「自分は大切に思われている」と感じたいものだ。では、それを一緒にいる人への贈り物にできないだろうか。

当然ではあるが、気を散らさずにいることは難しい。しかし、人とのつながりはストレスの緩衝材でもあり、デジタルデバイスはストレス要因——ということは、デジタルからタイムアウトして、他の人と一緒にいる時間に集中することで、二重のメリットがあるはずだ。

これまでの習慣を変える価値などないと思うなら、この実験のことを知ってほしい。**大学生に1週間スマホの使用を控えるか減らすよう依頼したところ、実際に減らすことができた。その結果、習慣を変えなかった対照群と比較して、生活の満足度と運動レベルが上がった。不安やうつも軽減され、その効果は数カ月後も持続したのだ。**

SNSから離れる

精神的にいっぱいいっぱいになり、もっと時間が必要だと感じるとき。悲しいとき。孤独なとき。嫉妬しているときにも

定期的に自分の習慣を確認し、それがどう役に立っているのかを考えることで生活が豊かになる。自分の生活から逃げて、他人の生活を追っているような場合はなおさらだ。

他人が完璧な生活を送っている写真や動画ばかり観るのは、自虐行為でしかない。多くの人がSNSで自分と他人を比べてストレスを溜め、もっと買いたい、もっと自分を完璧にしたいという衝動にかられている。

それは、リラックスしているときに得られる満足感とは真逆のものだ。

1週間SNSから離れただけで、うつや不安感が軽減され、幸福感が向上するという研究結果が出ているのも当然だろう。それに、どれだけ時間を節約できるかも考えてみよう。
私たちは1日平均147分をSNSに費やしている。つまり1週間で17・25時間、1カ月で70時間近くにもなる（自分を責めないで――SNSはアルゴリズムを使ってユーザーをとり込み、意志を弱めるよう設計されている）。その時間をもっと自分が喜ぶようなことに投資するほうが、理にかなっていないだろうか。

SNSを開く前に、行動科学者になったつもりで自分の考えや感情を追ってみよう。**退屈しているからSNSをやるのか？　落ち着かないから？　疲れているから？**

そしてしばらくSNSを見たあとに、自分が何を感じ考えたかを記録する。**見る前よりさらに疲れた？　イライラした？　不安になった？　嫉妬した？**

次に、SNSのメリットとデメリットを広い視野で考えてみよう。明らかなメリット（古い友人とのつながりが深まるなど）とその結果（週に10時間無駄にした、FOMO［見逃し恐怖］を感じた）を明確にし、同じメリットを得るためにもっと良い方法がないかどうかを考える（電話、チャット、メールで毎週3人に連絡をとるなど）。

現実的な**「脱SNS目標」**を設定しよう。すべてのSNSを1日または1週間休んで、自分の気分を確かめてみる。あるいは使用時間の制限目標（仕事後に30分など）を設定してもいい。いくつかオプションを試して、どれが自分に合うかを探す。

SNSからタイムアウトしたければ、誘惑を減らすためにポータブルデバイスからアプリを削除しよう。スマホやパソコンで閲覧をブロックするプログラム、あるいはデバイスを格納するタイムロックコンテナーを利用できる。そうすれば食事中には大切な人たちと本当の意味で交流し、仕事も集中して仕上げられるようになる。

そこまでするなんてやりすぎだと思うかもしれないが、私が知る非常に生産性の高い人たちは、集中力を取り戻すためにこのような手段を活用している。

最後に、ちょっとした休憩時に、やりがいを感じられるアクティビティ（本を読む、友人に電話するなど）のアイデアも集めておくといいだろう。

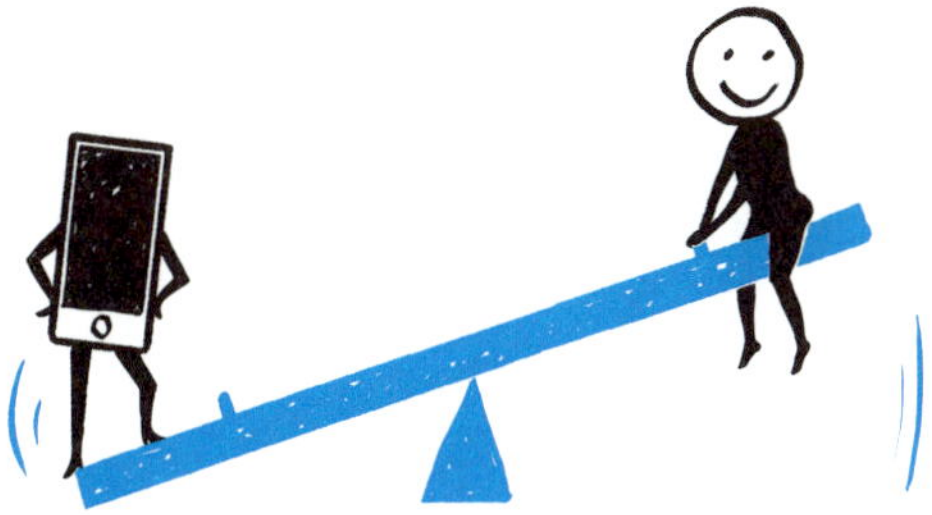

行動リセット 9

就寝時間を決める

就寝時間がどんどん遅くなっているとき

就寝時間が遅くなる理由はさまざまだ。

ストレスを感じて「もっとやらなきゃ」と思う、1日中忙しかったから寝る前に自分の時間を楽しもうとする「リベンジ夜ふかし」、スマホをスクロールしてしまう、好きな番組を観たい、あるいは「眠れないかも」と心配する場合などがある。

数分間、睡眠の質に影響を与えている行動があるかどうかを考えてみよう。

スマホをベッドに持ち込む、深夜にテレビを観る、遅い時間にカフェインを摂取する、夕食時にワインを飲むなどだ。

次に、その行動を減らすためにできることを特定する。スマホをクローゼットに入れたままにする、ドラマは夜9時までに1話だけ観ることにするなどだろうか。

また、最適な睡眠時間（通常7〜9時間）を確保するには、何時にベッドに入って電気を消さなければいけないかを計算する。さらに寝る準備をしてリラックスするまでにどのくらい時間がかかるかを考えて、その時間も計算に入れよう。

就寝前のルーチンに充分な時間を確保できるよう、アラームをかけるとよい。

計画に従うのが苦手なら、メリットとデメリットのリストをつくって（155ページ）、「意欲」を育もう（221ページ）。

ストレスと睡眠不足は良くない組み合わせだ。

空腹時にスーパーに行くとか、すでに酔っているのにもう1杯飲むのを我慢しようとしたらどうなるだろうか。それと同じで、1日の終わりというのも思考が明晰ではないので、就寝時間を守れなくなる。

「理性が眠っているときに起きているのは問題だ」と、ペンシルベニア大学で行動睡眠医学プログラムの責任者を務めるマイケル・パーリス博士も言うとおりだ。

だからこそ事前に心の準備をして、「これを試す」と決めておくのがいい。翌朝「絶対にジムに行く」と決めたら、ベッドの横にトレーニングウエアを出しておくこともできる。

このリセットを試すべきもう1つの理由は、6時間未満しか寝ていないと、日中に明晰に考える能力が犠牲になってしまうからだ。

研究でも睡眠不足はコルチゾールのレベルを高め、免疫、血圧、代謝にも悪い影響を及ぼすことがわかっている。クライアントの多くも、夜ふかしは一見楽しいように思えても、実際には精神状態が悪くなるだけで、ネガティブな行動をとってしまうリスクが高まることに気づいている。

睡眠不足だと不機嫌になる。逆に睡眠をもっととればうつが改善し、生活のストレス要因にうまく対処できるようになる。充分に休息をとることで心も身体も強くなるからだ。

睡眠不足を補うために朝遅くまで寝たり、昼寝をしたり、翌日早く寝たりするのもやめたほうがいい。かえってバランスを崩す原因になる。**大事なのは「規則的な就寝時間」と「起床時間」を維持すること。**

習慣を改善しても睡眠の問題が1週間以上続く場合は、不眠症用の認知行動療法（CBT－I）を6〜8回受けることを強く勧めたい。ボディバッファー5（303ページ）でくわしく説明するが、薬を飲まなくても驚くほどの効果が得られる。

行動
リセット
10

毎日同じ時間に起きる

夜なかなか寝つけなくて、寝不足を補うために朝遅くまで寝ているとき。あるいは時間に追われながら1日が始まるとき

疲れているときによく眠るためのテクニックは、意外かもしれないが**「決まった時間に起きること」**だ。

そこでスヌーズボタンを押してしまうと、かえって不眠につながる。スケジュールを設定したほうが体内時計が動き出す。時差ぼけを克服するのと似ていて、バランスの良い睡眠習慣を維持していける。

時間どおりに起きれば、つらくても自分や周りの人のためにちゃんと約束の時間に現れる「頼りになる自分」という自己認識を固めるチャンスにもなる。

忙しい1日が待ち受けているなら、慌てたり、遅れた言い訳をしたりしなくてすむので、行動を起こすのがずっとラクになるはずだ。

まずは自分に必要な睡眠時間（一般的には7～9時間）を把握し、現実的で実行可能な起床時間を設定しよう（週末は1時間遅くしてもよい）。

そして、時間どおりに起きるために役立つアイデアを考えよう。

・就寝時間を守る
・スヌーズ機能のないシンプルな目覚まし時計を使う
・スマホを別の部屋に置く
・電気をつける
・カーテンを開けたまま寝る
・早い時間に予定を入れる、など

次に、いつも予定が狂う原因を思い返してみよう。

・寝るのが遅い
・「あと5分だけ」とスヌーズを繰り返す
・ベッドの中で深く考えずにスマホを見る

・二度寝してしまう
・「自分以外に迷惑はかけないし」などと言い訳する

寝る前には時間どおりに起きる自分を心の中でリハーサルして、たとえよく眠れなかったとしても必ず起きると自分に誓おう。

無理だと思う場合は、責任感の強い友人を仲間に誘ったり、上質なコーヒーを自分へのごほうびにしたり、あるいはできなかった場合は、嫌いな団体に5ドル寄付しなければいけないなどと設定しておく。大勢の人がこのモチベーションが意外と役に立ったと感じている。

時間どおりに起きた日は午前中のうちに時間をとって、最適な目覚め方が自分の自信にどう影響したかを分析しておこう。

行動リセット 11

とにかく始める

「これは手に負えない」と先延ばししているとき。目標を忘れてマルチタスクしているとき

頭の中をぐるぐる巡る考えを紙に書き出し、目に見えるリストにして実際に取り組みやすくしよう。さらに、一番自分を不安にさせていることや、差し迫っていることを特定する。とくにないなら、終えればすっきりする「難しすぎないタスク」から始めて自信を高めよう。

どのタスクに取り組むかを選んだら、それを**「SMART目標」**に落とし込む。「SMART」とはSpecific（具体的）、Measurable（測定可能）、Achievable（達成可能）、Realistic（現実的）、Time-sensitive（時間を意識した）の頭文字を並べたものだ。

たとえば、「上司がびっくりするようなすごい企画書をつくる！」と考えると漠然としすぎていて気が重くなるが、**「20分タイマーをかけて、見つけた情報をすばやくまとめる」**といった**具体的で妥当な目標を設定する**というコンセプトだ。

スマホは引き出しにしまい、パソコンのブラウザやタブをすべて閉じるなど、気を散らすものをなくして準備を整えよう。**難しいことをやり遂げたければ、一度に1つのことだけやるのがベスト**だ。

考えがまとまらない、先延ばししたい、あるいは不快な感情が湧いてくる——それに気づいた上でタスクをやり続けよう。

たとえば**「完璧な仕上がり」をゴールにするのではなく、「自己管理」を目標にする**。そうすればタスクが終わったときには、次のタスクに手をつけたいと思うくらいエネルギーが湧いているかもしれないので、ぜひ試してみてほしい。そのタスクだけのための時間を予定に入れ、ただやることが山積みになった状態から、実行可能な計画をつくっていく。

今まで回避していたことにこの問題解決スキルを使えば、ToDoリストがどんどん長くなる、果てしなくストレスを感じるといったことからも解放される。

手持ちのお金がなくてクレジットカードで買い物をするのと似ているが、先延ばしするとその瞬間は自由になれても、結局はあとで払わなければいけない。しかし、問題を解決することを学ぶとストレスも改善し、自分の能力への自信もつく。

たいていは実際それをやっている時間よりも、「やらなければ……」と考えている時間のほうが長いものだ。だから私も、クライアントにあえてそれまで避けてきたタスクにとりかからせることがある。大まかなアウトラインをつくるなどだ。すると意外とパニックにはならず、とりかかれたことを誇りに思える。

不快なことを避けてラクなほうに流れるのは自然なことだが、**自分も目標に向かって一歩踏み出せることを自覚し、しかも実際に行動を起こすことで「自分にはできない」という呪縛から解放される**のだ。

実行可能な小さなタスクに分ける

やるべきことに体系的に取り組めば気分も良くなる。

とくに**「問題解決療法」**というアプローチで、うつの症状が緩和されることがわかっている。目標を設定し、それを実行可能な小さなタスクに分けるというものだ。

ボストン市警のジョン・モイニハン巡査は勤務中に顔を撃たれ、長期の治療を余儀なくされた。手術を7回受けても、耳から銃弾をとり出したせいで前庭系に後遺症が残り、歩いたりバランスをとったりするのが難しい。そこで力になったのが**「目標を設定したこと」**だった。

毎夏ケープコッドで完走していた7マイルのランニング、それを目標に毎日リハビリと体力強化に励んだ。

「1つのことに集中している人と5つのことに集中している人がいたら、1つに集中している人のほうが多くを成し遂げると断言できる」とモイニハン巡査は言う。

彼は現在、警察官向けに回復力（レジリエンス）のトレーニングコースを教えている。

行動リセット12

人に親切にする

自分の人生に主体性を感じられないとき

このリセットは、**「自分が主体性を持っている」**という感覚を取り戻すのに役立つ。

また、「ストレスのせいでこれ以上はできない」と、自分（あるいは他人）に言い訳して思いやりに欠けた行動に逃げるのではなく、責任感のある人間になれる。


苦しんでいるとき、周りの人にサポートしてもらえるとありがたいのは誰もが知るところだが、他の人をサポートするのもまた自分の助けになる。

バッファロー大学による、大きなストレスを経験した高齢者800人を対象にした調査でも、家族の用事を手伝ったり、子どもの世話をしたりするなど、人の役に立つ活動をした人はストレス関連の死因で亡くなる可能性が低かったという。

短期的な効果でいうと、他人を助けることで、反芻思考をしたり、自分の問題に集中しすぎたり、SNSで他の人が楽しそうにしている様子ばかり見たりする悪循環から抜け出せる。また、他人の幸せに貢献することで自分の気分や自尊心も高まり、人生が有意義に感じられるようになる。

あるクライアントは、医療費の請求書が山ほど届いて、保険会社に数えきれないほど電話しなくてはならず、イライラしていた。

しかしそれを中断して、友だちに送る可愛いグリーティングカードを選んでいると、瞬間的にラクになっただけでなく、友だちがそれを開く姿を想像して1週間ずっと楽しい気分だった。

カナダのブリティッシュコロンビア大学のエリザベス・ダン博士が主導した研究によると、他人のために少しお金を使う**「向社会的支出」**が幸福を促進するという。世界中の人を追跡した調査でも、慈善事業に寄付した人のほうが幸福度が高く、収入が倍増したときの幸福度とほぼ同程度だった。

寄付という行為をさらに役立てるには、自分がどんな変化を起こせているのか、そして人は皆つながっていることを考えてみるとよい。

行動リセット

周りの人の人生を助けるのに貢献できる簡単な方法を、いくつか紹介しておく。

- 自分が大事だと思う活動に寄付する。
- 「注目されていない」または「感謝されていない」と感じていそうな人に連絡をとる（孤立した家族に電話する、疲れて見える人にあえて声をかけるなど）。
- オンラインで買えるものを、あえて地元の店で買う。
- ふだんストレスをぶつけてしまう同僚や家族に親切にする。
- 昔、推薦状を書いてくれた先生や、今は遠く離れているがつらい時期を支えてくれた友人など、過去に自分を助けてくれた人にメッセージを送り、「今でも感謝している」という気持ちを伝える。
- 助けを必要としている人をさりげなく助ける。
- 大切な人に送る美しいグリーティングカードを選ぶか、自分でつくるなどして、短くていいので手書きのメモを添える。理由はただ「あなたのことを考えている」でいい。
- 応援を必要としている人に音声やメッセージを送る。
- 午前か午後の1回ですむようなボランティア活動を探す。

行動リセット 13

助けてくれる人にありがたく頼る

人とのつながりや新しい視点、または承認を欲しているとき。自分はひとりぼっちだと感じるとき。行きづまった状態から抜け出せないときにも

たとえ内向的な人であっても、私たちは皆、人とかかわりながら生きる存在だ。

だからこそ、誰かが話を聞いてくれて前に進むのを助けてくれるのはありがたい。

ストレスが大きいときでも、コミュニケーションに目を向ければ、自分が大切な存在であることを思い出し、いろいろなことがラクになる。

脳の研究でも、他人から支援を受けることで脅威に対する神経反応に好影響があり、対処能力が向上することがわかっている。

ストレスと同じで、ソーシャルサポートの多くは「認識」にかかっている。

そのため、**「ソーシャルサポートの認知」つまり「誰かがそこにいてくれると感じること」がサポートそのものより重要だということもある。**自分のことを気にかけてくれる人を軽んじたり忘れたりしないことが大切なのだ。

助けを求めるだけでなく、気遣われていることを感じ、自分を応援してくれている人がいることを思い出そう。その人たちが目の前にいなくてもだ。

ある友人は難しい決断を下す準備をしていたときに、自分をサポートしてくれていた知り合い全員の名前を書き出した。紙に書かれた名前なのに、一緒にいてくれるように感じたそうだ。

ここで紹介するリセットを試す前に、自分の感情の強さを0から5のスケール（5＝もっとも強い）で評価しておこう。5だった場合には、このリセットを試す前に少し時間を置いたほうがいい。感情が最高潮になっているときに、人と話したり相手の話を聞いたりするのは難しいからだ。

友人あるいは賢明で親切な親戚など、連絡すれば助けてくれそうな人がいるかを考えてみよう。それからどんな連絡方法が最適か考える。

人と話す気力があれば電話、あるいはメールやチャットならできそうだろうか。

クライアントの中にはメールで何が起きているかを私に伝え、自分の気持ちにどう対処するつもりかを説明する人がいる。すると、私から返信がくる前には、もう人とつながっているという感覚や自分に対する信頼が湧くという。

誰かに連絡をとる前に、自分が何を求めているかを考えよう。話を聞いてほしいだけなのか、問題を解決するのを手伝ってほしいのか。あるいは両方かもしれない。誰も他人の心は読めないから、どう慰めてほしいかを具体的に説明できるよう準備しておこう。つらいときに誤解されて、さらに気分を落ち込ませたくはないものだ。

相手とつながったら、何が起きているのかを簡単に説明しよう。そのときには反芻思考したり、ストレスを他人のせいにしたりせず、基本的な事実に終始するよう心がける。でなければ人から支援してもらうメリットが失われてしまう。

自分が考えている最悪のシナリオも口に出さないように。口に出してしまうと現実味が増すし、「大丈夫」と言ってもらうために人に頼らなければいけなくなる（医師から再診を勧められる→癌かもしれない、など)。

一度の連絡で問題を解決しようとは思わなくていい。そんなのは現実的ではないし、目標は実際的で範囲を限定したものにしよう。今日どんな対処ができるかを計画したり、理解してもらえたと感じたりするなどだ。


人とつながってもまだつらいかもしれない。それでも感謝の気持ちを伝えよう。

良い面に目を向けたほうが元気が出るし、サポートしてくれる人に感謝することで、次に助けを求めたときにも受けとめてもらえるだろう。

行動
リセット
14

「最高の自分」になったつもりで行動する

無気力なとき。関心が持てないとき。物事を先延ばしにしてしまうとき

自分がやる気にあふれていて、「今は最高の自分だ」と思えるときにどんな行動をとるかを考え、そのように行動してみよう。

ここでの目標はエネルギーを湧かせることではなく、**自分にとって重要なことと向き合い、より良く生きるためのモチベーションを生み出すこと**だ。

顔を上げて胸を張り、今やっているタスクに熱心に取り組んでいるふりをするなど、小さなことから始めてみよう。つらくなってきたら自分に励ましの言葉をかけ（「私なら大変なことでもできる！」など）、さらに続ける。

疲れ果てているときに、その感情のままに行動するとよけいに疲れる結果になる。たとえば睡眠不足のまま大学の講義に出たとする。最後列で居眠りするのは魅力的かもしれないが、前の列に座ってノートをとったり質問したりするほうが後々ストレスを感じずにすむ。興味を持って講義を聴けば、先生からの心象も良くなり、次の試験勉強にかかる時間が減るだけでなく、エネルギーや達成感を高めることにもなるからだ（職場の会議に参加するときも同じ）。

その行動が自然だとは感じられなくても、「自分の行動を選択できる」ことに気づければ爽快な気分になる。

別の例では、クライアントの多くが「定期的に片づけるなんて自分には無理」と言うが、きれいな靴下がなくなったり、汚れた洗濯物が山積みになったりするとさらに気分が悪くなることにも気づいている。そこで自分を奮い立たせて最善を尽くすことこそが前進につながる。それに、やってみれば思ったほど大変ではないかもしれない。

ある研究では、たとえ社交的な気分ではなくても、社交的にふるまうことで、より前向きな気分になることがわかった。おもしろいことに、外向的にふるまうメリットの研究を複数調査した専門家によれば、**気分が良くなるのは社交的な活動そのものから生じるのではなく、むしろエネルギッシュにふるまうからだ**という。

行動リセット 15

慎重に行動する

ストレスを感じていなければやらないようなリスクを冒しているとき。後悔しそうなことを始めてしまったとき

覚えておいてほしいのが、**ストレスのせいでリスクを冒す可能性が高まる**ことだ。だから、ストレスフルなときは意思決定がうまくできないのを承知で、慎重に進めるように。

自分に言い訳していることにも気づき（「今日は大変な1日だったからこのくらいいいだろう」など）、それを警報だと捉えて、誘惑から距離を置くようにしよう。そうすることで誘惑を振り払える（買ったばかりのタバコを捨てる、精神状態を悪くする元カレの電話番号を消す、オンラインショッピングサイトのタブを閉じるなど）。

問題行動をとってしまった場合には、「しょせん人間なんだし」「どうせもう遅いから」と自分を甘やかすのではなく、**「今すぐ前進するためにどんなステップを踏める**

のか」を考えるようにしよう。

お金に困ったときに宝くじを買ったり、遅刻しそうだからと制限速度を超えたりするのと同じで、大変なときに湧く考えは、非現実的だったり傲慢だったりして自分を危険にさらすものが多い。

長年セラピストとして働くうちにある傾向に気づいた。

薬物をやめようと格闘している人に「どのくらい薬を欲していますか」とたずねたときに、「まさか！　全然ほしくないです」という自信満々な答えが返ってきたら、再発の可能性が高いということだ。

自分にもこのルールが当てはまること、弱みに気づくことこそが重要だと理解できれば、大きな挫折を味わわずにすむ。

実際の研究でも、**慎重になることでストレスが健康に及ぼす悪影響を和らげられる**ことが示されている。**慎重さ――つまり、ありのままの自分とその弱さを正確に把握することで、他人にも頼ることができ、失敗に気づき、自分の欠点を受け入れ、その先を見られるようになる**のだ。

PART

3

回復力をつける
ストレスバッファー

たいていの場合、メンタルヘルスは行動に影響を及ぼしている。
だからこそPART3では回復力を強化し、長期的に心を整える34の「バッファー（緩衝材）」を紹介していく。

ここまでに紹介したストレスリセットは「強いストレスを感じた瞬間に対処するテクニック」だったが、ここで紹介するバッファーは日常的に使うことで有意義な人生を手に入れられるよう設計された方法だ。

リセットが感情の応急処置なら、バッファーは予防薬といったところか。良い習慣を身につけ、勇気を出して人生に立ち向かう——それを続けていけば感情のクッションができあがり、とくに大変なときにはリセットも使って耐えていける。

バッファーの一部は、「セルフケア」に焦点を当てている。

これは、**日々のルーチンに喜びや達成感を組み込めば、薬と同じくらい重度のうつ病を防ぐのに効果的**だからだ。さらにマインドフルネスや定期的な運動を少し加えると、臨床試験でも繰り返し実証されているように、感情の免疫システムが向上する。

日々の生活に健康的な習慣をとり入れ、エネルギー充電の仕組みをつくることで、ストレスに過剰に反応することも減る。あらゆる問題をモグラ叩きのように潰そうとすることもなくなり、心穏やかに過ごせるようになるだろう。また、突然難題が降ってきても**「自分なら対処できる」**という自信を持てる。

新年や誕生日などの心機一転の機会を待つまでもなく、すぐにでもバッファーを試して、メンタル改善の習慣にとり入れていこう。モチベーションを維持するためにパートナーや友人を巻き込み、お互いに刺激し合うのもいいだろう。

お気に入りのテクニックを人に教えれば、この本のツールを最大限に活用しながら自分の大切な人たちのことも力づけられる。ストレスの専門家も**「新しい情報を落とし込んで他の人にも共有することで変化が続く」**という事実を発見している。

生活にとり入れるにあたっては132ページのフォーマットを使ったり、ハビットトラッカー［自分の習慣を日ごとに書き留めるチェックリスト］やアプリなどを活用したりして、進捗状況を振り返ってみよう。

私はToDoリスト、ゴール、メモを書くスペースのあるデイリープランナーを使っている。自分だけの健康的なルーチン——ゆっくり呼吸するマインドフルネス、他人を承認すること、1日の大半はスマホを見えないところに置く、11時までに寝るといった目標を達成した日に、トラッカーにハートマークを書き込むのが楽しい。

これらの習慣のおかげで私は集中力を保ち、効率的に動き、大切な人とのつながりを大事にできるようになった。継続をモニタリングするために、自分なりの方法を試行錯誤してみてほしい（それで連続記録が更新されればなお素晴らしい）。


ストレスリセットもそうだが、すぐに効果を感じるものがある一方で、最初はあまり心地良いとは思えないものもあるかもしれない。

しかし、やっていくうちに本来の効果を感じられるようになる。だからオープンマインドになって、何度も試してみよう。そうすれば、今だけでなく将来にわたって、うまく人生に対処できるようになるだろう。

マインドバッファー 1

「ネガティブな信念」から自分を解き放つ

自分を変えたいとき

今はもうちがうのに、昔のネガティブな信念を手放せないことがある。これは**「コアビリーフ」**といって、育ちやネガティブな経験によって植えつけられたケースが多い。そのせいで、自分にはポジティブな経験や交流をする価値などない、と思い込んでしまっていることがあるのだ（相手が褒めてくれても「不誠実な人だ」「見当ちがいだ」と思うなど）。

あるいはネガティブな信念を活性化させるような状況下で、強い苦痛を感じることはないだろうか？

たとえば、子どもの頃に批判ばかりされたせいで**「自分はダメなやつだ」**という思い込みがあるとしたら、何か失敗を犯したときになかなかショックから立ち直れないかもしれない。小さな失敗がそれ以上のものを象徴するからだ。

マインドバッファー

「コアビリーフ（中核信念）」は、認知療法の開発者である精神科医アーロン・ベック氏が提唱した概念だ。自分の中のコアビリーフに気づくことで、自分自身や人生を客観的に見られるようになる。

多くの場合はコアビリーフがすでにその人の一部になってしまっていて、それに支配されていることにも気づかないし、変えられるとも思っていない。

しかし、**どんなコアビリーフが自分の足を引っ張っているのか、苦痛をもたらしているのか（「私なんてどうせ誰からも愛されない」「他人は信頼できない」など）を特定し、それとは逆の行動をとることで、不必要な感情の痛みから解放される。**

どんな状況で傷つきやすいか

第一のステップとして、どういうときに自分がとくに傷つきやすいかを認識することだ。何が起きて、なぜ感情がたかぶったかを自問自答してみよう。

それは現在進行形で自分が繊細だからなのか、過去の出来事に起因しているのか？

自分が何に動揺しているのかを認識するには、全般的に自分、他人そして世界をどう見ているかを改めて考えてみるといい。

自分の人生で自己認識をネガティブにするような出来事が起きた？
コアビリーフに支配されているせいで、ポジティブな状況を見落としていないか？

さらに、左の図のように「下向きの矢印」のテクニックを使えば、コアビリーフを掘り起こすこともできる。

（状況）相手からメッセージの返信がなかった。↓（自動的に浮かぶ考え）あの人は当てにできない。↓（コアビリーフ）もう誰も信用できない。

このように、自分の考え、それが自分にとって何を意味し、何を表しているかをリストアップすれば、動揺している原因を深掘りできるのだ。

挫折に引きずり込む「3つのP」

ペンシルベニア大学の教授でポジティブ心理学センターの所長マーティン・セリグマン博士が、物事を客観的に捉える簡単な方法として**「挫折に直面したら3つのPに**

陥っていないかを観察する」ことを勧めている。

「3つのP」とは、**Pervasive（汎化的）**、**Permanent（永続的）**、**Personal（個人的）**に捉えてしまう思考のことを指す。たとえば、友人が主催したイベントに招待されなかったらこのように思い込むかもしれない。**「私はいつも忘れられる（汎化的）。これからもずっとそうだろう（永続的）。誰も私のことを好きではないようだから（個人的）」**。

こういうストーリーをつくり上げてしまうと、「キャロラインのパーティーに招待されなかった」と落ち込むだけではすまなくなる。

否定的なコアビリーフを乗り越える方法

自分のコアビリーフや弱さを悪いと決めつけたり、そのまま信じ込んだりするのをやめてみよう。そうすれば、自分を責めたり意気消沈したりすることなく、コアビリーフの存在に気づくことができる。

自分が過敏なわけでも、過剰に反応しているわけでもない。単にコアビリーフが刺激されているだけなのだ――そうやさしく自分に言い聞かせよう。

こうしたネガティブな信念から自分を解き放つには、**「それを超えるような行動」**に出るといい。コアビリーフに支配されないよう意図的に逆らったとしたら、自分はどんな行動をするだろうか。たとえば、「私はグループに溶け込めない」というコアビリーフがあるなら、少し不安があっても、もっとよく知りたいと思う人と出かける約束してみるなどの行動ができそうだ。

あるクライアントは、子どもの頃に大切な人が大怪我するのを見てしまい、「この世は危険な場所だ」と信じ込んだ。

細心の注意を払いながら生きてきたが、今ではそれが「せっかく楽しいことをするためにお金を貯めたのに、そのお金をなんの問題もない自宅の防犯システムをアップグレードするのに使ってしまうようなものだ」と理解できるようになった。

そのことに気づいてからは、事前に調べずにそのときの気分で計画を立てるなど、合理的なリスクを負うようになった。すると、「永続性」を得てしまっていたコアビリーフを、少しずつ取り払うことができるようになった。

何をするにしても、自分や世界をネガティブに捉え、古い思い込み（思春期にいじめられそうで怖かった記憶など）を払拭できないのは実にストレスだ。

マインドバッファー

残念ながら、ネガティブな信念の原因になった経験は、「マジックテープのようにくっついて剝がれない傾向がある」と、ペンシルベニア大学認知療法センター所長で精神医学教授のコリー・ニューマン博士も説明している。

「他人と比較して気分が悪くなるのはよくあること。そもそも自分がよく知る自分と、他人が公の場で見せる姿を比較するのはフェアではない。プライベートな自分とオフィシャルな他人を比較しても無駄なのです」

ニューマン博士がこう説明するように、コアビリーフは自分を劣っていると感じさせるものなのだ。

何年も前に参加した心理学者のカンファレンスで、全員が名札に自分のコアビリーフを書くという興味深い演習をやった。

そのとき私は「私なんて本当は全然ダメ」と書いたが、他の人たちが書いたのもやはり不快な信念ばかりだった。私が長年インスピレーションをもらってきた方々まで、名札に大きな字で**「私は悪い人間」**と書いていたのだ。

それを見て、驚くと同時にほっとしたのを覚えている。

自分や世界をネガティブに捉えることを無理にやめようとするより（そんなのは自分の影から逃げようとするようなものだから）、ニューマン博士が言うように**「自分の影と和解する」**こともできるのだ。また、人生にコアビリーフと矛盾する部分がないか注意深く見つめ直すことで、自分をより深く理解し、自分に対してフェアにもなれる。

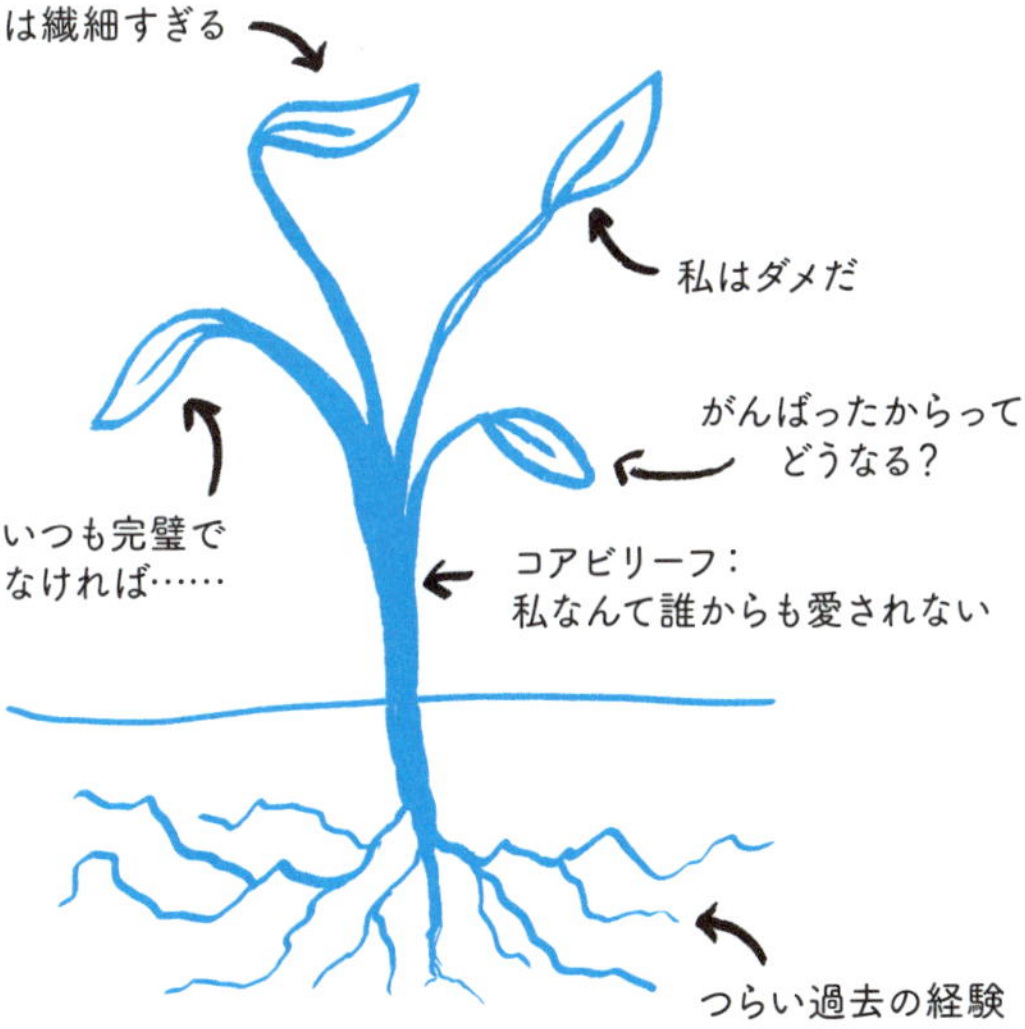
私は繊細すぎる
私はダメだ
がんばったからって
どうなる？
いつも完璧で
なければ……
コアビリーフ：
私なんて誰からも愛されない
つらい過去の経験

マインドバッファー 2

適切に予測して対処する

自分にとって重要なことに取り組むときに、恐れたり、執着したり、避けたりしないために何ができるか知りたいとき

大事なことを先延ばしにしたり、どんなに大変だろうかと予測したりするのに心のエネルギーを費やしてしまうことがある。しかし、それでは失敗する可能性が高くなるだけだ。

過度な不安はパフォーマンスを妨げてしまう。逆に楽観的すぎる人もいる（「自分はプレッシャーがあるほうが実力を出せる」など）が、その考え方も良い土台にはならない。代替案としては戦略的に計画することだ。

これはDBTでも教えている**「事前対処（コープ・アヘッド）」**というスキルで、計画ミスを防いでくれる。

計画ミスは、それに必要な時間や準備を過小評価することで起きる。どんな手順が必要で、どんな問題が発生する可能性があるかを分析すれば、焦らずに潜在的な障害を回避し、準備不足からくる過度なストレスも避けられる。

私自身の例を挙げるなら、旅行の際にはタクシーをつかまえるのにかかる時間、交通量（ロサンゼルス在住なので）、セキュリティーチェックの列に並ぶ時間などの現実的な要素を考慮し、計画を立てることで、ストレスが軽減された。

事前に自分のパフォーマンスを頭の中でリハーサルすることは、実際にそのタスクを実行するときに使う脳の領域を活性化させる。精神的なリハーサルや事前準備はスポーツ心理学でも重要な要素で、アスリートが競技前に行うことでパフォーマンスを向上させる効果がある。

ロサンゼルス消防局の女性消防士キーリー・エイブラム氏に、ストレスの大きな任務にどのように取り組んでいるのかをたずねたところ、232℃の熱さの中で5分間座るトレーニングなどをしているという。

装備をつければ焼けるような温度にも耐えられる――それを理解することで、実際に火災現場で活動するときでも実力を発揮できるという。

他にも定期的な体力づくり、就寝前にマインドフルネスを実践する、困難な任務を頭の中でリハーサルするといったことが役に立っているそうだ。通報が入った際には、現場に到着したらどんな作業をするのか、具体的に思い描くことで大きなちがいが生まれる。「何をするのか正確にわかっている」と自分に言い聞かせているおかげで、到着時に少し心の余裕ができるという。

どのように成功にたどりつくか、精神的なリハーサルをしておくのがうまくいく秘訣のようだ。

細かい計画や、湧き上がるであろう感情にうまく対処する方法を、とくにしっかり考えておこう。一番やってはいけないのは大惨事を思い描いたり、逆に何もかもうまくいくと思い込んだりすることだ。試しに次のワークに取り組んでみてほしい。

まずは、不安でもいいしワクワクする気持ちでもいいから、強い感情を喚起する状況を選ぼう（職場で大きな会議の司会をしなければならない、など）。

そして一番いい形で解決・対処する方法を細かく決めておく。非生産的な心配をするよりも、生産的な計画を立てる。たとえば、その1日をリハーサルしてみよう。

完璧主義になりがちな人なら、準備時間に制限を設ける、洋服を事前に選んでおく、

1日をワークアウトで始める、通勤時間に余裕を持ち、アップビートのプレイリストを聴く、午前中に食べる軽食を用意するといったことができる。

自分がその状況にいる場面を想像し、ベストなパフォーマンスを頭の中でリハーサルする。プレゼン前に会議室で不安になっている姿が頭に浮かんでも、それでも足を踏ん張り、好意的な同僚の顔を見つめて、センテンスごとに一呼吸入れるのを忘れない様子をイメージしよう。

信じられないかもしれないが、私はこの文章を書くのにもこのテクニックを使っている。執筆時間を確保し、長時間パソコンの前に座るのは必ず運動してからだ（でなければじっと座って集中できない）。

そうしないと心の声が「重要でないメールに返信しろ」「研究論文を大量に読め」「オンラインセールの商品をチェックしろ」とささやいてくるからだ。

だから書き始める前に、「決められた時間内は全神経を集中する」と心の中でリハーサルしている。先延ばししたい衝動を「避けるべきもの」として認識し、それに流されないようにしているのだ。

マインドバッファー

マインドバッファー 3

心配事に使う時間を決めておく

1日に数分以上、自分にはコントロールできないようなことを心配しているとき。とくにその心配がニュース速報のように何度も頭の中に流れるとき

心配する時間を決めておけば、それ以外は目の前のことに集中できる。

だから自分に合った「心配時間」を選ぼう（ふだんから不安で目が覚めてしまう人は、寝る直前や朝一番は避ける）。タイマーを20〜30分にセットするか、15分間×2回を計画して、そのときだけ集中して心配する。飽きたら早めに切り上げてもかまわない。

心配時間中は紙に心配事を書き出したり、解決できそうな問題に取り組んだりしてもいい。

心配事が多岐にわたる場合は、カテゴリー分けしよう（たとえば月曜は健康の心配

10分＋気候変動10分、火曜日は家族関係の心配事にあてる、など）。そうすればテーマからテーマへ考えが散らばることなく、そのときに頭の中にある心配を処理していくことができる。

心配のために予約した時間以外は、その瞬間に起きていることに集中するように。それでも心配してしまったら、すぐには解決できない心配事は書き留めて、次の心配時間にとっておく。心配事の予約を忘れてもかまわない。日時を変更するか、次の予約時間まで待てばいい。

人間の心というのは問題を宙に浮かせておくのが好きで、すぐに解決できないような問題の場合はとくにその傾向が強くなる。

心配していれば問題解決のために努力している気分になるから、なんとなく有意義なことをしているような気がする。しかし実際には心配することでさらに疲れ、ストレスを感じてしまう。

いつ、どのくらいの時間心配するかをきっちり計画することで、1日のうちで煩わしいことで悩む時間を減らせる。

「心配の予約」は、心理学で「セルフモニタリング」と呼ばれるテクニック、つまりただなんとなくストレスフルな考えに何時間も費やすのではなく、いつ、どこに心がさまよっているかを観察するときにも役に立つ。

また心配時間を設けることで、広範囲にわたる活動に心配を関連づけてしまうことも減る（「刺激制御」と呼ばれる）。

なお、一定の時間を使って心配することは一種の「暴露療法」でもある。**不安な状態に出たり入ったりせずにしっかり向き合うことで、「思考や感情というのは浮かんでは消えるものであり、人生を制御するために1日中心配している必要はない」と気づける。**

心配時間の良い点は、不安をうまく区分化してそれ以外の時間は心配せずにすみ、人生が楽しくなることだ。

マインド
バッファー
4

表現豊かに文章を書く

ストレスや感情、経験によってエネルギーを消耗するのではなく、カタルシス（解放）として役立てたいとき

紙に自分の課題を書き出すと、重荷から解放され、そこから距離を置き、新しい視点も得られる。ペンと紙を準備して、邪魔されずに静かに集中できる時間と場所を選ぼう。タイマーを15分に設定し、次のどれかについて書いてみよう。

- ▼考えていることや心配していること
- ▼夢見ていること
- ▼不健康な生活の問題点
- ▼今まで避けてきたこと

文章や文法が間違っているかどうかなどは気にしすぎずに、自分が選んだトピックに対する考えや感情を、できるだけ深く表現することがポイントだ。

我慢していることがあるなら、そこからどう成長できるか、そこに意味を見いだせるかを考えてもいい。

過去に起きたことを書く場合には詳細に思い出し、必ず**過去形**で書くようにしよう。

毎回同じテーマでなくてもよいが、3〜4日続けて自分の心に素直に向き合い、観察する。書いている間にひどく動揺するならやめてもいいし、トピックを変えてもいい。感情的になること自体はかまわないので、時間の経過とともに感情がどう変化するかも追ってみよう。

これはジェームズ・ペネベーカー博士が開発した**「エクスプレッシブ・ライティング」**で、研究でも効果が確認されているジャーナリングのテクニックだ。

頭に浮かんだことをただ書き殴るのではなく、大事な悩みを深く掘り下げることで自分の感情を引き出すことができる。これは重要なことだ。なぜなら、過去の苦しい出来事を自分の中で処理できていないと、それが他の問題として現れることがあるからだ。

つらいことを書いてエネルギーを使い果たすのが心配なら、**その出来事に意味や希望を見いだす**ことにフォーカスを移してみよう。たとえば、ハッピーエンドにつながるステップを想像しながら書いてみる。

結婚生活の不安や不満を書いたなら、それに続けて「5年後の夫婦関係が良くなるように、今日自分ができること」を書くといい——ペネベーカー博士の長年の協力者でペンシルベニア州立大学の生物行動健康学教授ジョシュア・スマイス博士はそうアドバイスしている。

命にかかわるような目に遭い、それを繰り返し思い出して苦しんでいる場合、PTSDの可能性がある。PTSDは、日常でどうストレスを感じるかにも影響してしまう。トラウマの治療は複雑で時間がかかるものだが、エクスプレッシブ・ライティングはわずかなセッション数でも前進する助けになることが、研究によって証明されている。

国立PTSDセンターの副所長デニス・スローン博士の研究によると、トラウマのある人たちに30分×5回のライティング演習で指示や質問（「覚えていることを正確に説明してください」「その出来事によって人生がどう形づくられた？」など）をしたところ、ＰＴＳＤの症状が大幅に軽減したという。この改善の度合いは、別の研究に基づいたトラウマ療法セッションを20回受けたのに匹敵するほどだった（ただし、これは専門家が主導する演習なので、自分では試さないように）。

私のクライアントでも、恐ろしい体験をしてそれに苦しんできた人がいたが、ライティングのセッションを5回行うと劇的に心が落ち着いた。

トラウマになるのは命を脅かすようなレベルの出来事で、記憶はトラウマを完全に再体験しなくていいようにバラバラに保存される。

しかし、**その経験を整理する、つまり起・承・結をつけて繰り返し語ることで記憶の保存状態を修正し、新しいエンディングを与えることができる。また、記憶に支配されるのではなく、そこから自分を切り離せるようにもなる。**

日常の中で感情的になったときや人生でひどくつらい出来事に対処するときも、エクスプレッシブ・ライティングをすれば混乱を整理し、処理できるようになるのだ。

マインドバッファー
5

感謝できることを探す

日常を楽しみたいとき。もっと満足感がほしいとき

次の方法を試してみよう。

▼毎日数分間、小さなことでも大きなことでもかまわないので感謝していることを3〜5つ書き出す（日記帳に書く、感謝アプリを使うなど）。

▼感謝している相手を思い浮かべ、連絡して感謝の気持ちを伝える。

▼運動、洗濯、スーパーに買い出しに行く、家族に電話するなど、ふだんなら面倒だと思うようなことを1つ選び、そこに感謝の気持ちを込めて視点を変える（食べ物を家に持って帰れるのはありがたい、など）。感謝する対象は毎日あるいは毎週変えてもいい。「やらなければならないリスト（ToDoリスト）」を「できることリスト」に名前を変える。

▼ペンと紙を用意して、次のテーマで1つにつき2〜3段落の文章を書く。文章には必ず起・承・結をつける。

- うまくいったこととその理由
- 感謝していること
- 最近自分の強みを活かせたときのこと
- 目標に向けての進歩
- 大小問わず、誰かが自分のためにしてくれたこと

「ネガティビティ・バイアス」といって、人間はネガティブな感情が高まると、それがポジティブな経験を覆い隠すようにプログラムされている。

進化の観点から考えると、脅威に対して敏感なほうがもちろん有利だ。しかし、この傾向によって、自分の人生や自分自身に対して否定的になりすぎることがある。そのため、意図的に「良いことを探す習慣」をつけることが大切だ。

そこで役立つのが感謝の気持ちだ。研究によると、1日5〜15分感謝していることを書く習慣を持つだけで、ストレスや悲しみが軽減することがわかっている。これは

「ポジティブ・アフェクト・ジャーナリング」として知られ、健康に問題を抱えている人に対しても効果があるとされている。

定期的に行うことで、気分だけでなく将来の見通しや人間関係も改善され、利他的で謙虚になれる。

感謝の気持ちがある人ほど、社会や周りの人から支援してもらっていると感じやすく、それによってストレスが和らぎ、うつのリスクも下がることが研究でもわかっている。

良い点を探す習慣は、身体の健康にもつながる。研究でも、感謝の気持ちを持つことで血圧や睡眠の質が改善されることが確認されている。しかも嬉しいことに、効果があるのは本人だけではない。仕事を一緒にしている人などに感謝の気持ちを表すことで、相手のストレスマーカーも低下することがわかっている。

マインドバッファー

マインドバッファー 6

感情の高まる動画を観る

ストレスフルな瞬間があったからといって、ひどい1日だというわけではない。そのことを思い出したいとき

自分の感情の持続時間を見誤っているせいで、感情を避けたり不必要に感情を強めたりしているかもしれない。それなら短い動画を観て、いろいろな気分を誘発する体験をしてみよう。今に集中できるようになり、自分の感情へのダメ出しも減る。

いろいろな種類の感情を体験できる動画のリスト(2分以上は観なくていい)

- 映画『チャンプ』のラストシーン
- サラ・マクラクランの『エンジェル』のミュージックビデオ
- 映画『マラソンマン』の「I'll give you Szell」のシーン
- ファレル・ウィリアムスの『ハッピー』のミュージックビデオ

考え、感情、態度で 気づいたこと （例：目をそらした）	ダメ出しせずに いられた？ （0 ～ 10 で。 0 ＝全然できなかった、 10 ＝非常によくできた）	観ている間 どのくらい集中できた？ （0 ～ 10 で。 0 ＝全然できなかった、 10 ＝非常によくできた）

他のブラウザは閉じて、気が散るのを最小限に抑えてから動画を観る。

自分の人生との共通点を探そうとするのではなく、動画自体に集中しよう。その体験を振り返り、覚えておきたい感想を書き留める。上のフォーマットを使ってトラッキングしよう。

人生で解放感を得られるのは、感情は浮かんでは消えていくものだと気づいた瞬間だ。

感情をありのまま存在させ、自分もその瞬間に留まっていられる場合にはとくにそうだ。

リストにある動画をこれまでに何百人ものクライアントと一緒に観てきたが、各感情を強く感じ、10分の間に涙を流したり幸せを感じたりした。

なお、どの感情も、ピークに達してから消えるまで2分とかからなかった。

動画を観ながらその瞬間に留まる方法を身につければ、生活の中で湧き上がる感情を制御できるようになる。研究でも動画を観ると本物の感情が湧くことがわかっているが、自分個人の感情体験のほうが当然その人に与えるインパクトは大きい。

そこで重要になってくるのが、**そのときの感情に気を配る訓練**だ。そうすれば、自分の足を引っ張るような行動をしてまで、その感情を消す必要はないことに気づくだろう。その瞬間に完全に入り込めば、感情が自然に消えていくのも感じられる。

何年も前、カップルセラピーの第一人者であるジョン・M・ゴットマン博士が専門家向けのトレーニングで教えてくれたことがある。**夫婦関係が回復するかどうかの指標になるのは、喧嘩した直後に笑い合えるかどうか**。同じことが個人にも当てはまる。

すでに起きてしまったことにとらわれるのではなく、今起きていることに心を開こうとすれば、私たちはより健全でいられるのだ。

マインドバッファー7

「人生の目的」を追求する

自分の生き方に誇りを持ちたいとき

毎月1回、4半期に1回、あるいは誕生日など自分にとって節目になる日を選び、20分〜1時間（あるいはもっと）かけて、**「自分にとってどういう価値観が重要なのか」**を特定しよう。

生活の質を向上させ（自分に対して忍耐強くなるなど）、他の人の生活にも良い変化をもたらす（周囲の人に対して寛大に行動するなど）には、どういう価値観や行動にフォーカスすればいいかを考える。

次に、その価値観を実現するための具体的な計画を立てる。

コミュニティに属することを大切にしたいなら、「自分に合ったコミュニティを見つけるなんて難しい」と決めてかからずに、お試しで参加できるグループ活動をリストアップして、自分に合うものがあるか検討する。

どうすれば、自分の価値観を体現するような行動を定期的に実践できるだろうか。たとえば、地球環境を大切にしたいという価値観を持っているなら、週のほとんどをベジタリアン食にすることもできる。やるべきことが山のようにあるように思えても、正しい方向に一歩踏み出した自分を認めてあげよう。

「生きがい」を実践することで寿命が延びる

自分にとって何が重要なのかを明確にし、それにもっと集中することで、より広い視野を持てるようになり、自分で人生をコントロールしている感覚を得られる。

日本には「生きがい」という概念がある。これは「毎朝目覚める理由」とも解釈できる。最近は欧米でも共感を得て、「ikigai」という言葉になっている。この「ikigai」を実践している、つまり自分の好きなこと、得意なこと、収入を得られることで社会のニーズを満たしていると寿命が延びることがわかっている。

だからこそ私も、ACTやDBTといった心理療法に誠心誠意取り組んでいるのだろう。その人の価値観を明確にし、それに近づくためのステップを正確に教えてくれるからだ。

意外かもしれないが、クライアントの大半にとっても、「世界をより良くしたい、もっとフェアな世の中にしたい」という価値観に沿ったボランティア活動をすることは、「やるべきことがまた1つ増えてしまった」と感じるよりも、ストレスを軽減してくれる効果のほうが大きいようだ。

また、**人生に意味を感じている人は、ストレスや同じことを何度も考えることが少ない**という研究報告もある。

つまり、大事なのは**自分の価値観を行動に移す方法を計画し、自分の価値観と一致した行動をすでにしているかどうかも考えてみること**だ。それによってエネルギーや充実感を得ることができる。

マインドバッファー 8

批判的になるのをやめる

自分や周りの人、状況に対して批判的になっているとき

まずは、口に出してはいなくても、自分が批判的になっていることに気づくようにしよう。

1時間でいくつ批判的な考えが浮かぶかを数えるのも、無意識の習慣に気づくために斬新で採り入れやすい方法だ。批判的になっていることを示す手がかりとしては、顔や身体が緊張している、厳しい口ぶりで話しているといったものがある。

自分の中にある批判（あの人は信用できない）を、事実や自分の気持ち（ドタキャンされると他に予定も入れられないし、がっかりする）に置き替えてみる。そうすると、イライラさせられる相手と一緒にいるのもラクになり、相手もあなたの話を聞きやすくなるはずだ。

逆に、批判的な口調でフィードバックすると、共感を得られるどころか相手が守りに入ってしまう可能性が高い。

人間は頻繁に批判的になるものなので、まずは特定の状況や人(パートナーなど)を選んで練習し、そのあと、生活の他の部分でも批判的になるのを控えるようにするといいだろう。批判を減らすモチベーションがもっと必要なら、自分が正しいと思われたいのか、関係を維持したいのかを考えてみる。

いつ、何を批判しているのかに注意を払うようにすると、批判とそのネガティブさを手放すことができ、気分が良くなり、問題解決能力も上がる。

批判的な考えは自然に湧くように思うかもしれないが、「自分は最悪だ」と思って自分を苦しめていると、問題に対処する能力が下がるばかりだ。

ストレスは状況、そして自分や他人をどう認識して評価するかに大きく影響されている。

批判的に考えるとストレスの原因になるだけでなく、怒り、不安、絶望などのつらい感情も生み出してしまうのだ。

マインドバッファー

マインドバッファー 9

「感情的な共感」を「認知的な共感」に変える

エネルギーを消耗しているとき。助けてあげられないくらい相手の痛みを吸収してしまうとき

人を支援する仕事に就いている、ボランティアをしている、困っている友人を支えようとしている、悲惨なニュースが気になるといった場合には、周りの人の痛みや世の中の不公平さに押しつぶされてしまうことがある。

しかし実際には自分は危機に陥っていないのに、「そうなったらどう感じるだろうか」と想像ばかりしていてはその人たちを支援できなくなる。

研究でも、医師が患者の感情に同調しすぎずに、自分の感情を認めた場合のほうが燃え尽き症候群になることが少なかった。

ジョンズ・ホプキンス公衆衛生大学院教授で危機介入と人道支援を専門にする

ジョージ・エヴァリー博士に、災害時に人を助けるためにどんな訓練をしているのかをたずねた。すると、**「他人を助けるには共感できなければならない――そう教えると悪い結果につながりかねない」**という答えが返ってきた。

他人の感情を引き受けるのではなく、他人の視点から世界を理解しようとする、それがエヴァリー博士のアドバイスだ。

相手の感情を引き受けてしまうと自分が傷つくだけで、相手の苦痛を和らげてあげることもできない。**人を助けるために全面的に共感する必要はない**と覚えておくように。自分が苦しいときに他人を援助するのは、まず不可能なのだから。

人に共感しやすく、つらくなってしまう人は次の方法を試してみてほしい。

自分と他人の経験の境目を曖昧にしないよう意識しながら、相手がどんな経験をしているのかを観察してみよう。何度か深呼吸してから、「感情的な共感」を**「認知的な共感」**に切り替える。

たとえばゴミを漁っている人を見かけたら、「きっとお腹が空いているのだろう」と考えて助けの手を差しのべる。この世には食べ物すらない人がいるという絶望感にのみ込まれてしまうと、笑顔で食事を提供できなくなるからだ。

マインドバッファー

マインド
バッファー
10

他人の成功を自分のことのように喜ぶ

皆が自分よりラクにうまくやっているように感じられるとき。他人の業績に関心を持てないが、心から祝ってあげたいときにも

ダライ・ラマの言葉に次のようなものがある。

「他人の幸福によって、自分の幸福を育むことは、理にかなっている。そうすれば、自分自身の幸福の可能性を60億倍にできるから」

聖書の「あなたの隣人をあなた自身のように愛しなさい」という教えのように、仏教では四無量心《しむりょうしん》のうち「喜」が**相手の幸せを純粋に心から喜ぶこと**だとされている。

これは、「この世は競争だ」というストレスフルな思い込みを手放すのにも役立つ。

私たちは日常的に、SNSで完璧に演出された他人の生活を目にしているが、「自分は不運だ」という気持ちに打ち勝てば、他人のために幸せを感じられるようになり、嫉妬や孤独感が軽減される。

人は皆つながっている——と、共感的喜びを長年教えているマインドフルネスの教師で作家のシャロン・サルツバーグも説明している。

誰にどんな幸せがふさわしいかという考えに執着したり、憤りの気持ちに浸ったりするよりも、「自分の時間をどのように使いたいか」にフォーカスするほうが理にかなっているのだ。

サルツバーグは移民の祖父母に育てられ、若い頃は両親のいる友人の中で疎外感を感じていた。

「しかし共感的な喜びによって、誰もが弱さを持っていることに気づきました。完璧な人生を送っている人などいない。ましてや永遠に完璧だということはないのです」

他人の幸せを喜べなければ、自分の人生にも満足できない。周りの人のために幸せを感じるには、まず**「他人が成功したら、そのぶん自分の運が減る」**というようなネガ

ティブな思い込みにとらわれていないか自問してみよう（幸せは数にかぎりがある商品ではない）。また、自分が嫉妬している相手はきっと幸せに暮らしているはず、などと勝手なストーリーをつくっていないかどうかも確認しよう。次の方法を試してみてほしい。

▼友人に良い知らせが届いたら、心から祝う気持ちや行動を大切にしよう。LinkedInで親指を立てるよりも、個人的にメッセージやカードを送ろう。まずは親しい友人から始め、範囲を広げていく。

▼会ったときに良い知らせをシェアしてくれた人がいたら、「おめでとう」と他人行儀に生ぬるく返すのではなく、エネルギーと熱意を高めて祝福する。言葉でもボディランゲージでもいいので、「わあ、本当によかったね！　やっぱりあなたしかいない！」など。

▼156ページの「慈愛の瞑想」を終えたあとに、相手を鮮明にイメージしながら「あなたがもっと幸せになりますように」と繰り返す。意識がそれてもイメージに戻るようにする。何日か同じ相手で練習してから、別の人でもやってみる。

マインドバッファー 11

3分間のマインドフルネスを日課にする

自分の考え、感情、行動にもっと気づけるようになり、悪循環に陥らないようにしたいとき

足を床につけて座るか、ラクな姿勢で足を組み背筋を伸ばそう。目を閉じてもいいし、視線を一点に集中させてもいい。

1分目：身体が椅子や床に触れている部分に意識を向ける。そして考える。今、自分は何を経験している？　心にはどんな考えが浮かんでいる？　身体にどんな感覚を感じている？　そうやって考えや身体感覚をあるがままに認識する。

2分目：頭の中にある考えを手放すことを意図し、呼吸が腹部に出入りする感覚に集中する。息を吸うとお腹が膨らみ、吐くとへこむのを感じるように。意識が

マインドバッファー

それないようにするためにも呼吸を追い続ける。

3分目：意識を呼吸から身体全体へ――頭のてっぺんから足の先まで――移していき、最後に自分がいる空間全体に広げる。心の準備が整ったら目を開く。

これを1週間毎日2、3回、決まった時間にやるようにスケジュールしよう。決まった時間に練習することで習慣になり、筋トレのように必要なときにできるようになる。1週間が過ぎたら、その後はどのくらいの頻度でやるのが効果的かを考える。

理想は1日1回、決まった時間に行うのがいい。

ガイド音声があったほうがよければYouTubeに「Three-Minute Breathing Space（3分間の呼吸スペース）」という動画がある。この動画ではマインドフルネス認知療法（MBCT）開発者の1人で、カナダのトロント大学の教授ジンデル・シーガル博士が導いてくれる。

呼吸は常にその人とともにあるので、ツールとしてすぐに使えるし、その瞬間に留まるのにも役立つ。「Three-Minute Breathing Space」はただ無意識に呼吸するのではなく、自分の考えや感情、感覚に気づくための準備を整えてくれる。

繰り返すうちに他の状況下でも自分を観察できるようになり、注意を「今この瞬間」に戻しやすくなる。シーガル博士も説明しているとおり、短いながらもこの「意識の振りつけ」に従うことで注意を切り替え、感覚を再確認し、先に進むプロセスが明確になる。行きづまった状態から脱却するためのメンタル的なスーパーパワーなのだ。

研究によると、MBCTの8週間コースを修了し、その後も毎日この3分間のマインドフルネスを続けることで、重度のうつ病の再発を防ぐのに、なんと薬物療法と同じくらいの効果があると示されている。

ボディバッファー1

パニック発作をあえて体験し、恐怖を軽減する

ストレスによって身体に不快な症状が出るとき。あるいはパニック発作が次にいつ起きるか心配なとき

パニック症状で呼吸などがつらいときは、呼吸困難などの身体症状に意識を奪われてしまいがちだ。しかし、身体のストレス反応の強さは、練習によって抑えることができる。安全な環境下でその身体症状を再現し、1分間受け入れるのを繰り返すというものだ。

そのためにはコンフォートゾーンを広げなければいけないが、**「内部感覚エクスポージャー」**、つまりふだん避けている身体症状に向き合うことで、不安からくる身体症状の苦しみから解放される。

まず、パニックに陥ったときに、身体にどんな症状が出るかを考えてみよう。

心拍数が上がる、呼吸が苦しくなる、筋肉が緊張する、暑くなり汗をかく、狭いところで息苦しくなる、めまいがする、方向感覚がなくなる、震える。そういった症状を感じたときに、自分でそれを「ダメだ」と思っていないかどうか考えてみる。たとえば「息ができない！」「どんどん悪化している！」と感じても、それを「悪い」「危険」と決めつけるのではなく、**「一時的なものだ」**と思い出すようにする。

なお、心が落ち着いているときのほうがその症状を再現しやすい。

294ページのエクササイズをすべて試そう*1。パニックやストレスからくる身体感覚をあえて喚起し、苦痛を再現するのが目的だ（やりたい人などいないと思うが、合計5分もかからない）。どのエクササイズが効果的だったかも記録する。

次に、必要に応じてエクササイズの強度を上げていく。

ふだんから緊張やストレスで狭い場所にいると苦しくなったり、暑くなったり、心配になるほど心臓がドキドキしたりするなら、冬用の上着を着てエスプレッソを飲み、

*1 喘息、めまいその他、このエクササイズで悪化するような疾患がある場合には医師に相談すること。

ボディバッファー

エクササイズ	身体症状	現実のストレスとの類似点

狭いクローゼットの中でエクササイズをいくつかやってみる。

- **過呼吸を再現する（最長60秒間）には、しっかり力を込めてすばやく深い呼吸をする。めまいがする可能性がある。**
- **細いストローで呼吸する。直径が半分くらいになるようつまみ、鼻もつまんで閉じる。それを最長60秒間続ける（空気がほとんど入ってこないように感じるはず）。**
- **回転椅子に座ったまま、あるいは立ったままで、60秒間円を描くように回転する。3秒につき1回転が目安。**
- **心拍数を上げて汗をかくには、その場で60秒間激しく走る。膝を鼻まで上げるようなイメージで。**
- **プランクのまま60秒間、または全身が震えるまで。**

自分のストレス症状に一番近いエクササイズを繰り返し、その感覚に慣れ、「脅威」だと感じないようにしよう。

最初の数週間は週に何度か2、3回続けて行い、そのあとは症状が出そうなストレスフルな状況の前にもやる。こうやって身体をウォームアップしておくと、症状が出たときにも受け止めやすくなる。

「内部感覚エクスポージャー」がパニック発作の治療としては何よりも迅速で実績もあるということを、ぜひ多くの人に知ってもらいたい。

意図的にパニック症状を引き起こし、恐れている状態に身を置くことで、ストレスや不安の身体症状を「これは危険だ！」とエスカレートさせて解釈するのをやめられる。不安の症状に「怖いもの」という偏見を持たずにアプローチする練習を重ねることで、それを**「一時的な状態」**だと見られるようになるのだ。

自分に害を及ぼさないことを体感すると、それを引き起こす状況を避けることも減り、症状の強さも和らぐ。身体の感覚を感じて受け入れることは不快だが、不安障害を持つ圧倒的多数の人の日常がうまくいくようになることが研究でもわかっている。

私のクライアントにも、パニック発作を避けるために生活を制限してしまっている人がいたが、この方法を何度も試すうちに、想像以上に生活が豊かになった。

ボディバッファー 2

スマホを目覚ましがわりに使うのをやめる

健康的に1日を始めたいとき。とくに睡眠や集中力に問題があるとき

スマホを目覚まし時計がわりに使わずに、本物の目覚まし時計を用意しよう。その上でスマホは別の部屋に置き、寝る前や夜中に目が覚めたときに無意識にスクロールするのを避ける。それで時間を節約できたぶん、起きて1時間以内に2～10分、朝の太陽を浴びたり散歩したりしよう（太陽を直接見てはいけないが、その方角に顔を向ける）。曇りの日は20分くらい屋外で過ごすようにする*1。

起床後1時間以内に日光を（サングラスなしで）目にすることで体内時計が整い、エネルギーや集中力が高まり、睡眠の質も向上する。眠りと目覚めのサイクルが、自然光を浴びることで調整されるからだ。

もう1つのメリットは、太陽からもらえるビタミンDで気分が改善されることだ。

朝、太陽の光を浴びることは、**「小さなスクリーン以外に、人生には大事なことがいくらでもある」**と思い出させてくれる。

考えてみてほしい。祖父母が私の歳だった頃は、朝起きてすぐにこんなことをしていなかった。メールに夢中になったり、ニュースを飛ばし読みしたり、たまたま画面に出てきた他人の生活を覗いたり、その日何をやらなければいけないかリストアップしたり（どうせまだあと1時間は手をつけられないのに）――これでは生きていることに感謝しながら1日を始められるわけがない。

＊1 住む場所によっては朝太陽が上らないこともある。冬に気分が落ち込む場合は、ライトボックス［高照度光療法装置］の使用を医師に相談するとよい。

ボディバッファー

ボディバッファー 3

唇を閉じる

口呼吸やいびきの習慣がついているとき

切手ぐらいの大きさの低刺激性外科用テープを唇の中央に10～20分貼って、鼻呼吸を習慣づけてみよう（食事中や会話中にはやらなくていい）。

口呼吸をしている、あるいは睡眠中にいびきをかいているなら（目覚めたときに口が乾いていたら口呼吸の可能性が高い）、一晩テープを貼ってみる[*1]。

鼻呼吸をすると血圧が下がり、睡眠の質が良くなり、軽度の睡眠時無呼吸症ならいびきも減ることがわかっている。体内に取り込む空気を効率的にろ過し、加湿できるからだ。さらに、鼻呼吸のほうがうまく肺に酸素を取り込めるため、深い呼吸になる。

鼻呼吸は体内で一酸化窒素の生成を促進する。一酸化窒素は血液の循環にも影響を及ぼす。細胞に酸素を運び、重要な身体機能を改善するとともに、気分の向上や免疫力の強化に寄与する。鼻呼吸ファンの中には、激しい運動中にも鼻呼吸をして運動能力を高めている人もいる。

私の場合、唇に少しぴんと張るくらいにテープを10分間貼っただけで、日中は今までより口を軽く閉じていられるようになったし、夜貼って寝てもつらくない。

鼻呼吸のことをもっとくわしく知りたければ、科学ジャーナリストのジェームズ・ネスター氏の著書『BREATH　呼吸の科学』（近藤隆文訳、早川書房）でくわしく説明されている。

*1 鼻づまりや閉塞性睡眠時無呼吸症がある場合には、事前に医師に相談すること。

ボディバッファー

ボディバッファー 4

マインドフルに食べる*1

食事中にマルチタスクをしている、あるいは一度に食べる量が極端に多かったり少なかったりする自覚があるとき。1日のうちで感謝するタイミングを探しているときにも

イチゴなど小さな果物をつまみ、見た目、香り、指に触れる感覚に集中してみよう。

そのまま口に入れ、口の中の感覚にも注意を向ける。それから噛んでみて、歯や舌のどこに当たっているか、口の中で形や食感がどう変わっていくか、どんな味が出てくるのかなどを感じとろう。

目を閉じているほうが味覚に全神経を向けやすいなら、噛んでいる間は目を閉じてもいい。美味しいとかまずいとか判断せずに、ゆっくりと味わい続けよう。

さらに意識を高めたい場合にはイチゴ畑で働く人、トラックで輸送する人、スーパーのフルーツ売り場を補充する人など、イチゴが摘みとられてからテーブルに届くまでにかかわった人に思いをはせてもいい。

そのあと、この興味深い体験を書き留めて、普通の食事とどうちがったかを考えてみる。最初はマインドフルに何口か食べたり飲んだりするだけでいいが、最終的には食事全体に導入する。最初は1日1回から始めよう。


空腹に意識を向けることも大事だ。満腹を感じるまでに20分かかることを念頭に置き、適度に空腹になったら食べ、適度に満腹になったら食べるのをやめる。マインドフルに食べるためには他にも、**料理を器に盛りつける、他に気を散らすものがない状態で座る、ゆっくり食べて満腹に気づく**、などができる。

マインドフルに食べている時間などないと思うなら、マルチタスクをせずに、焦らず楽しく食事をするのに、どのくらい時間がかかるか試してみよう。それが10分なら、

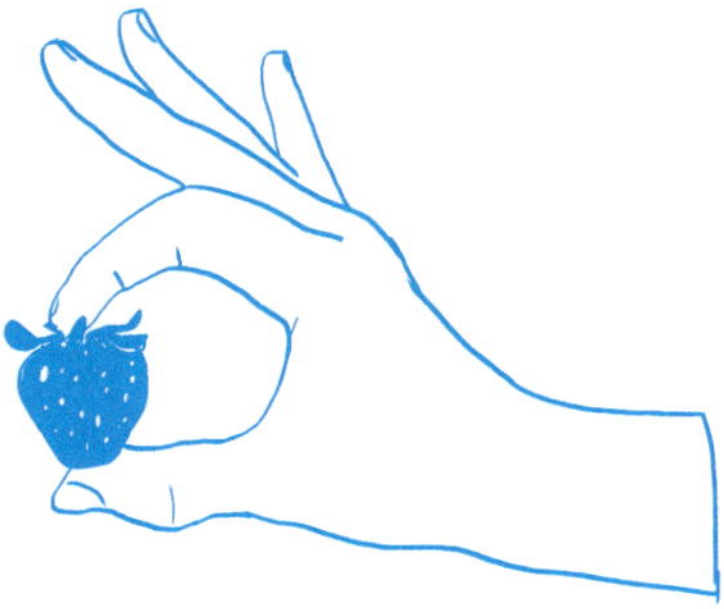

*1 水分補給も忘れないように。1日中水分が不足すると、ストレスに似た感覚が生じることもある。1日5杯水を飲めば、うつ病や不安のリスクが軽減される。他の研究では1日コップ10杯程度が適量で、寿命、認知力、気分、睡眠に良い影響があるとされている。モチベーションを高めたければ、軌道にのるまでメモリのついたウォーターボトルを使うこともできる。

思ったほど時間をかけずに大きな満足を得られると気づき、そのための時間をつくれるようになるだろう。

急性のストレスによって食べる量が減り、思考力や感情の制御が低下することがある。一方で慢性的なストレスがあると感情的に食べたり過食になったりしやすく、やはり気分が悪化する。

ストレスで食欲がなくなる、あるいは食べすぎてしまうなら、ヘルシーなものを適度に食べてエネルギーを補給し、余裕を持とう。

マインドフルに食事をすることで、極端に空腹な状態から一気に満腹になることを繰り返すのを防ぎ、持久力、消化機能、幸福感も向上する（ただし過食や拒食の経験がある場合は、専門家により1日3食と間食2回が推奨されている）。

制御不能なまでに食べてしまうと自尊心も傷つき、自分を信頼できなくなる。

私のクライアントの多くも、「健康的な習慣を続けられていない」と感じると、ストレスの原因が何であれ、さらにストレスになっていた。マインドフルに食べることは、食べ物を楽しむことを自分に許し、自己への思いやりを育む機会にもなるのだ。

ボディバッファー 5

ベッドにいる時間を減らす

寝つきが悪く、ベッドにいる時間と眠っている時間に大きな差があるとき[*1]

質の良い睡眠がとれていなければ、心身ともに元気でいるのは至難の業だ。不眠に苦しんでいる人のうち、30%の人は治療を受けていない。そんな人にも、「**睡眠制限**（このエクササイズの専門用語）」が役立つ。まずは次の点を記録して、睡眠パターンを把握しよう。

1 **就寝時間**
2 **眠りにつくまでにかかるおおよその時間**
3 **夜中に起きてしまう場合は、そのとき目覚めている時間の長さ**

*1 片頭痛、双極性障害、てんかんなど、睡眠時間が減ると悪化するような持病がある場合には事前に医師に相談すること。

4　目が覚めた時間
5　ベッドから出た時間

ベッドにいる時間と実際の睡眠時間の差を計算しよう。1週間毎日記録して、平均睡眠時間も正確に把握する。

次に、起きたい時間を選ぶ（毎日同じ時間になるように）。就寝時間を遅らせて、実際に寝ている時間だけベッドにいるようにする（寝つくのに1時間かかり、夜中に20分起きているなら、今までより1時間20分遅くベッドに行く）。

しかし最低でも5時間半はベッドにいるように。15分以上起きているようならベッドを出て、椅子に座って興味のない本を読んだり、入眠を促すポッドキャストを聴いたりするなど、眠くなるまで退屈なことをする。

睡眠を妨げているものがないかどうかも考えてみよう。

ベッドでテレビを観る、寝る前にアルコールを摂取する、ペットをベッドに入れる、ベッドでスマホを見るなど、起きている間にやってしまっている妨害行為をやめる。

急に無理はせず、1つずつやめていこう。最初は睡眠時間が減るかもしれないが、ベッドにいる時間が睡眠時間とほぼ同じになったら、5日ごとに20分早くベッドに行くようにして、睡眠時間を増やす。

ベッドにいる時間を制限するのは薬物に頼らない不眠症治療法で、実は薬物療法よりも効果的だ。

睡眠不足だとベッドでぐっすり眠りたいと思うだろうが、睡眠専門家は逆のことをアドバイスしている。ベッドにいる時間を減らすことで睡眠欲が刺激され、多くの場合、数週間もすれば効率的によく眠れるようになる。

ボディバッファー 6

運動のルーチンを最優先にする

心身の健康は大切だと思っているが、定期的に運動していないとき

自分の健康目標をどうしたいか考えてみよう。信じられないほどやる気があれば、どんな運動をするだろうか。どのくらいの頻度でする？　過去にうまくいった運動の習慣がある場合は、どんなものだったかも思い出してみる。

新しいことを始めるのは大変なので、1日の歩数やバーピーの回数を決めるなど、「SMART（具体的、測定可能、達成可能、現実的、時間を意識した）目標」に沿ったアイデアを出していく。ランニングを始めるならアプリを利用する、好みのオンラインワークアウトを見つけて週3回やると誓う、定期的に参加したいクラスが見つかるまでフィットネスのクラスを試す、スポーツチームに入るなどだ。

実行可能で楽しめる運動を見つけたら、今週できる回数を予定に入れ、できなかっ

た場合には必ず再スケジュールする。どのくらいの頻度で運動すればいいかわからないなら、次の研究結果を目安にしてほしい。**中〜高強度の運動を週に3回各1時間、それを6週間続けると中程度のうつと診断された人の悲しみが改善された。11万6000人以上の成人を対象にした研究では、中程度の運動と激しい運動を組み合わせて週に平均7・5時間行うと、寿命が大幅に延びることがわかった。**

始める前に、目標を達成できる可能性を0〜10で答える（0＝可能性なし、10＝非常に可能性が高い）。次に、その数字を上げるためにできることはないか考えてみる。たとえば前の晩にスニーカーとトレーニングウエアをベッドの横に用意しておく、やる気の湧くプレイリストをつくる、責任感の強い仲間と約束するなどだ。

あるクライアントはトレーニングのたびに5ドル貯金して、素敵なレギンスや新しいスニーカーなど、ほしかったトレーニングアイテムをごほうびとして買っていた。一方、ペナルティがあったほうがやる気が出る人もいる。私は12時間前までにキャンセルしなければ全額請求されるトレーニングのクラスを予約するようにしている。何かを失う恐怖、専門用語で**「損失回避」**が動機になっているのだ。

1週間後に自分の気分を分析し、SMART目標を見直す。運動の内容や頻度などを調整したほうがいいかどうか確認してみよう。

運動するだけで思考が変わる

研究ほど説得力のあるものはないので、もっと例を挙げておこう。

定期的な運動はうつ、不安、ストレスの症状を改善し、集中力と睡眠を向上させるなど多くの嬉しい効果がある。運動はまた、認知機能の低下を抑制し、死亡のリスクも下げてくれる。12万人以上を対象にした研究でも、**抗うつ薬より運動のほうが効果が高い**と実証されているほどだ。

運動はまた自分の能力への自信を高め、人生の目的意識も強めてくれる。

私のクライアントの多くも、運動することで就寝時間が守られ、食生活も良くなり、さらにはコミュニティとのつながりが生まれるなど、良い連鎖を引き起こしていると言う。

重病の兄弟と親を抱えたクライアントは、どうしようもない状態を打破するためにできる唯一のことは、毎日の歩数を増やすことだと考え、1日8000歩歩くという目標を立てた。

その目標を毎日達成する自分を見て、「自分にはどうしようもない」という思考が一変したという。人生にはまだ可能性が残されていて、ずっと停滞していなくてもいいと気づいたのだ。

私はよく友人たちに「フィットネスのクラスに参加しているときが一番幸せそう」とからかわれるが、それは本当だ。

毎週同じ時間に同じクラス[*1]に通い、チケットはまとめ買い割引を利用して事前購入、スケジュールを予定に入れて、それ以上考えなくていいようにしている。

そしてふだんの日常や人生とはちがって、「大事なのは参加すること」というポリシーを保っている。そこに行って努力するかぎり、パフォーマンスは問題ではないのだ——このように、「完璧でなければダメ」という完璧主義を手放すのにも役立つ。

*1 この本の執筆中に参加していたクラスのインストラクター、ブライアン・エバンス、ジャスティン・ジェイラム、ドナルド・ペニントンに心から感謝を捧げたい。私の毎日に深い喜びと心地よい痛みをもたらしてくれた。

ボディバッファー7

ゆっくり深い呼吸をする

神経系を徹底的に改善して、慢性的なストレスを軽減したいとき

理想は1日1、2回、少なくとも20分間呼吸のペースを調整する習慣をつけることだ。

まずは自分にとって都合の良い時間帯を見つけてタイマーを20分に設定し、座るか横になるかして口を軽く閉じる。手を腹部に置きたければそうして、呼吸するごとにお腹が上下するのを感じる。

徐々に呼吸の回数を落とし、5~6秒かけて吸っては吐く。ペースを維持するには数を数えたり、アプリを使ったり、時計の秒針を見つめたりしてもいい。3カ月間、毎日練習すれば、必要なときにいつでもどこでも（運転中以外）この**「ペース呼吸」**を生活にとり入れることができる。

ゆっくり深い呼吸をすることで安静時の心拍数が下がり、心が落ち着き、リラックス感、満足感、注意力、エネルギーが向上するなど、さまざまなメリットがある。

5秒間隔で息を吸ったり吐いたりすると、呼吸数が3分の1以下になり（通常は1分に18回程度）、血圧も下がる。

「神経系やストレス反応システムを大きく変化させたいなら、これを20分間、できれば1日2回やってください」

数十年にわたり、コヒーレンス呼吸法の指導と研究を行ってきたパトリシア・ガーバーグ博士は、そのようにアドバイスする。ちゃんと練習することで、ストレスを感じたときにも、心を落ち着かせてくれる呼吸パターンに入りやすくなるという。

そんなに時間を割けないと思うなら、健康的な呼吸を目指すには1日数分投資するだけでは足りないことを知ってほしい。科学ジャーナリストで『BREATH 呼吸の科学』の著者ジェームズ・ネスター氏も、たまにしか呼吸法の練習をしないのは「今サラダを食べたからといって、あとは1日中ジャンクフードばかり食べているようなものだ」と言っている。

ボディバッファー
8

飲酒や喫煙、薬の使用を記録する

定期的にアルコールや薬を摂取していて、それが自分の幸福感や健康に影響しているかもしれないとき

1週間または1カ月間、アルコールやタバコ、薬の摂取量をトラッキングして、どういう習慣になっているのか、はっきり把握するところから始めよう。アプリを使ってもいいし、紙とペンで記録してもいい。また、使用量を減らすことでどんなメリットがあるかも考えておく（睡眠の質が向上する、健全な決定を下せるなど）。データを得られたら、自分が感じる適量や、これからはいつ摂取するかを具体的に設定する。毎日なのか、週末だけなのか。1週間での合計摂取量はどれくらいにするか。それらの指標は、人生の目標と一致しているだろうか。

具体的な目標を設定したら、記憶に頼らずにできるだけリアルタイムで、いつどれくらい使用したかを記録する。飲酒習慣を追跡する場合は、飲酒習慣にフォーカスし

状況	使用したい衝動（0～5）	使用前の感情と思考	飲酒、喫煙、薬の使用量	短期的な影響	長期的な影響

たアプリを使うのがおすすめだ。電子タバコの喫煙量を追跡するアプリもある。あるいは上のフォーマットを使ってもいい。

記録する習慣がついたら、量を減らしたことだけでなく、毎回記録した自分を褒めよう。まだ大きな変化がないうちは、記録するにも努力と勇気が要るものだ。それでも注意深く自分を監視し続ければ（それこそが習慣を変えるための第一歩だが）、たとえ週に1杯お酒を飲む量が減っただけでも、前進するきっかけになる。

使用の目的が変化していないか

専門家も気づいているように、摂取したいという衝動は最初のうちこそ「楽しみのため」であっても、それが次第に根深い習慣になり、ネガティブな感情を和らげたり、欲求を抑える手段へと進化してしまう。

寝る4時間前までにアルコールを1～2杯飲むだけで、睡眠の質は24％低下する。3万6000人以上を対象にした研究でも、1日に1～2杯アルコール飲料を飲むと脳の容積が減る傾向があった。

定期的に3～4杯以上飲むと、恐ろしいことに脳が萎縮する可能性もあるという。

アルコールや薬などの物質に頼ることは、自分の人生に対処し、今この瞬間を楽しむスキルを訓練する機会を逃しているようで残念だ。

物質に頼らないことで、ひとりでいるときでも、大切な人と過ごすときも、自分の生活に充実感を与えてくれる。

さらに、目標を設定し、それを貫けるとわかること自体が、非常に大きな成功だと言えるだろう。

ボディバッファー 9

もっと笑う

生活を明るくしたいとき。周りの人も幸せにしたいとき

「ビジネスにおけるユーモア」を教えるスタンフォード大学のジェニファー・アーカー教授とナオミ・バグドナス講師によると、**「私たちの脳は、探し始めたものを見つけるように配線されている」**そうだ。

つまり、自分で自分をおもしろいと思っていなくても、気楽なマインドセットを養うことができるのだ。心と目で喜びに気づく方法をリストアップしておく。

- ▼**毎日、自分を笑顔にしてくれるものを3つリストアップする。**
- ▼**変わっている、あるいはおもしろい出来事や光景を探す。**
- ▼**周りで微笑んでいる人や笑っている人がいたら自分も参加する。**
- ▼**笑わせてくれる人を思い浮かべ、その人と一緒に時間を過ごす。**

ボディバッファー

▼過去におもしろいと感じたコンテンツ動画を再度観る。
▼シリアスになりすぎないための行動を考える。
▼おもしろい話を頭の中でリストアップしておき、それを他の人に共有できるようにする。その際、ステージに立っている気分で話す練習をする（わざと間を置いたり、大げさな身振りで）。
▼即興スピーチの講座を受講する。そこで人を笑わせるスキルを身につけ、コンフォートゾーンを広げる。

毎日笑うことは長生きにつながる

ユーモアは回復力や人とのつながり、喜びを高めてくれる。毎日笑えば長寿につながるほどだ。血圧、心拍数、そしてアドレナリンやコルチゾールなどのストレスホルモンも下げてくれる。笑うとほっとするのはそれが理由だ（なお、笑いは伝染する。嘘だと思うなら笑いヨガの動画を観てほしい）。

ある研究では、参加者の経験に合わせた内容の即興スピーチコースによって、介護者のうつやストレス症状が大幅に減少したことが示された。別の研究でも、短時間の即興スピーチトレーニングで完璧主義、うつ、不安を軽減できることがわかっている。

心理的には、笑うことは気楽に自己分析をする機会かもしれない。

「コメディアンが観客を笑わせるときには、普通はうまく表現できない不快な真実を言葉にして、カタルシスを体験させていることが多い」と、私の友人で退役軍人メディカルセンターの心理学者であり、ロサンゼルスのコメディストアのCEOも務めるピーター・ショア博士は言う。

ショア博士は陽気な性格に生まれついた上に、コメディにどっぷり浸って育った（母親のミッチ・ショアは有名なコメディクラブの共同創設者で、多くの人気コメディアンがそこでキャリアをスタートさせている）。この世にはとても真似できないような能力を持つ人もいるが、**「自分の弱さを許せば、誰でもおもしろくなれるポテンシャルがある」**と言う。

「まずは自分を見つめ、自分の欠点を笑うことから始まる」

自分自身、他人、そしてストレスとの関係を改善したければ、自分を笑わせる機会に気づき、笑う機会を増やす訓練をするより良い方法は思いつかない。

ボディバッファー

コメディ番組の共同脚本家で、ネットフリックスの番組『ニール・ブレナンのコメディ・スペシャル』でもホストを務めるコメディアンのニール・ブレナン氏が、コメディは反発しながら幸せを広める「カタルシス的な手段」でもあると教えてくれた。「ユーモアから世界に対応する方法を学んだ」そうだ。

ブレナン氏はまた、トラウマやうつを乗り越えるのにユーモアがいかに役立ったかも語っている。

「笑いは天からの贈り物です」

人生にイライラさせられるばかりでちっともおもしろいとは思えなかったら、このテクニックを試して誰かを（そして自分自身を！）笑わせてみよう。

行動バッファー 1

交渉上手になる

自分が求めていることを相手に伝えたり、ニーズを表現したりするとき。考えすぎてしまい、結局相手にわかってもらえなかったり、自分にとって重要な結果を得られなかったとき

私生活でも仕事でもかまわないので、何か頼みたい、問題を解決したい、またはノーと言いたい状況が最近あったかどうか思い起こしてみよう。

そのやりとりの中で、自分にはどんな具体的な希望があったのかをじっくり考えてみる。

やりとりしている間、そしてそのあとに自分をどんな人間だと感じたいか、相手にどう認識されたいか、自分に問いかけてみよう。

次に、自分の望みを「DEAR MAN」というDBTのフレームワークに当てはめていく。すると考えすぎることなく要求でき、ノーとも言いやすくなる。

Describe the facts.　事実を説明する。
Express how you feel.　自分の気持ちを表現する。
Ask for what you want.　希望を伝える。
Reinforce/reward what's in it for the other person.
　相手にとってのメリットを強調する。
(Be) Mindful.　マインドフルになる。
Act confident.　自信を持って行動する。
Negotiate as needed.　必要に応じて交渉する。

マインドフルになることで過去の痛みにとらわれるのをやめ、要求しすぎることも防げる。

現在の要求に「今この瞬間」集中すれば、相手に圧倒されたり、相手を圧倒してしまったりするリスクも減る。自信があるようふるまうのは、単なる演技ではない。自分のニーズを伝えることに恐縮しすぎず、自信を持つのにも役立つ。また、交渉する意欲を見せることで、要求がすべて通らなくても状況を改善する余地が生まれる。

やんわりとたずねるか、しっかりたずねるかなど、状況に適した口調も考えておこう。

ここでも0〜10のスケールを使う（0＝何も言わない、7＝自信を持って頼む、10＝「ノー」を受け入れない）。どのくらい強く求めていいかわからなければ、自分に次のような質問をしてみる。

▼相手は自分が望むものを本当に与えられるのか？
▼自分の要求を裏づける事実はある？（昇給を求めるなら、同じようなポジションの人の年収を調べてみた？）
▼自分の頼みごとは、前後の流れを考えても不自然ではないか？（友だちに頼みごとをするなら、自分も今まで相手の頼みを聞いてきたかどうか考える）
▼今は頼むのに良いタイミングか？

では実際に試してみよう。このフレームワークに頼れることがわかれば、主張するストレスも減る。

私はよく、「部屋の中の象」［皆が気づいているのに誰もそのことに触れようとしない］とい

行動バッファー

う表現に違和感を覚える。

何かに悩んでいたり、自分にとって大事な要求をできていなかったりするときは、むしろ象が肩に乗っているようなものだ。

人間関係で衝突が起きるのを避けられなくても、自分も発言できるとわかっていれば、ストレスを溜めずにいられる。自分への敬意を忘れず、かつ相手に聞いてもらえる形で望みやニーズを口に出せばすっきりするだろう。

この「DEAR MAN」は最初は堅苦しく思えるかもしれないが、練習すれば自分らしく自然なものになる。また、消極的になったり批判的になったりすると相手からのネガティブな反応を引き起こすだけなので、それを避けるのにも使える。

この方法を使えば、人生で出会う人たちとの距離を縮められる。

自分のニーズを認めることは、あなた自身をラクにするだけでなく、相手にとっても贈り物になる場合がある。たとえば、以前うっかりあなたを怒らせてしまった同僚や最近疎遠になっている友人などに対して、あなたからフィードバックすることで、その関係を改善するきっかけになるかもしれない。

行動
バッファー
2

ネガティブな噂話をやめる

沈黙を避けるため、あるいは自分に自信がほしいがために他人の噂話をしてしまうとき

あなたが「誰かの噂話をしたい」と思うとき、何がトリガーになるのかを知ろう。明確な目的もないのに、噂話をしてしまうのはどういう感情のときだろうか。不安なときや自意識過剰なときに意地悪なことを言ってしまうなら、その感情を引き起こす状況になったら気づくよう心がけよう（久しく会っていない友人とディナーをするときなど）。

そして**感情にかられて後悔するようなことを口走るのではなく、もっと意図的に言葉を使うよう自分に言い聞かせよう。**

噂話をする習慣を断つのは難しいかもしれないが、自分の価値観（自分が扱われたいように他の人を扱うなど）を損ねてまで、本人がいたら話さないような情報を広め

行動バッファー

る必要はない。

友人が進んで噂話をしたがるなら、「なるほど、そんなにドラマチックなことがあったなら話したくなるのはわかるけど、私はあなたの話が聞きたい」と、相手が衝動を考え直すような、心のこもった声がけのアイデアを持っておくといい。

噂話は後悔しか生まない

誰かを疎外するような話をしていると、他の人とのつながりも感じられなくなるし、孤立してストレスが生まれる。**皆が関心を持つような噂話をすれば絆が深まり、おもしろい人だと思ってもらえる――そう考えるかもしれないが、不誠実な印象を与えてしまうし、周りの人たちもあなたに弱みを見せられなくなる。**

気まずいときはとくに、その場にいない人のことを話題にしたい誘惑にかられるものだ。

私も最近、友人と会っていたときに会話が途切れ、共通の友人が離婚することをつい話してしまった。「この話をしたおかげで、2人で一緒に彼女をサポートできる」と心の中で自分を正当化してみたものの、本来なら楽しいはずのディナーだったのに、言ってはいけないことを言ってしまったと後悔しながら帰る羽目になった。自分だって、こういう雑談でプライベートをネタにされたくないのに。

噂話をしないと何かを逃してしまうと思うのではなく、ポリシーを持って相手のそばにいてあげられる自分を誇りにしよう。

「無神経な言葉はその人を小さく見せ、周りからも疎外されてしまう。一方でマインドフルな言葉は人生への深い敬意から生まれるものだ」

これは有名なマインドフルネスのコーチで心理学者のタラ・ブラッチ博士の言葉だ。どこから始めればいいかわからない人に、ブラッチ博士は、**「本当のこと（誇張せずに）、そして役立つことだけを話せばいい」**というブッダの言葉を引用している。

人との会話は気分を高揚させてくれる——せっかくの会話や自己意識をネガティブなおしゃべりで汚すことはない。そのせいで心を開けなくなり、今に集中することもできなくなるのだから。

行動バッファー 3

気軽なつながりを育む

孤独感を減らし、他の人にも幸せを感じてもらいたいとき

生活の中で出会う人たちに笑顔を送り、純粋なやりとりをしよう。そんなことは無理だと思うなら、まずは何気なく出会う人を毎日1人選び、その人に「自分は見てもらえている」と感じさせてみよう。定期的にすれちがう人の存在を認識し、そこに温かい表情を向けたり、名前をたずねて覚えたりと、思いやりを持って接する。こうした小さな行為の積み重ねで、コミュニティが形成されていくのだ。

孤独とストレスはつながっている。孤立感を感じると、身体にストレス反応を引き起こす。ある調査ではアメリカの成人の半数以上が孤立していると感じているそうで、交流の仕方を改めて考える必要があるといえるだろう。自分が効率を優先している（誰かと世間話をするより、スマホを触ったりするなど）ことにまずは気づこう。

とある研究で、ボランティアを2つのグループに分け、一方はスターバックスに行って、他の人と不必要な会話をしたり交流したりしないように指示され、もう一方は笑顔でちょっと人に話しかけるよう指示された。結果、たった数分間社交的にふるまうだけでポジティブな感情が高まり、他人とつながっているという感覚も増すことがわかった。

友人のジョナサン・フェーダー博士に、「なぜそんなに簡単に気軽な会話ができるのか」とたずねたことがある。フェーダー博士はスポーツ心理学者で、誰とでも——一流のアスリートから企業の重役まで——上手に会話できる。そんな彼は**「人と絆を深めることを人生のミッションにしている」**と言う。

「その結果、たった10語ほどだが、70言語くらいで言えるようになった」

多様な背景を持つ人たちに相手の母国語で挨拶して信頼関係を築くのは楽しいし、相手にも喜んでもらえる。フェーダー博士からは「急いでいるなら、むしろそれをチャンスだと考えるように」というアドバイスもあった。

「どうせそこにいるなら、遊び心を持って相手に接したいでしょう？　ほんの一瞬で親切な行為ができるんです」

行動バッファー4

「人見知り」をやめる

すぐに人を遠ざけてしまうとき。社交の場で何を言えばいいか心配なとき

あっさり相手を遠ざけてしまうと、新しい人間関係を築き視野を広げる機会を逃してしまう。それよりも、好奇心のおもむくままに導かれてみよう。

1日1人選んで、新しいことを学びたいという気持ちで会話する。**質問はなるべく短く、オープンクエスチョン［はい、いいえでは答えられない質問］にし、「私も同じようなことがあった」と言いたい衝動は抑える。**

他の人の経験を自分と同じだと思ってはいけない。でなければ新しいことを学ぶ能力が本当に低下する――そうアドバイスするのは受賞歴のあるジャーナリストで、『オール ユー ニード イズ トーク 人生でいちばん大事な伝わる話し方11のメソッド』（宮垣明子訳、双葉社）の著者でもあり、TEDトークでは『上手に会話する10の方法』が人気のセレステ・ヘッドリー氏だ。

会話中は相手の話をよく聞き、純粋な興味を持ってさらに質問をしよう。詮索好きだと思われるのが心配なら、「周りに聴衆がいても同じ質問をするかどうか自問するとよい」とヘッドリー氏はアドバイスする。

チャンスがあれば相手の経験に理解と共感を示し、肯定的な言葉を添える。

次に何を言おうかなど、自己中心的な考えが浮かんだら、DBTメソッドで人間関係を構築し強化する**「GIVE」**を参考にする。

Gentle　穏やかに
Interested　関心を持つ
Validating　肯定する
Easy manner　和やかな態度で

グーグルが常に手元にあるせいで、自分はあらゆることの専門家だと思い込んでしまいがちだ。それでも、人とかかわる機会を持とうとするだけで、出会う相手から学べるとヘッドリー氏も言う。

「他の人の視点や話に耳を傾けるほど共感が湧き、思いやりのある人になれる。人種

差別もしなくなるし、メリットは無限なんです」

好奇心によってコミュニティも広がる。

孤独感を減らす方法を研究している専門家は、**「孤独感」は社交の機会が不足しているせいで生じるのではなく、「不適応的認知」、つまり心の中で周りの人を批判する（「あの人とは共通点なんてない！」など）、あるいは自分に対してネガティブに決めつける（「自分なんて全然かっこよくない。だから発言しても意味がない」など）ことで、孤独を助長するような考え方から生じている**と指摘する。

このような考え方では、シニカルな態度になるばかりで、人とつながることが難しくなる。

他人や自分自身を悪いと決めつけずに関心を向けることで、コミュニケーション上の不安が軽減されることも研究で示されている。

人付き合いに不安を感じたことがある人なら、相手と話している最中に自分のことに集中してしまった、という経験があるのではないだろうか。

他の人に悪く思われているのではないかと心配するのは、ストレスになるだけでなく、自己達成的予言になってしまうこともある。他のことに気をとられている相手と会話を続けたい人などいないからだ。

しかし、自分自身から相手にスポットライトを移して、その瞬間にその場に心から参加するようにすれば、かえって自分のカリスマ性が発揮される。

「実はあまり話さないくらいのほうが会話を楽しめるんです」とヘッドリー氏は説明する。

知的で陽気でなければいけないわけではない。しっかり「GIVE」に沿うだけでいいと覚えておいてほしい。そうすれば相手の話に集中できる。

「しっかり聞いてもらっている」と相手に感じさせることは究極の贈り物だ。結局のところ、誰もが話を聞いてもらいたい、理解されたいのだから。

行動バッファー

行動バッファー 5

ベッドを整える

1日を達成感で始めたいとき

毎朝2分だけ割いて、ベッドを整えてみよう。

「世界を変えたければ、まずはベッドを整えることから始めよう」

これは、テキサス大学オースティン校の教授ウィリアム・H・マクレイヴン提督が卒業式のスピーチで述べた言葉だ。この言葉は口コミで広まり、提督の海外特殊部隊時代の経験をまとめた『1日1つ、なしとげる! 米海軍特殊部隊SEALsの教え』(斎藤栄一郎訳、講談社)も、ニューヨーク・タイムズのベストセラーになった。

彼が海軍特殊部隊で訓練を受けていた頃、1日の最初の任務はベッドをきれいに整えて、検査に合格することだった。シーツの角がきっちり四角で、毛布はきちんと折り込まれ、枕がちょうど真ん中に置かれていなくてはならない。

当時は長時間の過酷な活動で、常に睡眠不足、濡れて凍えたままでいるのもしょっちゅうで、それと比べると馬鹿げた作業のようにも思えた。

しかし、次第にこの単純なルーチンに深い意味があることを理解し、ベッドメイキングをきちんとやることに誇りを抱くようになったのだ。

完璧主義になりすぎてもいけないが、「自尊心や達成感を育むような行為によって1日を始める」というマクレイヴン提督の考え方が私は好きだ。

Hunch.comが6万8000人を対象に行った調査でも、ベッドメイキングをする人の71％が「幸せだ」と回答したのに対し、ベッドメイキングをしない人の62％が「幸せではない」と感じていた。

アメリカの国立睡眠財団が実施した別の世論調査でも、ベッドメイキングをする人は良く眠れる可能性が19％も高かった。

ベッドメイキングが幸福や快眠のたった1つの要因ではないが、ポジティブな行動をすることで自分の能力への自信が高まるのだ。

「ベッドメイキングをすると、『人生では小さなことこそ大切だ』という事実を改めて

行動バッファー

感じられる。小さなことがちゃんとできなければ、大きなことは決して成し遂げられない」

マクレイヴン提督はこのように説明している。

「ひどい1日を過ごしても、家に帰るとベッドが整えられている。しかも自分が整えたベッドだ。整えられたベッドが、明日はもっと良い日になると励ましてくれる」

行動
バッファー
6

気分ではなく、計画に従う

気分が落ち込んだりやる気が出なかったりして、あまり何もできなかったとき

時間の使い方をそのときの気分に左右される必要はない——それに気づくことで、より充実した人生を送れる。

気分が行動にどう影響するか、行動が気分にどう影響するかを振り返ってみよう。落ち込んでいるときに仕事を先延ばしにしたり、計画をキャンセルしたり、目標に向かう自信が湧くまで待ったりしたくなるのは自然なことだが、そうした本能は苦痛を伴う悪循環に発展し、悲しみを長引かせるだけだ。

気分が落ち込んでいてだるくても、達成感や感謝を感じられるような活動をスケジュールに入れよう。小さなことから始めてみる。

たとえば、家を出る時間を決める、9時にデスクで課題の指示を読み直し、次の30

行動
バッファー

6:30	起床、朝日を浴びる、コヒーレンス呼吸法	
7:00	運動	
9:00	仕事に集中	
11:30	メールチェック	
12:00	マインドフルなランチ	
18:00	友だちとウォーキング	
22:30	寝る前にボディ・スキャン	

分で大まかなアウトラインを作成するなどだ。

2時間職探しをしたら15分だけSNSに興じてもいい。そのときの気分でウォーキングをサボらないよう友だちを誘っておくなど、計画を忠実に守れる方法をいくつも考えておく。

アクティビティが1つ完了したら、計画を守ったことでどう感じたかを記録する（急いでリストの次の項目に進むよりも、リストにチェックマークをつけて自分を褒めるようになったなど）。

そうすることで努力しやすくなる。

決めたことをやり忘れたらスケジュールし直す。これは抗うつ生活を送ることが目標であって、前進するモチベーションが湧くまで待つ必要はない。

先延ばしはストレスを長引かせるだけ

「**行動活性化**」、つまり人生の目標や希望に沿ったアクティビティを増やすことは、科学的なエビデンスに基づいたうつ病治療法だ。

定期的に行えば、抗うつ薬と同等の効果があることが示されている。

気分は行動と関連しているので、悲しみや不安に行動を決めさせると、ネガティブな感情は薄れることなく悪化してしまう。

時間が経っても和らぐことのない悲しみを抱えた人々にも、この行動活性化が奨励されている。誰しも自分の中に悲しみを受け入れるスペースをつくりつつ、前進する方法を見つける必要があるのだ。

課題の締め切りが近いと、重要なことを「先延ばし」にしてデスクを整頓したり、受信トレイを空にしたりするなど、優先度の低い（そして報酬の少ない）タスクに手を出したくなるものだ。しかし、それではストレスを長引かせるだけだと、成人向けADHD治療研究プログラムを運営するペンシルベニア大学の教授ラッセル・ラムゼイ博士も述べている。

何をやらなければならないのかを認識し、暫定的な計画を立てる以外にも、**どこでどのようにつまずくかを正確に把握する**ことが重要だ（タスクが大きくて呆然としてしまう、思考や感情に行動を支配させてしまう、など）。

こうすることで定期的に方向転換して、自分にとって重要なタスクに「取り組む」（先送りにするのではなく）ことができるようになる――とラムゼイ博士は教えてくれた。

整理整頓に自信がないなら、紙のプランナーやアプリを活用しよう。

行動バッファー 7

心が喜ぶことを計画する

ToDoリストに忙殺されてしまい、楽しみを先延ばしにしているとき

今日という日に少し幸せを加えるために次のようなことができる。

▼「慈愛の瞑想」を実践する（156ページ）。
▼「人生の目的」を追求する（279ページ）。
▼感謝していることを3つ考える。
▼自分にできる善行を探す。
▼ポジティブな思い出を思い返す。
▼楽しみなイベントのアポを入れる。夕日を眺める時間をつくる、友だちと過ごす、新しいレストランを試す、近所のまだ行ったことのないエリアを探検する、趣味の講座に申し込む、手芸や工作をする、コメディを観る、子犬の一時預かりをす

る、などなんでもかまわない。今すぐ喜びを高められること（ライブで音楽を聴く、美術館を訪れるなど）、長期的に有意義だと感じられること（友情を深める）など、さまざまな種類のポジティブ体験を織り交ぜる。

▼自分のコンフォートゾーンから出るような活動をする。大きなことでも小さなことでもかまわないし、ひとりでやっても誰かとやってもいい。たとえばダンスを習う、憧れているけれど恐れ多い人に連絡をとるなど。

何をするにしても、「今この瞬間」に集中するように。仕事のメールをチェックしていては、お気に入りのテレビ番組を楽しむ時間が台無しになる。

素敵な計画を立てるだけで、ストレスの軽減につながる

楽しい経験をするとマインドも行動も広がり、孤独感や考えすぎへの盾になってくれる。こういった経験は他の人とつながったり、その瞬間とつながったりするのも助けてくれる。素敵な計画を立てて楽しみにしているだけで期待と喜びが高まり、それがストレスの軽減につながることもわかっている。

意図的にポジティブな感情を追い求めれば、ネガティブな感情が心血管系に及ぼす悪い影響を打ち消すこともできる。

研究によれば、ストレスのかかるスピーチをしたあとに元気が湧く動画を観た人は、悲しい動画やニュートラルな動画を観た人よりも早く回復した。自分のコンフォートゾーンから出ること自体、幸福度を高めることもわかっている。達成感を得られ、自己認識が向上するためだ。

幸せの機会をつくるのを後回しにしてはいけない。**喜びを感じると免疫力が高まり、経済力も向上し（幸せなほど、チャンスを追って成功をつかめる可能性が上がる）、人間関係も強化されるからだ。**

時間ができて自信も充分つくまで待つのではなく、今もっと楽しく生きられることを思い出そう。待っていたら楽しみを何年も先延ばしにすることになる。

行動
バッファー
8

一度に1つのことだけをやる

マルチタスクをする傾向があり、気が散ったり忘れっぽかったりするとき

パソコン画面にいくつものウィンドウが開いていて、メッセージはポップアップするし、簡単にマルチタスクができてしまう。だからこそスクリーンの中で飛び回りたい衝動を抑える方法をいくつも考えておかなければいけない。そうしなければ、単一のタスクに集中する力（モノタスク能力）が麻痺してしまう。

「かゆくなる粉をかけられて、瞑想しろと言われるようなもの」と、『Stolen Focus: Why You Can't Pay Attention—And How to Think Deeply Again（盗まれた集中力：なぜ注意を払えないのか、どうすればまた深く考えられるようになるのか）』（日本未翻訳）の著者であるヨハン・ハリ氏も言う。

一度に複数のタスクをこなしている状態を思い返してみよう。それが自分にどんな影響を与えているだろうか（毎週定例のZoom会議中にメールの返信をしていて、ろくに会議の内容についていけていない。いくつかの用事をすませるために街に出かけたのに、電話していたせいで大事な用事をやり忘れて帰るなど）。

それでも1つのことに集中する動機が足りなければ、さまざま状況において、マルチタスクせずに完全集中した場合のメリットとデメリットを書き出してみる。

また、プライベートでも仕事でもかまわないので、集中して取り組んだほうが楽しくて生産性も高まりそうなタスクを選ぼう（読書は良い練習になるので、この本を読んでいるあなたはもうスタートを切っている）。

ネガティブな考えや衝動に惑わされなくなる

マルチタスクが広く普及しているし、それを自慢する人も多いが、一度に複数のことをこなして、しかもうまくやるというのは事実上不可能だ。

「マルチタスクという名前自体が間違っている。人間のマインドや脳は、2つ以上のタスクを同時に行う構造にはなっていない」と、スタンフォード大学のケヴィン・マドーレ博士およびアンソニー・ワグナー博士も言っている。

マルチタスクは非効率だし、記憶力やパフォーマンスを妨げ、ストレスも与える。

カリフォルニア大学アーバイン校の情報科学教授グロリア・マーク博士が主導した研究は、さまざまな本や論文に引用されているが、人間は中断したり切り替えたりする前に平均して約3分しかそのタスクに時間を費やしておらず、元のタスクに戻るのには約23分もかかっているという。

可能な場合には、ペースを落として1つのことだけに充分な注意を払い、それを習慣づける。そうすれば気分にもやるべきことにも良い効果が生まれる。

一度に1つのことだけをするのはマインドフルネスの基本で、ネガティブな考えや衝動に惑わされることなく集中力を保つことができる。

何かに夢中になって時間の感覚がなくなるフロー状態に入るには、まず自分がやっていることに——それが何であっても——全身全霊を傾けなければならない。

ジョン・ハリ氏はこう語る。

「集中力を高めること自体が世界で一番大事なことというわけではない。でも、うまく集中できなければ何もうまくいかない。**注意を払えない人は、何をやろうとしても大幅に効率が落ちるのです**」

行動バッファー 9

「不確実なこと」を恐れない

自分にはそれをコントロールできないという現実を受け入れられず、心配したり、調べすぎたり、苦痛なほど準備したりと、不安との関係が改善されない形で対処してしまうとき

まずは**「不確実性と向き合うのを避けようとする行動」**をリストアップしよう。大小の決定を下す前に調べすぎる、多数の人に意見を求めてしまうなど、そういったさりげない回避を**「安全行動」**とCBTの専門家は呼んでいる。

何が心配でこうした行動をとってしまうのかを具体的に考えてみる（完璧にやらないと尊敬されない、人に聞かないと大きなミスをしてしまいそう、など）。そしてその心配事が本当に正しいかどうか実験をしてみる。

たとえば、ふだん大事なメールを送る前に友人に下書きをチェックしてもらっているなら、それをせずにメールを送信する。不確実性を許容することで実際に何が起き

行動バッファー

るのか（物理的にも感情的にも）をトラッキングしてみよう。

そこから得られる洞察を活かして、**小さなリスクを負う機会をつくる**（作業に完璧を期すのではなく、妥当な時間制限を設けるなど）。最初は慣れた対処法を手放すことで不安が増すかもしれないが、練習を重ねるうちに自信を持てるようになる。


専門用語で「**不確実性への不寛容**」と呼ばれる傾向が強い人もいる。

そんな人がストレスに直面し、そこにどうなるかわからないという不確実性が加わると、ずっと不安と闘う羽目になる。

不確実性を回避する方法は無数にあるものの、人生は好むと好まざるとにかかわらず結局は不確実なものだ。デートアプリに届いた曖昧なメッセージを友人に読み解いてもらったり、乱気流が起きることを覚悟しておいたほうがいいかと客室乗務員にたずねたり、必要な場合に備えてどこへ行くにも救急箱を持ち歩いたりしているなら、過剰に準備するという対処法ではエネルギーを消耗するだけなのがわかるはずだ。

私のクライアントにも絶えず寿命のことを心配している人がいる。

自分はいつ、どのように死ぬのか――。これは悲劇としか言いようがない。答えのない問いに答えられないまま時間を失っていくようなものだ。

だから健康に不安を感じるたびに病院にかけ込むのではなく、医師に診てもらったという安心感に頼らずに、**軽度の症状を受け入れる訓練**をした。その結果、キャンセル待ちの予約が取れたら病院にかけ込むというストレスが減り、健康に感謝できるようになった。


この本を執筆している間、私も周りの人に「前作と同じくらい良いと思う?」「人の役に立って、良い評価をもらえると思う?」とたずねたい衝動にかられていた。しかし、読者の反応など誰に予測できるだろうか。だから私も、自分が単に確証をほしがっているだけだと気づいた。

わからないということを受け入れながらも自分を肯定し(150ページ参照)、自分が制御できるようなことにフォーカスする練習もした。自分がどのようにリスクを回避しているかを知ることは、恐怖に立ち向かう強力な第一歩になる。新しい行動を試して自分の予測をテストすることで、未知のものを受け入れられる可能性が高まるのだ。

行動バッファー 10

避けたいことにあえて取り組む

不安のせいで先延ばししている、あるいは逃避していて、それに邪魔されているとき

まっとうな理由がないのに避けてしまうことはないだろうか？

それに何度も立ち向かう——これが**「暴露療法」**で、不安症治療の王道だ。**自分の対処能力に関する思い込みを変化させ、ストレス要因との関係性を変えられる唯一の方法**だからだ。

クライアントの中には過去の嫌な経験から長年車の運転を避けてきて、かといって不確実なライドシェアアプリ［自動車の相乗りアプリ］に頼るのもひどくストレスだという人もいる。そんなときは、小さなステップを踏むようにアドバイスしている。

たとえば教習所でレッスンを受けてからまずは住宅街で運転し、次に混雑する道路を空いている時間帯に運転するなどだ。

こうして、時には不安を感じながらも**「自分にもできる」**というかけがえのない感覚を体験する。**避けたいことにアプローチするのは恐怖を消し去るためではなく、マインドを広げてより自由な人生を築くためだ。**

車の事故を目撃したら恐怖心が湧くのは当然だが、すぐに高速道路から降りて恐怖を消そうとするのではなく、怖くても安全に運転できることを自分に学ばせることで前に進んでいける。

落とされたら耐えられないからと、新しい仕事に応募するというせっかくの機会を避けてしまうクライアントも多く見てきた。しかし避けたからといって不快感がなくなるわけではなく、むしろ自分の能力や人生の可能性を軽視することにつながってしまう。

まずは、自分が何を避けているか、そしてそれによって本当の望みを邪魔されていることに気づくことが大切だ。たとえば、パートナーと話し合うのが恐いからといって先延ばしにして、やらなくてもいい断捨離で忙しいふりをしているかもしれない。

避けてきたタスク	不健全な思い込み	励みになる考え	取り組んだこと	得られた学び

このパターンを破るには、**先延ばしにしていることを負担が少ないものから順にリストアップし、一番簡単そうなものから手をつける**ことだ（書き始めるために新規のワード文書を開くだけでもいい）。

取り組む際は、「やる気をそぐような考え」を「やる気の起こるような考え」に置き替える（やることが多すぎる！→タイマーを10分かけて、とにかく始めてみるなど）。

また、モチベーションを維持するために経過を記録するのも効果的だ。上の表を活用してみるのもいいだろう。

目標に少しずつ近づくうちに何が起きるか、それをトラッキングするのも役に立つ。なぜそれが大事かというと、**人間というのは実際に起きたことよりも恐怖のほうをよく覚えている**ものだからだ。

経過を記録しておくことで、**「最初のハードルを乗り越えることが大事」**ということにも気づくだろう。

行動バッファー 11

上手に反抗する

自分を表現したいが、行動に移したらあとで後悔するとわかっているような衝動にかられているとき

自分の個性を表現する方法がないのもストレスだ。かといって「思い切ったことをしないと自由を感じられない」と思い込むのも視野が狭い。

どうしても自分を表現したくて、反抗的な行動をとることにスリルを感じる人もいる。あなたもそうなら、自分や他人を傷つけずに反発する方法を見つけよう。

私の友人は大学の厳しい授業に閉塞感を感じていた頃、トレンドや季節を無視して一年中アディダスのサンダルとウールのソックスで出席していた。

私の母は誰かがゴキブリが怖がっていると聞くと、プラスチックのゴキブリのおもちゃを隠して驚かせるなど、おかしないたずらをしては反抗的な性格とユーモアのセンスを発揮している。

私はあまり反抗的なタイプではないが、仕事の場にキラキラのスニーカーを履いていったり、メールをすべて小文字で送ったりするのは好きだ。ポイントは**「ルールに従いたくない！」という欲求を無害な形で満たすこと**。

あなたもこの**「代替的反抗」**をやってみよう。自分も他人も傷つけずに自分らしく生きる手段だ。小さな反抗、つまり自分らしさを表現できる方法をいくつも考え、自由を味わうのだ。

たとえばリビングのスタイリングのルールをことごとく破る、匿名でランダムな親切行為をする、遊び心のある格好で遊園地に行く、期間限定で髪の色を変える、車で音楽をかけて踊るなどだ。そのあともネガティブな反抗の衝動が湧いたら、リストの中にある方法を試そう。

新鮮に感じられるように、リストには常に新しいアイデアを追加していくといい。

行動バッファー12

健康診断やセラピーを受ける

しばらく健康診断を受けていないとき。体調が万全ではないとき。ケガを放置しているとき

必要な健康診断をすべて受けているかどうか、振り返ってみよう。

身体や精神的な面で検査が必要なこともある（以前かかっていたセラピストに相談する、あるいは新しいセラピストに予約をとるタイミングかもしれない）。

ストレスとのかかわり方を改善すれば、頭痛や胃腸の不調などしつこい健康問題が緩和される。それと同時に、予防検診を受けて大きな病気を見逃さないようにするのも大切だ。

治療を受けていないままだと、心身や気分に悪影響を及ぼすことがある。

クライアントの精神状態がセラピーでは改善せず、実はライム病や睡眠障害、甲状腺疾患、自己免疫疾患、ビタミン欠乏症などによるものだったというケースは数え切れない。

また歯科検診を怠ると、痛くてお金もかかる根管治療をしなくてはならなくなるし、心血管疾患につながることもある。

悪くなるまで待つのではなく、健康のために定期健診を受けるようにしよう。

行動
バッファー
13

自分のお金と向き合う

お金の心配があるとき。ローンの額に圧倒されているとき。給料日前、または生い立ちのせいでお金に対して説明のつかない不安を感じているとき

財産目録やクレジットカードの請求、銀行の残額を見るのを避けているなら、次のような時間を設けよう。

▼固定費が長期的に払える額かどうかを考え直す。
▼可能なら請求書の支払いを自動化する。
▼各種のローンを集計し、支払いプランにどんな選択肢があるか調べる。
▼現実的な支出計画を立て、定期的に自分の経済状況を見直す時間を予定に入れる。
▼予算計画アプリで支出パターンを正確に把握する。

余裕があれば『トゥー・ビー・リッチ――経済的な不安がなくなる賢いお金の増やし方』（ラミット・セティ著、岩本正明訳、ダイヤモンド社）の「意識的な支出プラン」を参考にして、支出を4つのカテゴリー（固定費、貯蓄目標、投資、罪悪感のない支出）に分けるといい。

理想としては固定費（車や家賃など）が、税引き後の収入の60％を超えないこと。超えているなら固定費を減らすか、収入を増やすことを検討する。

「固定費にお金を使いすぎると他が厳しくなる」とセティ氏も述べているとおりだが、お金に対して合理的に楽しく取り組もうというアプローチだ。定期的な支出をカバーした上で5～10％を貯蓄、収入の5～10％を投資することを目指そう。費用をすべて計算した上で、自分の状況にふさわしい範囲内でごほうびにもお金を使うようにする。

収入と支出を見直して計画を立てる

アメリカ心理学会の最新のストレス調査によると、成人の72％がお金の心配をしている。所得格差や生活費の上昇を考えると当然だ。

一方で、**「ほとんどの人が数字の基礎をわかっていない。私がこれまでに会った借**

金のある人の90%が自分がいくら借りているのかわかっていなかった」とセティ氏が述べているのには衝撃を受けた。

支出をよく調べて、その不安と向き合う時間をつくる。それで心が落ち着いたら、そのことにも気づくようにする。ある調査では、低所得の親にファイナンシャルコーチをつけたところ、収入や貯蓄が増え、小児科医にかかる回数も増えた。

どんなに働いても生活がラクにならない――そんなつらい現実を軽視するつもりはない。しかし柔軟に変えられる余地があるなら、収入と支出を見直して計画を立てることで（根拠のない心配で口座をチェックするばかりではなく）、お金との関係が解決不可能な謎ではなくなるだろう。

行動バッファー 14

失敗を検証する

自分が向上することはないと思っていて、挫折したら自分を責め、失敗を他人のせいにしてあきらめているとき

最近味わった失敗経験の中から、フォーカスしたい失敗を選ぼう（大事なイベントに遅れて友人のスピーチを聞き逃したなど）。

実際には何が起きたのか、テープを巻き戻すようにDBTのアプローチ**「連鎖分析」**を使って調べる。次ページの表のように、左側に何が起きたかを正確に、順序を追って書き出す。

たとえば、遅刻した原因（前日の睡眠不足、朝のコーヒーを用意していないなど）を検討するのもいい。

具体的なきっかけ（家を出る時間が決まっていない）、失敗につながった感情、行動、考え（「出かける前にあと1つできる」）、そして結果（着くまでずっとストレス

	起きたこと	代わりに どんな行動をとれるか
そうなった原因		
具体的なきっかけ		
失敗につながった考え、感情、行動など		
結果		

を感じていた、罪悪感のせいで楽しめなかった、家に帰ったらパートナーに声を荒らげてしまったなど）を書き出す。

失敗につながったポイントを明確にしたら（あなたがどう思おうと、いつも失敗ばかりするダメな人間ではない）、各局面で同じ間違いを繰り返さないための解決策を考える。

そうすれば次にまた同じような状況に陥ったとき、別の方法で対処できる。このテクニックを使って継続的に行動を変えていく。

挫折は成長の一部

行動を変えようとするときに、**「破禁自棄効果（abstinence violation effect）」**に陥るのは簡単だ。

これは、失敗すると**「自分には変化する能力がない」**とあきらめてしまうことだ。

しかし、変化というのは右肩上がりで進むということはめったにない。だからこそ、挫折を経験したら、柔軟かつ戦略的に対応し、その後も成長を続けることが大事だ。

うまくいかなかった理由を理解できれば、次はもっとうまくやれるはず。人生には同じ要因が繰り返し現れ、同じような失敗につながることがよくあるからだ。

自分の成功を阻む行動を包括的にリストにして分析・対処することで、持続的に意味のある変化を生み出すことができるのだ。

おわりに　ストレスはチャンスでもある

今でも、はじめて担当したクライアントのことをよく思い出す。

彼――デオンに会ったとき、私はかなり緊張していた。私は当時まだ大学4年生で、心理学とソーシャルワークを専攻し、臨床インターンシップに参加していた。

40代のデオンはニューヨーク市ベルビュー病院に併設されたシェルターに暮らし、薬物乱用と統合失調感情障害（気分に影響を及ぼし、精神錯乱を起こすこともある疾患）の治療を受けていた。

最初の面談で経歴や目標をたずねたところ、彼は自分のトラウマ歴と、10歳になる前には感情のつらさから逃れるためにコカインに手を出し、今でも依存していることを話してくれた。

どうにかして彼を助けたいと思ったが、複雑な状況と自分の経験の浅さを考えると、彼の苦悩を和らげることはできそうにないと思った。しかしそれでも質問を続けた。

「30年間薬物を使用してきた中で、やめられた時期はありましたか？」

すると「〈バーンズ&ノーブル〉のときですね」という答えが返ってきた。

私はきょとんとして彼を見つめた。薬物をやめることとチェーン系の書店がどんな関係があるのだろうか。するとデオンはこう続けた。

「仕事のように毎日本屋に通い、開店から閉店まで本を読んでいたんです」

そのおかげで、治療プログラムには参加していなかったのに、人生で一番長い禁欲期間（6カ月）を達成できたという。毎日そこに出かけるという現実的な目標を設定したことで、誘惑に負けることなく、他の人もいる場で喜びと成長を感じられたのだ。


もちろん、デオンが耐えてきたような苦しみは、誰にも経験してもらいたくない。しかし私たちの多くが、人生の危機に陥ってもおかしくないほどのストレスを抱えている。そんな社会のシステムは変えていかなくてはならないと思うが、すぐに手の届くライフラインに頼ることでも変化を起こせる。デオンの経験が示しているのはまさにそれだ。

デオンはトラウマや精神疾患があり、薬や専門家の支援も当然必要としていた。それでも彼のエピソードがずっと印象に残っている。私たちは誰でも、手の届く範囲で変化を起こし、メンタルヘルスを好転させる力があるのだ。

ストレスのせいで何かを避けたい、逃げ出したい、あるいは行動を起こしてしまいそうだが、それがもっとストレスにつながりそう——あなたも悪循環が始まりそうだと感じたら、大なり小なりリセット法があることを思い出してほしい。

リセットすることで悪循環が好循環に変わる。ストレスを軽減し、自尊心を高めてくれるテクニックを自ら選べるようにもなる。覚えておいてほしいのは、リセットの目的は、今までよりもっとたくさんできるようになることではなく、苦しみを減らし、自分の価値観によって人生を明るくすることだ。

これまでにも、クライアントが予想もしていなかった能力を発揮して、もどかしい人生や不平等に立ち向かう姿を見てきた。この本で紹介したテクニックの中には、「自分には無理だ」「性格に合わない」と感じるものもあるだろう。それでも新しい行動を試したり、自分の思考、感情、身体感覚を良い方向に変化させようとしたりすることは、無謀な挑戦ではないはずだ。

どのように生きていきたいかを考え、自分の注意力をコントロールできるようになり、人とつながり、呼吸と行動のペースを落とすこと——それは即座に夢中になるようなアプローチではないかもしれないが、おかげでもっと心をラクにして、生きられるようになる。

小さなビーズをいくつもつなげばネックレスになるように、リセットとバッファーを積み重ねて習慣にすれば、可能性に満ちた人生を築けるはずだ。

私の場合、疲れ果てていたり、あとで後悔するような行動をとりたい衝動が湧いたりしたときにリセットを実践して、目から鱗が落ちるような体験をした。

悪夢を見て泣く子どもを夜中になだめたり、悲しいニュースを耳にしたり、立て続けに不幸に見舞われたクライアントと話したりした日にもリセットに感謝した。

なぜなら、誰だって最高の自分でいる権利があるからだ。

私は、自分が信用していないツールをクライアントに勧めることは絶対にない。

ここで紹介したツールは、長年にわたって困難を乗り越えさせてくれ、前向きな変化のきっかけを与えてくれ、人生に意味をもたらしてくれるものだと自信を持って断言できる。

何十年も生き方のベストプラクティスを研究できたことを幸せに思っているし、私の日常を変えてくれたリセットがあなたの人生も変えることを願っている。

実際、リセットそしてバッファーは、1人ひとりに本物の変化をもたらし、心身の機能とその人の物語を改善してくれるのだから。

自己啓発は自分を向上させるだけでなく、周りの人にも良い影響を与える。どんなに小さいことでも、自分の努力が周囲にも本物のちがいをもたらすことを覚えていてほしい。

精神科医のジェローム・モットーが800人以上を追った有名な研究にあるとおり、精神的なクライシスを経験した人に、短くても思いやりのこもった手紙を送るだけで、彼らの自殺のリスクが大幅に減少したという。これは良いときにも悪いときにも相手のことを大切に思い、気にかけていると伝えることのパワーを物語っている。

自分の人生の方向を変え、他人にも前向きな波及効果を及ぼすためには、意図的な行動を大切にしてほしい。さあ、さっそくリセットを始めて、ストレスから解放されよう!

本書で紹介しているセラピーの分類リスト

正しい情報を提示するため、そしてさらにくわしく学びたい方のために、本書で紹介したテクニックや概念、その根拠になった各種療法をまとめておく。療法はいずれもマインドフルネスと行動療法をベースにしているため、かなり重複している。

弁証法的行動療法（DBT）

- ▼苦痛耐性
- ▼一次感情と二次感情
- ▼感情への信念
- ▼逆の行動
- ▼心の状態
- ▼賢明なマインド
- ▼徹底的に受け入れる
- ▼自己承認
- ▼メリットとデメリットを整理する
- ▼感情のマインドフルネス
- ▼意味を見いだす
- ▼氷水に顔をつける

- 体をすばやく動かす
- 漸進的筋弛緩法
- コヒーレンス呼吸法
- ハーフスマイル
- STOP
- ウィリングネス
- 事前対処
- 批判的になるのをやめる
- DEAR MAN
- どのくらい頼むか考える
- GIVE
- 楽しいイベントや達成感を得られる機会を計画する
- 一度に1つのことをやる
- 代替的反抗
- 連鎖分析

アクセプタンス&コミットメント・セラピー（ACT）

- 受容と意志
- ブルズアイ価値観明確化エクササイズ
- マトリックス演習
- 認知的脱フュージョン：考えを歌にする
- 「人生の目的」を追求する

統一プロトコル（UP）——認知行動療法（CBT）の一種

▼感情のARC
▼柔軟に考える
▼感情を誘導する動画を観ながら、「今」という瞬間に留まる
▼身体の感覚を受け入れて向き合う
▼避けたいことに取り組む
▼アンカリング
▼コアビリーフ
▼感情への信念
▼さりげない回避

マインドフルネス認知療法（MBCT）

▼ボディ・スキャン
▼3分間の呼吸スペース

訳者あとがき

ストレスは瞬時に50％減らすことができる。完全無料で、努力も要らない。だからどうか悪化させないで――これは本書に登場する精神医学の教授、ニューマン博士の言葉だ。ストレスはその人の反応の仕方で度合いが変わってくるし、その反応の仕方は変えることもできるのだ。

この本が教える認知行動療法はまさにそのためのテクニックで、ストレス軽減はもちろんのこと、うつ病やパニック障害、ＰＴＳＤなどさまざまな精神疾患の治療法として世界中でとり入れられている。不安や怒りなどのネガティブな感情が湧いてしまいそれに苦しんでいる人も、原因を解決できなければ気持ちを改善できないとは思い込まずに、まずは本書を読んでみてほしい。

ストレスのない人生などありえない。人生がうまくいっている人はストレスを上手に活用し、うまくいっていない人はストレスに感情や行動を支配されてしまっているといえる。つまり、ストレスをどう扱うかはその人次第ということだ。

個人的には、本書で紹介されている、緊張するイベントの前に感じていた不安なドキドキを「ワクワク」に捉え直すというテクニックを使っただけで、すごく楽しみになるという体験をした。それ以来、この単純かつ効果の高いテクニックを重宝している。

これまでに翻訳した『スマホ脳』や『メンタル脳』（ともに新潮社）をたくさんの方に読んでいただき、嬉しい反面、メンタルに危機感を覚えている読者がいかに多いのかを実感した。地球や社会の未来を考えても、ストレスや不安が尽きないのは当然の時代だ。今までのように気合いだけで自分を奮い立たせようとしても、もう無理だということには多くの人が気づいているのではないだろうか。

そのせいか日本でもメンタル系の本はあふれているが、本書が他の本と一線を画すのは「瞬間的に効くテクニック」を数多く集めているところだ。

メンタルをやられているときほど、じっくり1冊本を読む余裕などないものだ。

しかし、本書をパラパラめくってそのときに必要なテクニックを見つけられれば、短時間でちがいを感じられることも多い。たとえば呼吸法などを使って身体や感情をコントロールすることができるなんて、はじめてやる人にとっては目から鱗が落ちるような体験になるだろう。

認知行動療法の仕組みを理解するために大切なPART1では、年齢や悩みもさまざまで私たちを代表するかのような4人のクライアントに出会う。臨床経験が豊かな著者が、これまでに治癒と成長を手助けしたクライアントたちの実例だ。仕事のプレッシャーで何も手につかなくなってしまった女性ローリーは、ストレスを「悪いもの」だと思うのをやめ、「モチベーションの源」だと捉え直すことができた。仕事と育児のストレスで夫への怒りをコントロールできないメラニーは、毎回怒りが湧く兆しに気づく練習をして、感情を制御できるようになった。大学生のマックスは将来への不安からいつもぐるぐる考えすぎていたが、「反芻思考」をやめるテクニックをいくつか身につけたことで、心の自由を手に入れていく。理想的な父親で夫だったはずのゲイリーは仕事を引退後、健康の不安ばかりを口にする「不機嫌なおじいちゃん」になってしまっていたが、自分の価値観や人生の意味を明確にすることで、本当に望んでいることにフォーカスできるようになった。

この説明だけ聞いても、4人がいかにして劇的な変化を遂げられたのかははっきりわからないと思うが、本書にはその具体的な経緯とテクニックが、くわしく説明されている。

私自身、家族の認知行動療法に付き添った経験があり、在住するスウェーデンの精神科でも本書に出てくるテクニックが実際に使われているのを目の当たりにしてきた。具体的には「考えすぎの後回し」や「逆の行動をとる」といったテクニックだ。また、不安が大きくて眠れないときにベッドの中でボディ・スキャンのテクニックを試したところ、そのまま眠ってしまったことには驚いた。

テクニックというのは本からであっても精神科で教わったものであっても、どれもそのときの自分にぴったり合っていて習慣化できるというわけではない。確率で言うと、10個テクニックを知って、そのうち1つがお気に入りになるかどうかというところだろう。だからこそ多くのテクニックを学び、試し、そのうちのいくつかでいいから自分のものにしていくことが、いざというときのためにも大切だと思う。

私自身も一時期ストレスでイライラしていた時期もあったが、本書にある運動や感謝のテクニックでそこから脱することができた。今はどちらかというと仕事の生産性や時間の使い方などに興味があり、ビジネス書やスピリチュアル系のコンテンツを日々消費している。本書を読んで、あちこちで目にする「ジャーナリング」や「今ここ」「ブロックを外す」といった人気メソッドも、実は認知行動療法と同じ原理を使っているのだと驚いた。つまり、本書に出てくるメソッドは決してメンタルに悩んでいる人たちだけのものではない。やる気に満ちていて今の自分をより向上させたいと思っている人、あるいはやめたい習慣をどうしてもやめられない人にもぴったりのテクニックなのだ。

ストレスは意味のある人生を生きるための代償――ストレスを完全になくすことはできないからこそ、うまく対処できるようになるためのテクニックを身につけておこう。まさに『夜と霧』の作家ヴィクトール・フランクルの言葉にもあるように。

「刺激と反応の間には空間がある。その空間にこそ、自分で反応を選びとる力が存在する。そこに自由と成長の可能性があるのだ」

皆が必要とする本書を発掘し、世に送り出したダイヤモンド社編集者の林えり氏に心からの感謝を捧げる。

久山葉子

参考文献

はじめに

- American Psychological Association. 2022. More than a quarter of US adults say they're so stressed they can't function. https://www.apa.org/news/press/releases/2022/10/multiple-stressors-no-function
- Carlucci, L., Saggino, A., and Balsamo, M. 2021. On the efficacy of the Unified Protocol for transdiagnostic treatment of emotional disorders: A systematic review and meta-analysis. *Clinical Psychology Review, 87,* 10199.
- Ettman, C. K., Cohen, G. H., Abdalla, S. M., Sampson, L., Trinquart, L., Castrucci, B. C., Bork, R. H., Clark, M. A., Wilson, I., Vivier, P. M., and Galea, S. 2022. Persistent depressive symptoms during COVID-19: A national, population-representative, longitudinal study of U.S. adults. *Lancet Regional Health, Americas, 5,* 100091.
- Kiecolt-Glaser, J. K., and Wilson, S. J. 2017. Lovesick: How couples' relationships influence health. *Annual Review of Clinical Psychology, 13,* 421–443.
- Lazarus, R. S., and Folkman S. 1984. *Stress, appraisal, and coping*. Berlin: Springer.(『ストレスの心理学：認知的評価と対処の研究』リチャード・S・ラザルス、スーザン・フォルクマン著、本明寛、春木豊、織田正美監訳、実務教育出版、1991)
- Reid Finlayson, A. J., Macoubrie, J., Huff, C., Foster, D. E., and Martin, P. R. 2022. Experiences with benzodiazepine use, tapering, and discontinuation: An internet survey. *Therapeutic Advances in Psychopharmacology, 12,* 20451253221082386.
- Sandi, C. 2013. Stress and cognition. *Wiley Interdisciplinary Reviews: Cognitive Science, 4,* 245–261.
- Sarangi, A., McMahon, T., and Gude, J. 2021. Benzodiazepine misuse: An epidemic within a pandemic. *Cureus, 13,* e15816. https://doi.org/10.7759/cureus.15816
- Sauer-Zavala, S., Rosellini, A. J., Bentley, K. H., Ametaj, A. A., Boswell, J. F., Cassiello-Robbins, C., Wilner Tirpak, J., Farchione, T. J., and Barlow, D. H. 2021. Skill acquisition during transdiagnostic treatment with the Unified Protocol. *Behavior Therapy, 52,* 1325–1338.
- Selye, H. 1974. Stress without distress. In G. Serban (Ed.), *Psychopathology of human adaptation* (pp. 137–146). Boston, MA: Springer.
- Twenge, J. M., and Joiner, T. E. 2020. U.S. Census Bureau-assessed prevalence of anxiety and depressive symptoms in 2019 and during the 2020 COVID-19 pandemic. *Depression and Anxiety, 37,* 954–956.
- World Health Organization. 2022. COVID-19 pandemic triggers 25% increase in prevalence of depression and anxiety worldwide. https://www.who.int/news/item/02-03-2022-covid-19-pandemic-triggers-25-increase-in-prevalence-of-anxiety-and-depression-worldwide

PART1
第１章

- Baumeister, R. F., Vohs, K. D., Aaker, J. L., and Garbinsky, E. N. 2013. Some key differences between a happy life and a meaningful life. *The Journal of Positive Psychology, 8,* 505–516.
- Beck A. T., Epstein, N., Brown, G., and Steer, R. A. 1988. An inventory for measuring clinical anxiety: Psychometric properties. *Journal of Consulting and Clinical Psychology, 56,* 893.
- Beltzer, M. L., Nock, M. K., Peters, B. J., and Jamieson, J. P. 2014. Rethinking butterflies: The affective, physiological, and performance effects of reappraising arousal during social evaluation. *Emotion, 14,* 761–768.
- Brooks, A. W. 2013. Get excited: Reappraising pre-performance anxiety as excitement. *Journal of Experimental Psychology, 143,* 1144–1158.
- Bystritsky, A. and Kronemyer, D. 2014. Stress and anxiety: Counterpart elements of the stress/anxiety complex. *Psychiatric Clinics of North America, 37,* 489–518.
- Carver, C. S., and Conner-Smith, J. 2010. Personality and coping. *Annual Review of Psychology, 61,*

679–704.
- Cohen S., Janicki-Deverts, D., and Miller, G. E. 2007. Psychological stress and disease. *JAMA, 298*, 1685–1687.
- Cohen, S., Kamarck, T., and Mermelstein, R. 1983. A global measure of perceived stress. *Journal of Health and Social Behavior, 24*, 385–396.
- Crum, A. J., Jamieson, J. P., and Akinola, M. 2020. Optimizing stress: An integrated intervention for regulating stress responses. *Emotion, 20*, 120–125.
- Dweck, C. S. 2007. *Mindset: The new psychology of success*. New York: Ballantine Books.
- Jamieson, J. P., Black, A. E., Pelaia, L. E., Gravelding, H., Gordis, J., and Reis, H. T. 2022. Reappraising stress arousal improves affective, neuroendocrine, and academic performance outcomes in community college classrooms. *Journal of Experimental Psychology, 151*, 197–212.
- Jamieson, J. P., Mendes, W. B., Blackstock, E., and Schmadar, T. 2010. Turning the knots in your stomach into bows: Reappraising arousal improves performance on the GRE. *Journal of Experimental Social Psychology, 46*, 208–212.
- Kassam, K. S., Koslov, K., and Mendes, W. B. 2009. Decisions under distress: Stress profiles influence anchoring and adjustment. *Psychological Science, 20*, 1394–1399.
- Keller, A., Litzelman, K., Wisk, L. E., Maddox, T., Cheng, E. R., Creswell, P. D., and Witt, W. P. 2012. Does the perception that stress affects health matter? The association with health and mortality. *Health Psychology, 31*, 677–684.
- Kiecolt-Glaser, J. K., Renna, M. E., Shrout, M. R., and Madison, A. A. 2020. Stress reactivity: What pushes us higher, faster and longer—And why it matters. *Current Directions in Psychological Science, 29*, 492–498.
- Lazarus, R. S., and Folkman, S. 1984. *Stress, appraisal, and coping*. Berlin: Springer. (『ストレスの心理学：認知的評価と対処の研究』リチャード・S・ラザルス、スーザン・フォルクマン著、本明寛、春木豊、織田正美監訳、実務教育出版、1991)
- Leyro, T. M., Zvolensky, M. J., and Bernstein, A. 2010. Distress tolerance and psychopathological symptoms and disorders: A review of the empirical literature among adults. *Psychological Bulletin, 136*, 576–600.
- McEwen, B. 2000. Allostasis and allostatic load: Implications for neuropsychopharmacology. *Neuropsychopharmacology, 22*, 108–124.
- Mendes, W. B., Blascovich, J., Hunter, S. B., Lickel, B., and Jost, J. T. 2007. Threatened by the unexpected: Physiological responses during social interactions with expectancy-violating partners. *Journal of Personality and Social Psychology, 92*, 698–716.
- Oveis, C., Gu, Y., Ocampo, J. M., Hangen, E. J., and Jamieson, J. P. 2020. Emotion regulation contagion: Stress reappraisal promotes challenge responses in teammates. *Journal of Experimental Psychology, 149*, 2187–2205.
- Ritschel, L. A., Lim, N. E., and Stewart, L. M. 2015. Transdiagnostic applications of DBT for adolescents and adults. *The American Journal of Psychotherapy, 69*, 111–128.
- Sakiris, N., and Berle, D. 2019. A systematic review and meta-analysis of the Unified Protocol as a transdiagnostic emotion regulation based intervention. *Clinical Psychology Review, 72*, 101751.
- Seery, M. D. 2011. Resilience: A silver lining to experiencing adverse life events? *Current Directions in Psychological Science, 20*, 390–394.
- Seery, M. D., Leo, R. J., Lupien, S. P., Kondrak, C. L., and Almonte, J. L. 2013. An upside to adversity? Moderate cumulative lifetime adversity is associated with resilient responses in the face of controlled stressors. *Psychological Science, 24*, 1181–1189.
- Tomaka, J., Blascovich, J., Kelsey, R. M., and Leitten, C. L. 1993. Subjective, physiological, and behavioral effects of threat and challenge appraisal. *Journal of Personality and Social Psychology, 65*, 248–260.
- Yeager, D. S., Bryan, C. J., Gross, J. J., Murray, J., Krettek, D., Santos, P., Graveling, H., Johnson, M., and Jamieson, J. P. 2022. A synergistic mindsets intervention protects adolescents from stress. *Nature, 607*, 512–520.
- Yeager, D. S., Walton, G. M., Brady, S. T., Akcinar, E. N., Paunesku, D., Keane, L., Kamentz, D., Ritter,

G., Duckworth, A. L., Urstein, R., Gomez, E. M., Markus, H. R., Cohen, G. L., and Dweck, C. S. 2016. Teaching a lay theory before college narrows achievement gaps at scale. *Proceedings of the National Academy of Sciences of the United States of America, 113,* E3341–E3348.

第２章

- Aldao, A. 2013. The future of emotion regulation research: Capturing context. *Perspectives in Psychological Science, 8,* 155–172.
- Barlow, D. H., Farchione, T. J., Bullis, J. R., Gallagher, M. W., Murray-Latin, H., Sauer-Zavala, S., Bentley, K. H., Thompson-Hollands, J., Conklin, L. R., Boswell, J. F., Ametaj, A., Carl, J. R., Boettcher, H. T., and Cassiello-Robbins, C. 2017. The Unified Protocol for transdiagnostic treatment of emotional disorders compared with diagnosis-specific protocols for anxiety disorders: A randomized clinical trial. *JAMA Psychiatry, 74,* 875–884.
- Barlow, D. H., Sauer-Zavala, S., Farchione, T. J., Latin, H. M., Ellard, K. K., Bullis, J. R., Bentley, K. H., Boettcher, H. T., and Cassiello-Robbins, C. 2018. *Unified Protocol for transdiagnostic treatment of emotional disorders,* (2nd ed.). New York: Oxford University Press. (『うつと不安への認知行動療法の統一プロトコル　ワークブック　改訂第２版』デイビッド・H・バーロウ他著、伊藤正哉、加藤典子、藤里紘子、堀越勝監訳、診断と治療社、2024)
- Carlucci, L., Saggino, A., and Balsamo, M. 2021. On the efficacy of the Unified Protocol for transdiagnostic treatment of emotional disorders: A systematic review and meta-analysis. *Clinical Psychology Review, 87,* 101999.
- Craske, M. G., Treanor, M., Conway, C. C., Zbozinek, T., and Vervliet, B. 2014. Maximizing exposure therapy: An inhibitory learning approach. *Behaviour Research and Therapy, 58,* 10–23.
- De Castella, K., Platow, M. J., Tamir, M., and Gross, J. J. 2018. Beliefs about emotion: Implications for avoidance-based emotion regulation and psychological health. *Cognition & Emotion, 32,* 773–795.
- Dimidjian, S., Hollon, S. D., Dobson, K. S., Schmaling, K. B., Kohlenberg, R. J., Addis, M. E., Gallop, R., McGlinchey, J. B., Markley, D. K., Gollan, J. K., Atkins, D. C., Dunner, D. L., and Jacobson, N. S. 2006. Randomized trial of behavioral activation, cognitive therapy, and antidepressant medication in the acute treatment of adults with major depression. *Journal of Consulting and Clinical Psychology, 74,* 658–670.
- Folkman, S., and Lazarus, R. S. 1988. Coping as a mediator of emotion. *Journal of Personality and Social Psychology, 54,* 466–475.
- Ford, B. Q., and Gross, J. J. 2019. Why beliefs about emotion matter: An emotion-regulation perspective. *Current Directions in Psychological Science, 28,* 74–81.
- Goldin, P. R., McRae, K., Ramel, W., and Gross, J. J. 2008. The neural bases of emotion regulation: Reappraisal and suppression of negative emotion. *Biological Psychiatry, 63,* 577–586.
- Gross, J. J. 2015. The extended process model of emotion regulation: Elaborations, applications, and future directions. *Psychological Inquiry, 26,* 130–137.
- Hayes, S. C., Ciarrochi, J., Hoffman, S. G., Chin, F., and Sahdra, B. 2022. Evolving an idionomic approach to processes of change: Towards a unified personalized science of human improvement. *Behaviour Research and Therapy, 156,* 104155.
- Lindsay, E. K., Young, S., Smyth, J. M., Brown, K. W., and Creswell, J. D. 2018. Acceptance lowers stress reactivity: Dismantling mindfulness training in a randomized controlled trial. *Psychoneuroendocrinology, 87,* 63–73.
- Linehan, M. M. 2015. *DBT skills training manual,* (2nd ed.). New York: Guilford Press.
- Moore, S. A., Zoellner, L. A., and Mollenholt, N. 2008. Are expressive suppression and cognitive reappraisal associated with stress-related symptoms? *Behaviour Research and Therapy, 46,* 993–1000.
- Roberts, N. A., Levenson, R. W., and Gross, J. J. 2008. Cardiovascular costs of emotion suppression cross ethnic lines. *International Journal of Psychophysiology, 70,* 82–87.
- Schleider, J. L., Mullarkey, M. C., Fox, K. R., Dobias, M. L., Shroff, A., Hart, E. A., and Roulston, C. A. 2022. A randomized trial of online single-session interventions for adolescent depression during COVID-19. *Nature Human Behavior, 6,* 258–268.
- Tamir, M., and Bigman, Y. E. 2018. Expectations influence how emotions shape behavior. *Emotion, 18,* 15–25.

- Tamir, M., John, O. P., Srivastava, S., and Gross, J. J. 2007. Implicit theories of emotion: Affective and social outcomes across a major life transition. *Journal of Personality and Social Psychology, 92*, 731–744.
- Tamir, M., Vishkin, A., and Gutentag, T. 2020. Emotion regulation is motivated. *Emotion, 20*, 115–119.
- Troy, A. S., Shallcross, A. J., and Mauss, I. B. 2013. A person-by-situation approach to emotion regulation: Cognitive reappraisal can either help or hurt, depending on the context. *Psychological Science, 24*, 2505–2514.

第3章

- Boren, J. P. 2014. The relationships between co-rumination, social support, stress, and burnout among working adults. *Management Communication Quarterly, 28*, 3–25.
- Borkovec, T. D., Robinson, E., Pruzinsky, T., and DePree, J. A. 1983. Preliminary exploration of worry: Some characteristics and processes. *Behaviour Research and Therapy, 21*, 9–16.
- Brosschot, J. F. 2017. Ever at the ready for events that never happen. *European Journal of Psychotraumatology, 8*, 1309934.
- Brosschot, J. F., Van Dijk, E., and Thayer, J. F. 2007. Daily worry is related to low heart rate variability during waking and the subsequent nocturnal sleep period. *International Journal of Psychophysiology, 63*, 39–47.
- Callesen, P., Reeves, D., Heal, C., and Wells, D. 2020. Metacognitive therapy versus cognitive behaviour therapy in adults with major depression: A parallel single-blind randomised trial. *Scientific Reports, 10*, 7878.
- Chung, M-S. 2014. Pathways between attachment and marital satisfaction: The mediating roles of rumination, empathy, and forgiveness. *Personality and Individual Differences, 70*, 246–251.
- Elhai, J. D., Rozgonjuk, D., Alghraibeh, A. M., Levine, J. C., Alafnan, A. A., Aldraiweesh, A. A., Aljomaa, S. S., and Hall, B. J. 2020. Excessive reassurance seeking mediates relations between rumination and problematic smartphone use. *Bulletin of the Menninger Clinic, 84*, 137–155.
- Gerin, W., Davidson, K. W., Christenfeld, N. J. S., Goyal, T., and Schwartz, J. E. 2006. The role of angry rumination and distraction in blood pressure recovery from emotional arousal. *Psychosomatic Medicine, 68*, 64–72.
- Gerin, W., Zawadzki, M.J., Brosschot, J. F., Thayer, J. F., Christenfeld, N. J. S., Campbell, T. S., and Smyth, J. M. 2012. Rumination as a mediator of chronic stress effects on hypertension: A causal model. *International Journal of Hypertension, 2012*, 453465.
- Gortner, E. M., Rude, S. S., and Pennebaker, J. W. 2006. Benefits of expressive writing in lowering rumination and depressive symptoms. *Behavior Therapy, 37*, 292–303.
- Killingsworth, M. A., and Gilbert, D. T. 2010. A wandering mind is an unhappy mind. *Science, 330*, 932.
- King, A. P., and Fresco, D. M. 2019. A neurobehavioral account for decentering as the salve for the distressed mind. *Current Opinion in Psychology, 28*, 285–293.
- Kross, E., and Ayduk, O. 2017. Self-distancing: Theory, research, and current directions. In J. M. Olson (Ed.), *Advances in experimental social psychology* (pp. 81–136). Cambridge, Massachusetts: Elsevier Academic Press.
- la Cour, P., and Petersen, M. 2015. Effects of mindfulness meditation on chronic pain: A randomized controlled trial. *Pain Medicine, 16*, 641–652.
- McLaughlin, K.A., and Nolen-Hoeksema, S. 2011. Rumination as a transdiagnostic factor in depression and anxiety. *Behavior Research and Therapy, 49*, 186–193.
- Nolen-Hoeksema, S., and Morrow, J. 1991. A prospective study of depression and posttraumatic stress symptoms after a natural disaster: The 1989 Loma Prieta earthquake. *Journal of Personality and Social Psychology, 1*, 115–121.
- Nolen-Hoeksema, S., Stice, E., Wade, E., and Bohon, C. 2007. Reciprocal relations between rumination and bulimic, substance abuse, and depressive symptoms in female adolescents. *Journal of Abnormal Psychology, 116*, 198–207.
- Nolen-Hoeksema, S., Wisco B. E., and Lyubomirsky, S. 2008. Rethinking rumination. *Perspectives on Psychological Science, 3*, 400–424.
- Ottaviani, C., Shapiro, D., and Fitzgerald, L. 2011. Rumination in the laboratory: What happens when

you go back to everyday life? *Psychophysiology, 48*, 453–461.
- Ottaviani, C., Thayer, J. F., Verkuil, B., Lonigro, A., Medea, B., Couyoumdjian, A., and Brosschot, J. F. 2016. Physiological concomitants of perseverative cognition: A systematic review and meta-analysis. *Psychological Bulletin, 142*, 231–259.
- Palmieri, S., Mansueto, G., Scaini, S., Caselli, G., Sapuppo, W., Spada, M. M., Sassaroli, S., et al. 2021. Repetitive negative thinking and eating disorders: A meta-analysis of the role of worry and rumination. *Journal of Clinical Medicine, 10*, 2448.
- Pedersen, H., Grønnæss, I., Bendixen, M., Hagen, R., and Kennair, L. E. O. 2022. Metacognitions and brooding predict depressive symptoms in a community adolescent sample. *BMC Psychiatry, 22*, 157.
- Pennebaker, J. W. 1997. Writing about emotional experiences as a therapeutic process. *Psychological Science, 8*, 162–166.
- Salzberg, S. 2023. *Real life: The journey from isolation to openness and freedom*. New York: Flatiron Books.
- Sloan, D. M., Marx, B. P., Epstein, E. M., and Dobbs, J. L. 2008. Expressive writing buffers against maladaptive rumination. *Emotion, 8*, 302–306.
- Smyth, J., and Helm, R. 2003. Focused expressive writing as self-help for stress and trauma. *Journal of Clinical Psychology, 59*, 227–235.
- Smyth, J., Zawadzki, M., and Gerin, W. 2013. Stress and disease: A structural and functional analysis. *Social and Personality Psychology Compass, 7*, 217–227.
- Watkins, E. R. 2016. *Rumination-focused cognitive-behavioral therapy for depression*. New York: Guilford Press.
- Wells, A. 2009. *Metagcognitive therapy for anxiety and depression*. New York: Guilford Press.
- White, R. E., Kuehn, M. M., Duckworth, A. L., Kross, E., and Ayduk, Ö. 2019. Focusing on the future from afar: Self-distancing from future stressors facilitates adaptive coping. *Emotion, 19*, 903–916.
- Zawadzki, M. J., Graham, J. E., and Gerin, W. 2013. Rumination and anxiety mediate the effect of loneliness on depressed mood and sleep quality in college students. *Health Psychology, 32*, 212–222.

第4章

- Cohen, G. L., Garcia, J., Apfel, N., and Master, A. 2006. Reducing the racial achievement gap: A social-psychological intervention. *Science, 313*, 1307–1310.
- Cohen, G. L., and Sherman, D. K. 2014. The psychology of change: Self-affirmation and social psychological intervention. *Annual Review of Psychology, 65*, 333–371.
- Cohen, S., Doyle, W. J., Skoner, D. P., Rabin, B. S., and Gwaltney, J. M., Jr. 1997. Social ties and susceptibility to the common cold. *JAMA, 277*, 1940–1944.
- Cohen, S., Gianaros, P. J., and Manuck, S. B. 2016. A stage model of stress and disease. Perspectives on Psychological *Science, 11*, 456–463.
- Cohen, S., and Wills, T. A. 1985. Stress, social support, and the buffering hypothesis. *Psychological Bulletin, 9*, 310–357.
- Daly, M., Baumeister, R.F., Delaney, L., and MacLachlan, M. 2014. Self-control and its relation to emotions and psychobiology: Evidence from a day reconstruction method study. *Journal of Behavioral Medicine, 37*, 81–93.
- de Shazer, S., Dolan, Y., Korman, H., Trepper, T., McCollum, E., and Berg, I. K. 2007. *More than miracles: The state of the art of solution-focused brief therapy*. New York: Routledge.
- Goyer, J. P., Garcia, J., Purdie-Vaughns, V., Binning, K. R., Cook, J. E., Reeves, S. L., Apfel, N., Taborsky-Barba, S., Sherman, D. K., and Cohen, G. L. 2017. Self-affirmation facilitates minority middle schoolers' progress along college trajectories. *Proceedings of the National Academy of Sciences of the United States of America, 114*, 7594–7599.
- Hirsh, J. B., Mar, R. A., and Peterson, J. B. 2012. Psychological entropy: A framework for understanding uncertainty-related anxiety. *Psychological Review, 119*, 304–320.
- Lundgren, T., Luoma, J. B., Dahl, J., Strosahl, K., and Melin, L. 2012. The bull's-eye values survey: A psychometric evaluation. *Cognitive and Behavioral Practice, 19*, 518–526.
- McCracken, L. M., and Vowles, K. E. 2014. Acceptance and commitment therapy and mindfulness for

chronic pain: Model, process, and progress. *American Psychologist, 69*, 178–187.
- Ostafin, B. D., and Proulx, T. 2020. Meaning in life and resilience to stressors. *Anxiety, Stress, and Coping, 33*, 603–622.
- Park, J., and Baumeister, R. F. 2017. Meaning in life and adjustment to daily stressors. *The Journal of Positive Psychology, 12*, 333–341.
- Polk, K. L., Schoendorff, B., Webster, M., and Olaz, F. O. 2016. *The essential guide to the ACT matrix*. Oakland, CA: Context Press.（『ACTマトリックスのエッセンシャルガイド――アクセプタンス＆コミットメント・セラピーを使う』ケビン・ポーク、ベンジャミン・シェーンドルフ、マーク・ウェブスター、ファビアン・O・オラツ著、谷晋二監訳、遠見書房、2021）
- Schaefer, S. M., Morozink Boylan, J., van Reekum, C. M., Lapate, R. C., Norris, C. J., Ryff, C. D., and Davidson, R. J. 2013. Purpose in life predicts better emotional recovery from negative stimuli. *PLoS ONE, 8*, e80329.
- Sung, J. Y., Bugatti, M., Vivian, D., and Schleider, J. L. 2023. Evaluating a telehealth single-session consultation service for client on psychotherapy wait-lists. *Practice Innovations, 8*, 141–161.
- Tangney, J. P., Baumeister, R. F., and Boone, A. L. 2004. High self-control predicts good adjustment, less pathology, better grades, and interpersonal success. *Journal of Personality, 72*, 271–322.
- Tifft, E. D., Underwood, S. B., Roberts, M. Z., and Forsyth, J. P. 2022. Using meditation in a control vs. acceptance context: A preliminary evaluation of relations with anxiety, depression, and indices of well-being. *Journal of Clinical Psychology, 78*, 1407–1421.
- Zhang, A., Franklin, C., Currin-McCulloch, J., Park, S., and Kim, J. 2018. The effectiveness of strength-based, solution-focused brief therapy in medical settings: A systematic review and meta-analysis of randomized controlled trials. *Journal of Behavioral Medicine, 41*, 139–151.

PART2

- Allen, A. B., and Leary, M. R. 2010. Self-compassion, stress, and coping. *Social and Personality Psychology Compass, 4*, 107–118.
- Aytur, S. A., Ray, K. L., Meier, S. K., Campbell, J., Gendron, B., Waller, N., and Robin, D. A. 2021. Neural mechanisms of acceptance and commitment therapy for chronic pain: A network-based fMRI approach. *Frontiers in Human Neuroscience, 15*, 587018.
- Balban, M. Y., Neri, E., Kogon, M. M., Weed, L., Nouriani, B., Jo, B., Holl, G., Zeitzer, J. M., Spiegel, D., and Huberman, A. D. 2023. Brief structured practices enhance mood and reduce physiological arousal. *Cell Reports Medicine, 4*, 100895.
- Barlow, D. H., Sauer-Zavala, S., Farchione, T. J., Latin, H. M., Ellard, K. K., Bullis, J. R., Bentley, K. H., Boettcher, H. T., and Cassiello-Robbins, C. 2018. *Unified Protocol for transdiagnostic treatment of emotional disorders*, (2nd ed.). New York: Oxford University Press.（『うつと不安への認知行動療法の統一プロトコル　ワークブック　改訂第２版』デイビッド・H・バーロウ他著、伊藤正哉、加藤典子、藤里紘子、堀越勝監訳、診断と治療社、2024）
- Basso, J. C., and Suzuki, W. A. 2017. The effects of acute exercise on mood, cognition, neurophysiology, and neurochemical pathways: A review. *Brain Plasticity, 2*, 127–152.
- Baumeister, R. F., Bratslavsky, E., Finkenauer, C., and Vohs, K. D. 2001. Bad is stronger than good. *Review of General Psychology, 5*, 323–370.
- Baumeister, R. F., Tice, D. M., and Vohs, K. D. 2018. The strength model of self-regulation: Conclusions from the second decade of willpower research. *Perspectives on Psychological Science, 13*, 141–145.
- Beames, J. R., Schofield, T. P., and Denson, T. F. 2018. A meta-analysis of improving self-control with practice. In D. de Ridder, M. Adriaanse, and K. Fujita (Eds.), *The Routledge international handbook of self-control in health and well-being* (pp. 405–417). New York: Routledge/Taylor & Francis Group.
- Bell, A. C., and D'Zurilla, T. J. 2009. Problem-solving therapy for depression: A meta-analysis. *Clinical Psychology Review, 29*, 348–353.
- Bellissimo, G. F., Ducharme, J., Mang, Z., Millender, D., Smith, J., Stork, M. J., Little, J. P., Deyhle, M. R., Gibson, A. L., de Castro Magalhaes, F., and Amorim, F. 2022. The acute physiological and perceptual responses between bodyweight and treadmill running high-intensity interval exercises. *Frontiers in Physiology, 13*, 824154.

- Berk, M. S., Henriques, G. R., Warman, D. M., Brown, G. K., and Beck, A. T. 2004. A cognitive therapy intervention for suicide attempters: An overview of the treatment and case examples. *Cognitive and Behavioral Practice, 11*, 265–277.
- Boren, J. P. 2013. The relationships between co-rumination, social support, stress, and burnout among working adults. *Management Communication Quarterly, 28*, 3–25.
- Bowen, S., Chawla, N., Collins, S. E., Witkiewitz, K., Hsu, S., Grow, J., Clifasefi, S., Garner, M., Douglass, A., Larimer, M. E., and Marlatt, A. 2009. Mindfulness-based relapse prevention for substance use disorders: A pilot efficacy trial. *Substance Abuse, 30*, 295–305.
- Brach, T. 2004. *Radical acceptance: Embracing your life with the heart of a Buddha*. New York: Random House.
- Brailovskaia, J., Delveaux, J., John, J., Wicker, V., Noveski, A., Kim, S., Schillack, H., and Margraf, J. 2023. Finding the "sweet spot" of smartphone use: Reduction or abstinence to increase well-being and healthy lifestyle?! An experimental intervention study. *Journal of Experimental Psychology, 29*, 149–161.
- Bratman, G. N., Hamilton, J. P., Hahn, K. S., Daily, G. C., and Gross, J. J. 2015. Nature experience reduces rumination and subgenual prefrontal cortex activation. *Proceedings of the National Academy of Sciences of the United States of America, 112*, 8567–8572.
- Bratman, G. N., Olvera-Alvarez, H. A., and Gross, J. J. 2021. The affective benefits of nature exposure. *Social and Personality Psychology Compass, 15*, e12630.
- Bratman, G. N., Young, G., Mehta, A., Lee Babineaux, I., Daily, G. C., and Gross, J. J. 2021. Affective benefits of nature contact: The role of rumination. *Frontiers in Psychology, 12*, 643866.
- Breines, J. G., and Chen, S. 2012. Self-compassion increases self-improvement motivation. *Personality and Social Psychology Bulletin, 38*, 1133–1143.
- Brown, R. P., and Gerbarg, P. L. 2012. *The healing power of the breath: Simple techniques to reduce stress and anxiety, enhance concentration, and balance your emotions*. Boulder, Colorado: Shambhala Publications.
- Brown, S. L., Nesse, R. M., Vinokur, A. D., and Smith, D. M. 2003. Providing social support may be more beneficial than receiving it: Results from a prospective study of mortality. *Psychological Science, 14*, 320–327.
- Bush, N. E., Smolenski, D. J., Denneson, L. M., Williams, H. B., Thomas, E. K., and Dobscha, S. K. 2017. A virtual hope box: Randomized controlled trial of a smartphone app for emotional regulation and coping with distress. *Psychiatric Services, 68*, 330–336.
- Byun, K., Hyodo, K., Suwabe, K., Ochi, G., Sakairi, Y., Kato, M., Dan, I., and Soya, H. 2014. Positive effect of acute mild exercise on executive function via arousal-related prefrontal activations: An fNIRS study. *NeuroImage, 98*, 336–345.
- Campbell-Sills, L., Barlow, D. H., Brown, T. A., and Hofmann, S. G. 2006. Effects of suppression and acceptance on emotional responses of individuals with anxiety and mood disorders. *Behaviour Research and Therapy, 44*, 1251–1263.
- Carey, B. 2011. Expert on mental illness reveals her own fight. *New York Times*. https://www.nytimes.com/2011/06/23/health/23lives.html
- Casement, M. D., and Swanson, L. M. 2012. A meta-analysis of imagery rehearsal for post-trauma nightmares: Effects on nightmare frequency, sleep quality, and posttraumatic stress. *Clinical Psychology Review, 32*, 566–574.
- Ceccato, S., Kudielka, B. M., and Schwieren, C. 2016. Increased risk taking in relation to chronic stress in adults. *Frontiers in Psychology, 6*, 2036.
- Chaudhuri, A., Manna, M., Mandal, K., and Pattanayak, K. 2020. Is there any effect of progressive muscle relaxation exercise on anxiety and depression of the patient with coronary artery disease? *International Journal of Pharma Research and Health Sciences, 8*, 3231–3236.
- Cohen, G. L. 2022. *Belonging: The science of creating connection and bridging divides*. New York: W. W. Norton.
- Cohen, S., Janicki-Deverts, D., Turner, R. B., and Doyle, W. J. 2015. Does hugging provide stress-buffering social support? A study of susceptibility to upper respiratory infection and illness. *Psychological Science, 26*, 135–147.

- Cohen, S., and Wills, T. A. 1985. Stress, social support, and the buffering hypothesis. *Psychological Bulletin, 98,* 310–357.
- Coles, N. A., March, D. S., Marmolejo-Ramos, F., Larsen, J. T., Arinze, N. C., Ndukaihe, I. L. G., Willis, M. L., Foroni, F., Reggev, N., Mokady, A., et al. 2022. A multi-lab test of the facial feedback hypothesis by the Many Smiles Collaboration. *Nature Human Behavior.* https://doi.org/10.1038/s41562-022-01458-9
- Cunningham, J. E. A., and Shapiro, C. M. 2018. Cognitive behavioural therapy for insomnia (CBT-I) to treat depression: A systematic review. *Journal of Psychosomatic Research, 106,* 1–12.
- Dalgin, R. S., Dalgin, M. H., and Metzger, S. J. 2018. A longitudinal analysis of the influence of a peer run warm line phone service on psychiatric recovery. *Community Mental Health Journal, 54,* 376–382.
- De Couck, M., Caers, R., Musch, L., Fliegauf, J., Giangreco, A., and Gidron, Y. 2019. How breathing can help you make better decisions: Two studies on the effects of breathing patterns on heart rate variability and decision-making in business cases. *International Journal of Psychophysiology, 139,* 1–9.
- de Witte, M., Spruit, A., van Hooren, S., Moonen, X., and Stams, G. J. 2020. Effects of music interventions on stress-related outcomes: A systematic review and two meta-analyses. *Health Psychology Review, 14,* 294–324.
- Diel, K., Grelle, S., and Hofmann, W. 2021. A motivational framework of social comparison. *Journal of Personality and Social Psychology, 120,* 1415–1430.
- Diener, E., Lucas, R. E., and Scollon, C. N. 2006. Beyond the hedonic treadmill: Revising the adaptation theory of well-being. *The American Psychologist, 61,* 305–314.
- Ditzen, B., and Heinrichs, M. 2014. Psychobiology of social support: The social dimension of stress buffering. *Restorative Neurology and Neuroscience, 32,* 149–162.
- Dixon, S. 2022. Average daily time spent on social media worldwide 2012–2022. https://www.statista.com/statistics/433871/daily-social-media-usage-worldwide/
- Dreisoerner, A., Junker, N. M., Scholtz, W., Heimrich, J., Bloemeke, S., Ditzen, B., and van Dick, R. 2021. Self-soothing touch and being hugged reduce cortisol responses to stress: A randomized controlled trial on stress, physical touch, and social identity. *Comprehensive Psychoneuroendocrinology, 8,* 100091.
- Duggleby, W. D., Degner, L., Williams, A., Wright, K., Cooper, D., Popkin, D., and Holtslander, L. 2007. Living with hope: Initial evaluation of a psychosocial hope intervention for older palliative home care patients. *Journal of Pain and Symptom Management, 33,* 247–257.
- Dunn, E. W., Aknin, L. B., and Norton, M. I. 2014. Prosocial spending and happiness: Using money to benefit others pays off. *Current Directions in Psychological Science, 23,* 41–47.
- Dwyer, R., Kushlev, K., and Dunn, E. W. 2018. Smartphone use undermines the enjoyment of face-to-face interactions. *Journal of Experimental Social Psychology, 78,* 233–239.
- Edwards, M. K., and Loprinzi, P. D. 2018. Experimental effects of brief, single bouts of walking and meditation on mood profile in young adults. *Health Promotion Perspectives, 8,* 171–178.
- Finkel, E. J., Slotter, E. B., Luchies, L. B., Walton, G. M., and Gross, J. J. 2013. A brief intervention to promote conflict reappraisal preserves marital quality over time. *Psychological Science, 24,* 1595–1601.
- Fredrickson, B. L., Cohn, M. A., Coffey, K. A., Pek, J., and Finkel, S. M. 2008. Open hearts build lives: Positive emotions, induced through loving-kindness meditation, build consequential personal resources. *Journal of Personality and Social Psychology, 95,* 1045–1062.
- Garcia, L., Pearce, M., Abbas, A., Mok, A., Strain, T., Ali, S., Crippa, A., Dempsey, P. C., Golubic, R., Kelly, P., Laird, Y., McNamara, E., Moore, S., de Sa, T. H., Smith, A. D., Wijndaele, K., Woodcock, J., and Brage, S. 2023. Non-occupational physical activity and risk of cardiovascular disease, cancer and mortality outcomes: A dose-response meta-analysis of large prospective studies. *British Journal of Sports Medicine*, bjsports-2022-105669. https://doi.org/10.1136/bjsports-2022-105669.
- Goldin, P. R., McRae, K., Ramel, W., and Gross, J. J. 2008. The neural bases of emotion regulation: Reappraisal and suppression of negative emotion. *Biological Psychiatry, 63,* 577–586.
- Gooding, L., Swezey, S., and Zwischenberger, J. B. 2012. Using music interventions in perioperative care. *Southern Medical Journal, 105,* 486–490.
- Graff, V., Cai, L., Badiola, I., and Elkassabany, N. M. 2019. Music versus midazolam during preoperative nerve block placements: A prospective randomized controlled study. *Regional Anesthesia and Pain*

Medicine, rapm-2018-100251.
- Gross, J. J., and John, O. P. 2003. Individual differences in two emotion regulation processes: Implications for affect, relationships, and well-being. *Journal of Personality and Social Psychology, 85*, 348–362.
- Haber, M. G., Cohen, J. L., Lucas, T., and Baltes, B. B. 2007. The relationship between self-reported received and perceived social support: A meta-analytic review. *American Journal of Community Psychology, 39*, 133–144.
- Hann, K. E. J., and McCracken, L. M. 2014. A systematic review of randomized controlled trials of acceptance and commitment therapy for adults with chronic pain: Outcome domains, design quality, and efficacy. *Journal of Contextual Behavioral Science, 3*, 217–227.
- He, Z., Lin, Y., Xia, L., Liu, Z., Zhang, D., and Elliott, R. 2018. Critical role of the right VLPFC in emotional regulation of social exclusion: A tDCS study. *Social Cognitive and Affective Neuroscience, 13*, 357–366.
- Hill, P. L., Sin, N. L., Turiano, N. A., Burrow, A. L., and Almeida, D. M. 2018. Sense of purpose moderates the associations between daily stressors and daily well-being. *Annals of Behavioral Medicine, 52*, 724–729.
- Jacobson, E. 1938. *Progressive relaxation*. Chicago: University of Chicago Press.
- Kabat-Zinn, J. 2013. *Full-catastrophe living: Using the wisdom of your body and mind to face stress, pain, and illness*. New York: Bantam Press.
- Kassam, K. S., and Mendes, W. B. 2013. The effects of measuring emotion: Physiological reactions to emotional situations depend on whether someone is asking. *PLoS ONE, 8*, e64959.
- Kircanski, K., Lieberman, M. D., and Craske, M. G. 2012. Feelings into words: Contributions of language to exposure therapy. *Psychological Science, 23*, 1086–1091.
- Kotsou, I., Leys, C., and Fossion, P. 2018. Acceptance alone is a better predictor of psychopathology and well-being than emotional competence, emotion regulation and mindfulness. *Journal of Affective Disorders, 226*, 142–145.
- Krause, N., Pargament, K. I., Hill, P. C., and Ironson, G. 2016. Humility, stressful life events, and psychological well-being: Findings from the landmark spirituality and health survey. *The Journal of Positive Psychology, 11*, 499–510.
- Krüger, T. H., Schulze, J., Bechinie, A., Neumann, I., Jung, S., Sperling, C., Engel, J., et al. 2022. Neuronal effects of glabellar botulinum toxin injections using a valanced inhibition task in borderline personality disorder. *Scientific Reports, 12*, 14197.
- Kushlev, K., and Dunn, E. W. 2015. Checking email less frequently reduces stress. *Computers in Human Behavior, 43*, 220–228.
- Kushlev, K., and Dunn, E. W. 2019. Smartphones distract parents from cultivating feelings of connection when spending time with their children. *Journal of Social and Personal Relationships, 36*, 1619–1639.
- Lambert, J., Barnstable, G., Minter, E., Cooper, J., and McEwan, D. 2022. Taking a one-week break from social media improves well-being, depression, and anxiety: A randomized controlled trial. *Cyberpsychology, Behavior, and Social Networking, 25*, 287–293.
- Lanctot, A., and Duxbury, L. 2021. When everything is urgent! Mail use and employee well-being. *Computers in Human Behavior Reports, 4*, 100152.
- Larsson, A., Hooper, N., Osborne, L. A., Bennett, P., and McHugh, L. 2016. Using brief cognitive restructuring and cognitive defusion techniques to cope with negative thoughts. *Behavior Modification, 40*, 452–482.
- LeMarr, J. D., Golding, L. A., and Crehan, K. D. 1983. Cardiorespiratory responses to inversion. *The Physician and Sportsmedicine, 11*, 51–57.
- Leproult, R., Copinschi, G., Buxton, O., and Van Cauter, E. 1997. Sleep loss results in an elevation of cortisol levels the next evening. *Sleep, 20*, 865–870.
- Lieberman, M. D. 2019. Affect labeling in the age of social media. *Nature Human Behaviour, 3*, 20–21.
- Lieberman, M. D., Eisenberger, N. I., Crockett, M. J., Tom, S., Pfeifer, J. H., and Way, B. M. 2007. Putting feelings into words: Affect labeling disrupts amygdala activity to affective stimuli. *Psychological Science, 18*, 421–428.

- Light, K. C., Grewen, K. M., and Amico, J. A. 2005. More frequent partner hugs and higher oxytocin levels are linked to lower blood pressure and heart rate in premenopausal women. *Biological Psychology, 69*, 5–21.
- Linehan, M. M. 1993. *Cognitive-behavioral treatment of borderline personality disorder*. New York: Guilford Press. (『境界性パーソナリティ障害の弁証法的行動療法 :DBT による BPD の治療』マーシャ・M・リネハン著、大野裕監訳、阿佐美雅弘、岩坂彰、井沢功一朗、松岡律、石井留美訳、誠信書房、2007)
- Linehan, M. M. 1997. Validation and psychotherapy. In A. C. Bohart and L. S. Greenberg (Eds.). *Empathy reconsidered: New directions in psychotherapy*. Washington, DC: American Psychological Association; pp. 353–92.
- Linehan, M. M. 2015. *DBT skills training manual*, (2nd ed.). New York: Guilford Press.
- Liu, K., Chen, Y., Wu, D., Lin, R., Wang, Z., and Pan, L. 2020. Effects of progressive muscle relaxation on anxiety and sleep quality in patients with COVID-19. *Complementary Therapies in Clinical Practice, 39*, 101132.
- Margolis, S., and Lyubomirsky, S. 2020. Experimental manipulation of extraverted and introverted behavior and its effects on well-being. *Journal of Experimental Psychology, 149*, 719–731.
- Margolis, S., Stapley, A. L., and Lyubomirsky, S. 2020. The association between extraversion and well-being is limited to one facet. *Journal of Personality, 88*, 478–484.
- Mark, G., Iqbal, S., Czerwinski, M., and Johns, P. 2015. Focused, aroused, but so distractable: A temporal perspective on multitasking and communications. *Technologies in the Workplace*, 903–916.
- Marlatt, G. A., and Gordon, J. R. 1985. *Relapse prevention.* New York: Guilford Press. (『リラプス・プリベンション』G・アラン・マーラット、デニス・M・ドノバン編集、原田隆之訳、日本評論社、2011)
- Masi, C. M., Chen, H. Y., Hawkley, L. C., and Cacioppo, J. T. 2011. A meta-analysis of interventions to reduce loneliness. *Personality and Social Psychology Review, 15*, 219–266.
- Master, S. L., Eisenberger, N. I., Taylor, S. E., Naliboff, B. D., Shirinyan, D., and Lieberman, M. D. 2009. A picture's worth: Partner photographs reduce experimentally induced pain. *Psychological Science, 20*, 1316–1318.
- Masuda, A., Hayes, S. C., Sackett, C. F., and Twohig, M. P. 2004. Cognitive defusion and self-relevant negative thoughts: Examining the impact of a ninety-year-old technique. *Behaviour Research and Therapy, 42*, 477–485.
- McRae, K., Jacobs, S. E., Ray, R. D., John, O. P., and Gross, J. J. 2012. Individual differences in reappraisal ability: Links to reappraisal frequency, well-being, and cognitive control. *Journal of Research in Personality, 46*, 2–7.
- Mongrain, M., and Trambakoulos, J. 2007. A musical mood induction alleviates dysfunctional attitudes in needy and self-critical individuals. *Journal of Cognitive Psychotherapy, 21*, 295–309.
- Montag, C. and Diefenbach, S. 2018. Towards homo digitalis: Important research issues for psychology and the neurosciences at the dawn of the internet of things and the digital society. *Sustainability, 10*, 415.
- Nayor, M., Shah, R. V., Miller, P. E., Blodgett, J. B., Tanguay, M., Pico, A. R., Murthy, V. L., Malhotra, R., Houstis, N. E., Deik, A., et al. 2020. Metabolic architecture of acute exercise response in middle-aged adults in the community. *Circulation, 142*, 1905–1924.
- Nestor, J. 2020. Breath: *The new science of a lost art*. New York: Riverhead Books. (『BREATH　呼吸の科学』ジェームズ・ネスター著、近藤隆文訳、早川書房、2022)
- Nuckowska, M. K., Gruszecki, M., Kot, J., Wolf, J., Guminski, W., Frydrychowski, A. F., Wtorek, J., Narkiewicz, K., and Winklewski, P. J. 2019. Impact of slow breathing on the blood pressure and subarachnoid space width oscillations in humans. *Scientific Reports, 9*, 6232.
- Oppezzo, M., and Schwartz, D. L. 2014. Give your ideas some legs: The positive effect of walking on creative thinking. *Journal of Experimental Psychology: Learning, Memory, and Cognition, 40*, 1142–1152.
- Panneton, W. M. 2013. The mammalian diving response: An enigmatic reflex to preserve life? *Physiology, 28*, 284–297.
- Perlis, M. L., Posner, D., Riemann, D., Bastien, C. H., Teel, J., and Thase, M. 2022. Insomnia. *The Lancet, 400*, 1047–1060.
- Poletti, S., Razzini, G., Ferrari, R., Ricchieri, M. P., Spedicato, G. A., Pasqualini, A., Buzzega, C., Artioli, F., Petropulacos, K., Luppi, M., and Bandieri, E. 2019. Mindfulness-based stress reduction in early

palliative care for people with metastatic cancer: A mixed-method study. *Complementary Therapies in Medicine, 47,* 102218.

- Porcelli, A. J., and Delgado, M. R. 2017. Stress and decision making: Effects on valuation, learning, and risk-taking. *Current Opinion in Behavioral Sciences, 14,* 33–39.
- Poulin, M. J., Brown, S. L., Dillard, A. J., and Smith, D. M. 2013. Giving to others and the association between stress and mortality. *American Journal of Public Health, 103,* 1649–1655.
- Pumar, M. I., Gray, C. R., Walsh, J. R., Yang, I. A., Rolls, T. A., and Ward, D. L. 2014. Anxiety and depression—Important psychological comorbidities of COPD. *Journal of Thoracic Disease, 6,* 1615–1631.
- Querstret, D., Morison, L., Dickinson, S., Cropley, M., and John, M. 2020. Mindfulness-based stress reduction and mindfulness-based cognitive therapy for psychological health and well-being in nonclinical samples: A systematic review and meta-analysis. *International Journal of Stress Management, 27,* 394–411.
- Raposa, E. B., Laws, H. B., and Ansell, E. B. 2016. Prosocial behavior mitigates the effects of stress in everyday life. *Clinical Psychological Science, 4,* 691–698.
- Reed, J., and Ones, D. S. 2006. The effect of acute aerobic exercise on positive activated affect: A meta-analysis. *Psychology of Sport and Exercise, 7,* 477–514.
- Ribeiro, F. S., Santos, F. H., Albuquerque, P. B., and Oliveira-Silva, P. 2019. Emotional induction through music: Measuring cardiac and electrodermal responses of emotional states and their persistence. *Frontiers in Psychology, 10,* 451.
- Roemer, L., Orsillo, S. M., and Salters-Pedneault, K. 2008. Efficacy of an acceptance-based behavior therapy for generalized anxiety disorder: Evaluation in a randomized controlled trial. *Journal of Consulting and Clinical Psychology, 76,* 1083–1089.
- Ross, L., and Nisbett, R. E. 1991. *The person and the situation: Perspectives of social psychology.* New York: McGraw-Hill Book Company.
- Russo, M. A., Santarelli, D. M., and O'Rourke, D. 2017. The physiological effects of slow breathing in the healthy human. *Breathe, 13,* 298–309.
- Sacks, O. 2008. *Musicophilia: Tales of music and the brain*. New York: Vintage.
- Savulich, G., Hezemans, F. H., van Ghesel Grothe, S., Dafflon, J., Schulten, N., Brühl, A. B., Sahakian, B. J., and Robbins, T. W. 2019. Acute anxiety and autonomic arousal induced by CO2 inhalation impairs prefrontal executive functions in healthy humans. *Translational Psychiatry, 9,* 296.
- Schulte, B. 2015. Overwhelmed: *How to work, love, and play when no one has the time*. New York: Picador.
- Seppala, E. M., Hutcherson, C. A., Nguyen, D. T., Doty, J. R., and Gross, J. J. 2014. Loving-kindness mediation: A tool to improve healthcare provider compassion, resilience and patient care. *Journal of Compassionate Health Care, 1,* 5.
- Severs, L. J., Vlemincx, E., and Ramirez, J. M. 2022. The psychophysiology of the sigh: I. The sigh from the physiological perspective. *Biological Psychology, 170,* 108313.
- Shahar, B., Szsepsenwol, O., Zilcha-Mano, S., Haim, N., Zamir, O., Levi-Yeshuvi, S., and Levit-Binnun, N. 2015. A wait-list randomized controlled trial of loving-kindness meditation programme for self-criticism. *Clinical Psychology and Psychotherapy, 22,* 346–356.
- Shapiro, S. L., Astin, J. A., Bishop, S. R., and Cordova, M. 2005. Mindfulness-based stress reduction for health care professionals: Results from a randomized trial. *International Journal of Stress Management, 12,* 164–176.
- Sudimac, S., Sale, V., and Kühn, S. 2022. How nature nurtures: Amygdala activity decreases as the result of a one-hour walk in nature. *Molecular Psychiatry*. https://doi.org/10.1038/s41380-022-01720-6
- Suppakittpaisarn, P., Wu, CC., Tung, YH., Yeh, YC., Wanitchayapaisit, C., Browning, M. E. H., Chang, CY., and Sullivan, W. C. 2022. Durations of virtual exposure to built and natural landscapes impact self-reported stress recovery: Evidence from three countries. *Landscape and Ecological Engineering*. https://doi.org/10.1007/s11355-022-00523-9
- Tangney, J. P. 2000. Humility: Theoretical perspectives, empirical findings and directions for future research. *Journal of Social and Clinical Psychology, 19,* 70–82.
- Torre, J. B., and Lieberman, M. D. 2018. Putting feelings into words: Affect labeling as implicit emotion

regulation. *Emotion Review, 10*, 116–124.
- Toussaint, L., Nguyen, Q. A., Roettger, C., Dixon, K., Offenbächer, M., Kohls, N., Hirsch, J., and Sirois, F. 2021. Effectiveness of progressive muscle relaxation, deep breathing, and guided imagery in promoting psychological and physiological states of relaxation. *Evidence-based Complementary and Alternative Medicine: eCAM, 2021*, 5924040.
- Tracy, M. F., Skaar, D. J., Guttormson, J. L., and Savik, K. 2013. Effects of patient-directed music intervention on anxiety and sedative exposure in critically ill patients receiving mechanical ventilatory support: A randomized clinical trial. *JAMA, 309*, 2335–2344.
- Uhrig, M. K., Trautmann, N., Baumgärtner, U., Treede, R. D., Henrich, F., Hiller, W., and Marschall, S. 2016. Emotion elicitation: A comparison of pictures and films. *Frontiers in Psychology, 7*, 180.
- Vahedi, Z., and Saiphoo, A. 2018. The association between smartphone use, stress, and anxiety: A meta-analytic review. *Stress and Health, 34*.
- Vandekerckhove, M., and Wang, Y. L. 2017. Emotion, emotion regulation and sleep: An intimate relationship. *AIMS Neuroscience, 5*, 1–17.
- van den Berg, M. M., Maas, J., Muller, R., Braun, A., Kaandorp, W., van Lien, R., van Poppel, M. N., van Mechelen, W., and van den Berg, A. E. 2015. Autonomic nervous system responses to viewing green and built settings: Differentiating between sympathetic and parasympathetic activity. *International Journal of Environmental Research and Public Health, 12*, 15860–15874.
- van der Veek, P. P., van Rood, Y. R., and Masclee, A. A. 2007. Clinical trial: Short- and long-term benefit of relaxation training for irritable bowel syndrome. *Alimentary Pharmacology & Therapeutics, 26*, 943–952.
- Wacks, Y., and Weinstein, A. M. 2021. Excessive smartphone use is associated with health problems in adolescents and young adults. *Frontiers in Psychiatry, 12*, 669042.
- Walsh, L. C., Regan, A., Okabe-Miyamoto, K., and Lyubomirsky, S. 2021. Does putting away your smartphone make you happier? The effects of restricting digital media and social media on well-being. https://psyarxiv.com/c3phw/
- Wapner, J. 2020. Vision and breathing may be the secrets to surviving 2020. *Scientific American*. https://www.scientificamerican.com/article/vision-and-breathing-may-be-the-secrets-to-surviving-2020/
- Ward, A. F., Duke, K., Gneezy, A., and Bos, M. 2017. Brain drain: The mere presence of one's own smartphone reduces available cognitive capacity. *Journal of Association of Consumer Research, 2*, 140–154.
- Wersebe, H., Lieb, R., Meyer, A. H., Hofer, P., and Gloster, A. T. 2018. The link between stress, well-being, and psychological flexibility during an acceptance and commitment therapy self-help intervention. *International Journal of Clinical and Health Psychology, 18*, 60–68.
- Williams, M., Teasdale, J., Segal, Z., and Kabat-Zinn, J. 2007. *The mindful way through depression*. New York: Guilford Press.『うつのためのマインドフルネス実践 慢性的な不幸感からの解放』マーク・ウィリアムズ、ジョン・ティーズデール、ジンデル・シーガル、ジョン・カバットジン著、越川房子、黒澤麻美訳、星和書店、2012)
- Wilson, T. D., and Gilbert, D. T. 2003. Affective forecasting. In M. P. Zanna (Ed.), *Advances in experimental social psychology*, Vol. 35, pp. 345–411. Cambridge, Massachusetts: Elsevier Academic Press.
- Woine, A., Mikolajczak, M., Gross, J., van Bakel, H., and Roskam, I. 2022. The role of cognitive appraisals in parental burnout: A preliminary analysis during the COVID-19 quarantine. *Current Psychology*, 1–14. Advance online publication. https://doi.org/10.1007/s12144-021-02629-z
- Yanagisawa, H., Dan, I., Tsuzuki, D., Kato, M., Okamoto, M., Kyutoku, Y., and Soya, H. 2010. Acute moderate exercise elicits increased dorsolateral prefrontal activation and improves cognitive performance with Stroop test. *NeuroImage, 50*, 1702–1710.
- Yang, H., Liu, B., and Fang, J. 2021. Stress and problematic smartphone use severity: Smartphone use frequency and fear of missing out as mediators. *Frontiers in Psychiatry, 12*, 659288.
- Yimaz, M., and Huberman, A. D. 2019. Fear: It's all in your line of sight. *Current Biology, 29*, 1232–1234.
- Zaccaro, A., Piarulli, A., Laurino, M., Garbella, E., Menicucci, D., Neri, B., and Gemignani, A. 2018. How breath-control can change your life: A systematic review on psycho-physiological correlates of slow

breathing. *Frontiers in Human Neuroscience, 12*, 353.
- Zeng, X., Chiu, C. P., Wang, R., Oei, T. P., and Leung, F. Y. 2015. The effect of loving-kindness meditation on positive emotions: A meta-analytic review. *Frontiers in Psychology, 6*, 1693.
- Zhang, M., Yang, Z., Zhong, J., Zhang, Y., Lin, X., Cai, H., and Kong, Y. 2022. Thalamocortical mechanisms for nostalgia-induced analgesia. *Journal of Neuroscience, 42*, 2963–2972.
- Zhenhong, H., Yiqin, L., Lisheng, X., Zhenli, L., Dandan, Z., and Elliott, R. 2018. Critical role of the right VLPFC in emotional regulation of social exclusion: A tDCS study. *Social Cognitive and Affective Neuroscience, 13*, 357–366.

PART3

- Ans, A. H., Anjum, I., Satija, V., Inayat, A., Ashgar, Z., Akram, I., and Shrestha, B. 2018. Neurohormonal regulation of appetite and its relationship with stress: A mini literature review. *Cureus, 10*, e3032.
- Balchin, R., Linde, J. V., Blackhurst, D. M., Rauch, H. L., and Schönbächler, G. 2016. Sweating away depression? The impact of intensive exercise on depression. *Journal of Affective Disorders, 200*, 218–221.
- Barber, K. C., Michaelis, M. A. M., and Moscovitch, D. A. 2021. Social anxiety and the generation of positivity during dyadic interaction: Curiosity and authenticity are the keys to success. *Behavior Therapy, 52*, 1418–1432.
- Barlow, D. H., Sauer-Zavala, S., Farchione, T. J., Latin, H. M., Ellard, K. K., Bullis, J. R., Bentley, K. H., Boettcher, H. T., and Cassiello-Robbins, C. 2018. *Unified protocol for transdiagnostic treatment of emotional disorders* (2nd ed.). New York: Oxford University Press.『うつと不安への認知行動療法の統一プロトコル　ワークブック　改訂第２版』デイビッド・H・バーロウ他著、伊藤正哉、加藤典子、藤里紘子、堀越勝監訳、診断と治療社、2024）
- Bartlett, L., Buscot, M. J., Bindoff, A., Chambers, R., and Hassed, C. 2021. Mindfulness is associated with lower stress and higher work engagement in a large sample of MOOC participants. *Frontiers in Psychology, 12*, 724126.
- Baumeister, R. F., Bratslavsky, E., Finkenauer, C., and Vohs, K. D. 2001. Bad is stronger than good. *Review of General Psychology, 5*, 323–370.
- Baumeister, R. F., and Leary, M. R. 1995. The need to belong: Desire for interpersonal attachments as a fundamental human motivation. *Psychological Bulletin, 117*, 497–529.
- Beck, A. T., Rush, A. J., Shaw, B. F., and Emery, G. 1979. *Cognitive therapy of depression*. New York: Guilford Press.
- Becker, L., Kaltenegger, H. C., Nowak, D., Rohleder, N., and Weigl, M. 2022. Differences in stress system (re-)activity between single and dual- or multitasking in healthy adults: A systematic review and meta-analysis. *Health Psychology Review, 17*, 78–103.
- Berk, L. S., Tan, S. A., Fry, W. F., Napier, B. J., Lee, J. W., Hubbard, R. W., Lewis, J. E., and Eby, W. C. 1989. Neuroendocrine and stress hormone changes during mirthful laughter. *The American Journal of the Medical Sciences, 298*, 390–396.
- Bhaskar, S., Hemavathy, D., and Prasad, S. 2016. Prevalence of chronic insomnia in adult patients and its correlation with medical comorbidities. *Journal of Family Medicine and Primary Care, 5*, 780–784.
- Blaine, S. K., and Sinha, R. 2017. Alcohol, stress, and glucocorticoids: From risk to dependence and relapse in alcohol use disorders. *Neuropharmacology, 122*, 136–147.
- Boggiss, A. L., Consedine, N. S., Brenton-Peters, J. M., Hofman, P. L., and Serlachius, A. S. 2020. A systematic review of gratitude interventions: Effects on physical health and health behaviors. *Journal of Psychosomatic Research, 135*, 110165.
- Borkovec, T. D., Wilkinson, L., Folensbee, R., and Lerman, C. 1983. Stimulus control applications to the treatment of worry. *Behaviour Research and Therapy, 21*, 247–251.
- Boswell, J. F., Farchione, T. J., Sauer-Zavala, S., Murray, H. W., Fortune, M. R., and Barlow, D. H. 2013. Anxiety sensitivity and interoceptive exposure: A transdiagnostic construct and change strategy. *Behavior Therapy, 44*, 417–431.
- Brown, R. P., and Gerbarg, P. L. 2012. *The healing power of the breath*. Boulder, Colorado: Shambhala Publications.
- Brunet, H. E., Banks, S. J., Libera, A., Willingham-Jaggers, M., and Almén, R. A. 2021. Training in

improvisation techniques helps reduce caregiver burden and depression: Innovative practice. *Dementia, 20*, 364–372.
- Cai, L., Liu, Y., and He, L. 2022. Investigating genetic causal relationships between blood pressure and anxiety, depressive symptoms, neuroticism and subjective well-being. *General Psychiatry, 35*, e10087.
- Carlucci, L., Saggino, A., and Balsamo, M. 2021. On the efficacy of the Unified Protocol for transdiagnostic treatment of emotional disorders: A systematic review and meta-analysis. *Clinical Psychology Review, 87*, 101999.
- Chen, C. Y., and Hong, R. Y. 2010. Intolerance of uncertainty moderates the relation between negative life events and anxiety. *Personality and Individual Differences, 49*, 49–53.
- Cherpak C. E. 2019. Mindful eating: A review of how the stress-digestion-mindfulness triad may modulate and improve gastrointestinal and digestive function. *Integrative Medicine, 18*, 48–53.
- Craske, M. G., Rowe, M., Lewin, M., and Noriega-Dimitri, R. 1997. Interoceptive exposure versus breathing retraining within cognitive-behavioural therapy for panic disorder with agoraphobia. *The British Journal of Clinical Psychology, 36*, 85–99.
- Craske, M. G., Treanor, M., Conway, C. C., Zbozinek, T., and Vervliet, B. 2014. Maximizing exposure therapy: An inhibitory learning approach. *Behaviour Research and Therapy, 58*, 10–23.
- Curry, S., Marlatt, G. A., and Gordon, J. R. 1987. Abstinence violation effect: Validation of an attributional construct with smoking cessation. *Journal of Consulting and Clinical Psychology, 55*, 145–149.
- Dahne, J., Lejuez, C. W., Diaz, V. A., Player, M. S., Kustanowitz, J., Felton, J. W., and Carpenter, M. J. 2019. Pilot randomized trial of a self-help behavioral activation mobile app for utilization in primary care. *Behavior Therapy, 50*, 817–827.
- Daviet, R., Aydogan, G., Jagannathan, K., Spilka, N., Koellinger, P. D., Kranzler, H. R., Nave, G., and Wetherill, R. R. 2022. Associations between alcohol consumption and gray and white matter volumes in the UK Biobank. *Nature Communications, 13*, 1175.
- Deacon, B., Kemp, J. J., Dixon, L. J., Sy, J. T., Farrell, N. R., and Zhang, A. R. 2013. Maximizing the efficacy of interoceptive exposure by optimizing inhibitory learning: A randomized controlled trial. *Behaviour Research and Therapy, 51*, 588–596.
- Demarinis, S. 2020. Loneliness at epidemic levels in America. *Explore, 16*, 278–279.
- De Weck, M., Perriard, B., Annoni, J. M., and Britz, J. 2022. Hearing someone laugh and seeing someone yawn: Modality-specific contagion of laughter and yawning in the absence of others. *Frontiers in Psychology, 13*, 780665.
- Dimidjian, S., Barrera, M., Jr., Martell, C., Muñoz, R. F., and Lewinsohn, P. M. 2011. The origins and current status of behavioral activation treatments for depression. *Annual Review of Clinical Psychology, 7*, 1–38.
- Ditzen, B., and Heinrichs, M. 2014. Psychobiology of social support: The social dimension of stress buffering. *Restorative Neurology and Neuroscience, 32*, 149–162.
- Dugas, M. J., Sexton, K. A., Hebert, E. A., Bouchard, S., Gouin, J. P., and Shafran, R. 2022. Behavioral experiments for intolerance of uncertainty: A randomized clinical trial for adults with generalized anxiety disorder. *Behavior Therapy, 53*, 1147–1160.
- Emmons, R. A. and McCullough, M. E. 2003. Counting blessings versus burdens: An experimental investigation of gratitude and subjective well-being in daily life. *Journal of Personality and Social Psychology, 84*, 377–389.
- Fekete, E. M., and Deichert, N. T. 2022. A brief gratitude writing intervention decreased stress and negative affect during the COVID-19 pandemic. *Journal of Happiness Studies, 23*, 2427–2448.
- Figueiro, M. G., Steverson, B., Heerwagen, J., Kampschroer, K., Hunter, C. M., Gonzales, K., Plitnick, B., and Rea, M. S. 2017. The impact of daytime light exposures on sleep and mood in office workers. *Sleep Health, 3*, 204–215.
- Fredrickson, B. L., Mancuso, R. A., Branigan, C., and Tugade, M. M. 2000. The undoing effect of positive emotions. *Motivation and Emotion, 24*, 237–258.
- Gass, J. C., Funderburk, J. S., Shepardson, R., Kosiba, J. D., Rodriguez, R., and Maisto, S. A. 2021. The use and impact of self-monitoring on substance use outcomes: A descriptive systematic review. *Substance*

Abuse, 42, 512–526.

- Gates, P. J., Albertella, L., and Copeland, J. 2014. The effects of cannabinoid administration on sleep: A systematic review of human studies. *Sleep Medicine Reviews, 18*, 477–487.
- Gilman, T. L., Shaheen, R., Nylocks, K. M., Halachoff, D., Chapman, J., Flynn, J. J., Matt, L. M., and Coifman, K. G. 2017. A film set for the elicitation of emotion in research: A comprehensive catalog derived from four decades of investigation. *Behavior Research Methods, 49*, 2061–2082.
- Gleichgerrcht, E., and Decety, J. 2013. Empathy in clinical practice: How individual dispositions, gender, and experience moderate empathic concern, burnout, and emotional distress in physicians. *PLoS ONE, 8*, e61526.
- Gu, J., Strauss, C., Bond, R., and Cavanagh, K. 2015. How do mindfulness-based cognitive therapy and mindfulness-based stress reduction improve mental health and wellbeing? A systematic review and meta-analysis of mediation studies. *Clinical Psychology Review, 37*, 1–12.
- Gu, Y., Ocampo, J. M., Algoe, S. B., and Oveis, C. 2022. Gratitude expressions improve teammates' cardiovascular stress responses. *Journal of Experimental Psychology, 151*, 3281–3291.
- Guo, L. 2023. The delayed, durable effect of expressive writing on depression, anxiety and stress: A meta-analytic review of studies with long-term follow-ups. *The British Journal of Clinical Psychology, 62*, 272–297.
- Hari, J. 2023. *Stolen focus: Why you can't pay attention—and how to think deeply again*. New York: Crown.
- Hewig, J., Hagemann, D., Seifert, J., Gollwitzer, M., Naumann, E., and Bartussek, D. 2005. A revised film set for the induction of basic emotions. *Cognition and Emotion, 19*, 1095–1109.
- Hilbert, A., and Tuschen-Caffier, B. 2007. Maintenance of binge eating through negative mood: A naturalistic comparison of binge eating disorder and bulimia nervosa. *The International Journal of Eating Disorders, 40*, 521–530.
- Hill, D., Conner, M., Clancy, F., Moss, R., Wilding, S., Bristow, M., and O'Connor, D. B. 2022. Stress and eating behaviours in healthy adults: A systematic review and meta-analysis. *Health Psychology Review, 16*, 280–304.
- Hoge, E. A., Bui, E., Mete, M., Dutton, M. A., Baker, A. W., and Simon, N. M. 2022. Mindfulness-based stress reduction vs escitalopram for the treatment of adults with anxiety disorders: A randomized clinical trial. *JAMA Psychiatry*. doi:10.1001/jamapsychiatry.2022.3679
- Huberman, A. 2021. Toolkit for sleep. *Huberman Lab*. https://hubermanlab.com/toolkit-for-sleep/
- Kahneman, D., and Tversky, A. 1979. Prospect theory: An analysis of decision making under risk. *Econometrica, 47*, 263–291.
- Kanter, J. W., Manos, R. C., Bowe, W. M., Baruch, D. E., Busch, A. M., and Rusch, L. C. 2010. What is behavioral activation? A review of the empirical literature. *Clinical Psychology Review, 30*, 608–620.
- Kocovski, N. L., Fleming, J. E., Hawley, L. L., Huta, V., and Antony, M. M. 2013. Mindfulness and acceptance-based group therapy versus traditional cognitive behavioral group therapy for social anxiety disorder: A randomized controlled trial. *Behaviour Research and Therapy, 51*, 889–898.
- Kruger, J., and Evans, M. If you don't want to be late, enumerate: Unpacking reduces the planning fallacy. *Journal of Experimental Social Psychology, 40*, 586–598.
- Krueger, K. R., Murphy, J. W., and Bink. A. B. 2019. Thera-prov: A pilot study of improv used to treat anxiety and depression. *Journal of Mental Health, 28*, 621–626.
- Kruse, E., Chancellor, J., Ruberton, P. M., and Lyubomirsky, S. 2014. An upward spiral between gratitude and humility. *Social Psychological and Personality Science, 5*, 805–814.
- Kushlev, K., Heintzelman, S. J., Oishi, S., and Diener, E. 2018. The declining marginal utility of social time for subjective well-being. *Journal of Research in Personality, 74*, 124–140.
- Layous, K., Chancellor, J., and Lyubomirsky, S. 2014. Positive activities as protective factors against mental health conditions. *Journal of Abnormal Psychology, 123*, 3–12.
- Lee, D. H., Rezende, L. F. M., Joh, H. K., Keum, N., Ferrari, G., Rey-Lopez, J. P., Rimm, E. B., Tabung, F. K., and Giovannucci, E. L. 2022. Long-term leisure-time physical activity intensity and all-cause and cause-specific mortality: A prospective cohort of US adults. *Circulation, 146*, 523–534.
- Lee, Y. C., Lu, C. T., Cheng, W. N., and Li, H. Y. 2022. The impact of mouth-taping in mouth-breathers

with mild obstructive sleep apnea: A preliminary study. *Healthcare, 10*, 1755.
- Linehan, M. M. 2015. *DBT skills training manual* (2nd ed.). New York: Guilford Press.
- Lundberg, J. O., Settergren, G., Gelinder, S., Lundberg, J. M., Alving, K., and Weitzberg, E. 1996. Inhalation of nasally derived nitric oxide modulates pulmonary function in humans. *Acta Physiologica Scandinavica, 158*, 343–347.
- Lyubomirsky, S., Dickerhoof, R., Boehm, J. K., and Sheldon, K. M. 2011. Becoming happier takes both a will and a proper way: An experimental longitudinal intervention to boost well-being. *Emotion, 11*, 391–402.
- Lyubomirsky, S., and Layous, K. 2013. How do simple positive activities increase well-being? *Current Directions in Psychological Science, 22*, 57–62.
- Madore, K. P., and Wagner, A. D. 2019. Multicosts of multitasking. *Cerebrum, 2019*, cer-04-19.
- Magnon, V., Dutheil, F., and Vallet, G. T. 2021. Benefits from one session of deep and slow breathing on vagal tone and anxiety in young and older adults. *Scientific Reports, 11*, 19267.
- Mark, G., Gudith, D., and Klocke, U. 2008. The cost of interrupted work: More speed and stress. https://www.ics.uci.edu/~gmark/chi08-mark.pdf.
- Masi, C. M., Chen, H. Y., Hawkley, L. C., and Cacioppo, J. T. 2011. A meta-analysis of interventions to reduce loneliness. *Personality and Social Psychology Review, 15*, 219–266.
- McRaven, W. H. 2014. University of Texas at Austin 2014 commencement speech. [Video]. YouTube. https://www.youtube.com/watch?v=pxBQLFLei70.
- McRaven, W. H. 2017. *Make your bed: Little things that can change your life . . . and maybe the world*. New York: Grand Central Publishing. (『1日1つ、なしとげる！米海軍特殊部隊 SEALs の教え』ウィリアム・H・マクレイヴン著、斎藤栄一郎訳、講談社、2017)
- Mikkelsen, K., Stojanovska, L., Polenakovic, M., Bosevski, M., and Apostolopoulos, V. 2017. Exercise and mental health. *Maturitas, 106*, 48–56.
- Monfort, S. S., Stroup, H. E., and Waugh, C. E. 2015. The impact of anticipating positive events on responses to stress. *Journal of Experimental Social Psychology, 58*, 11–22.
- Myllymäki, T., Kujala, U. M., and Lindholm, H. 2018. Acute effect of alcohol intake on cardiovascular autonomic regulation during the first hours of sleep in a large real-world sample of Finnish employees: Observational study. *JMIR Mental Health, 5*, e23.
- National Sleep Foundation. 2012. *Bedroom poll*. https://www.sleepfoundation.org/wp-content/uploads/2018/10/NSF_Bedroom_Poll_Report_1.pdf P234
- Natraj, N., and Ganguly, K. 2018. Shaping reality through mental rehearsal. *Neuron, 97*, 998–1000.
- Nestor, J. 2020. Breath: *The new science of a lost art*. New York: Riverhead Books. (『BREATH　呼吸の科学』ジェームズ・ネスター著、近藤隆文訳、早川書房、2022)
- Newman, D. B., Gordon, A. M., and Mendes, W. B. 2021. Comparing daily physiological and psychological benefits of gratitude and optimism using a digital platform. *Emotion, 21*, 1357–1365.
- Nuckowska, M. K., Gruszecki, M., Kot, J., Wolf, J., Guminski, W., Frydrychowski, A. F., Wtorek, J., Narkiewicz, K., and Winklewski, P. J. 2019. Impact of slow breathing on the blood pressure and subarachnoid space width oscillations in humans. *Scientific Reports, 9*, 6232.
- Ostafin, B. D., and Proulx, T. 2020. Meaning in life and resilience to stressors. *Anxiety, Stress, and Coping, 33*, 603–622.
- Papa, A., Sewell, M. T., Garrison-Diehn, C., and Rummel, C. 2013. A randomized open trial assessing the feasibility of behavioral activation for pathological grief responding. *Behavior Therapy, 44*, 639–650.
- Pennebaker, J. W. 2018. Expressive writing in psychological science. *Perspectives on Psychological Science, 13*, 226–229.
- Pennebaker, J. W., and Smyth, J. M. 2016. *Opening up by writing it down: How expressive writing improves health and eases emotional pain* (3rd ed.). New York: Guilford Press.
- Ramirez, G., and Beilock, S. L. 2011. Writing about testing worries boosts exam performance in the classroom. *Science, 331*, 211–213.
- Ritterband, L. M., Thorndike, F. P., Ingersoll, K. S., Lord, H. R., Gonder-Frederick, L., Frederick, C., Quigg, M. S., Cohn, W. F., and Morin, C. M. 2017. Effect of a web-based cognitive behavior therapy for insomnia intervention with 1-year follow-up: A randomized clinical trial. *JAMA Psychiatry, 74*, 68–75.

- Rizvi, S. L. 2019. *Chain analysis in dialectical behavioral therapy*. New York: Guilford Press.
- Russo-Netzer, P., and Cohen, G. L. 2022. If you're uncomfortable, go outside your comfort zone: A novel behavioral stretch intervention supports the well-being of unhappy people. *The Journal of Positive Psychology*, https://doi.org/10.1080/17439760.2022.2036794.
- Safer, D. J., Telch, C. F., and Check, E. Y. 2009. *Dialectical behavior therapy for binge eating and bulimia*. New York: Guilford Press.
- Sakurada, K., Konta, T., Watanabe, M., Ishizawa, K., Ueno, Y., Yamashita, H., and Kayama, T. 2020. Associations of frequency of laughter with risk of all-cause mortality and cardiovascular disease incidence in a general population: Findings from the Yamagata study. *Journal of Epidemiology, 30*, 188–193.
- Salmon, P. 2001. Effects of physical exercise on anxiety, depression, and sensitivity to stress: A unifying theory. *Clinical Psychology Review, 21*, 33–61.
- Sandstrom, G. M., Boothby, E. J., and Cooney, G. 2022. Talking to strangers: A week-long intervention reduces psychological barriers to social connection. *Journal of Experimental Social Psychology, 102*, 104356.
- Sandstrom, G. M., and Dunn, E. W. 2014. Is efficiency overrated? Minimal social interactions lead to belonging and positive affect. *Social Psychological and Personality Science, 5*, 436–441.
- Sandstrom, G. M., and Dunn, E. W. 2014. Social interactions and well-being: The surprising power of weak ties. *Personality & Social Psychology Bulletin, 40*, 910–922.
- Schickedanz, A., Perales, L., Holguin, M., Rhone-Collins, M., Robinson, H., Tehrani, N., Smith, L., Chung, P. J., and Szilagyi, P. G. 2023. Clinic-based financial coaching and missed pediatric preventive care: A randomized trial. *Pediatrics, 151*, e2021054970.
- Schleider, J. L., Mullarkey, M. C., Fox, K. R., Dobias, M. L., Shroff, A., Hart, E. A., and Roulston, C. A. 2022. A randomized trial of online single-session interventions for adolescent depression during COVID-19. *Nature Human Behavior, 6*, 258–268.
- Schoenfeld, T. J., Rada, P., Pieruzzini, P. R., Hsueh, B., and Gould, E. 2013. Physical exercise prevents stress-induced activation of granule neurons and enhances local inhibitory mechanisms in the dentate gyrus. *The Journal of Neuroscience, 33*, 7770–7777.
- Segal, Z. 2016. The three-minute breathing practice. *Mindful*. https://www.mindful.org/the-three-minute-breathing-space-practice/.
- Seligman, M. P. 2006. *Learned optimism: How to change your mind and your life*. New York: Vintage.
- Singh, B., Olds, T., Curtis, R., Dumuid, D., Virgara, R., Watson, A., Szeto, K., O'Connor, E., Ferguson, T., Eglitis, E., Miatke, A., Simpson, C. E., and Maher, C. 2023. Effectiveness of physical activity interventions for improving depression, anxiety and distress: an overview of systematic reviews. *British Journal of Sports Medicine*, bjsports-2022-106195. https://doi.org/10.1136/bjsports-2022-106195
- Sloan, D. M., Marx, B. P., Resick, P. A., Young-McCaughan, S., Dondanville, K. A., Straud, C. L., Mintz, J., Litz, B. T., and Peterson, A. L. 2022. Effect of written exposure therapy vs cognitive processing therapy on increasing treatment efficiency among military service members with posttraumatic stress disorder: A randomized noninferiority trial. *JAMA Network Open, 5*, e2140911.
- Smyth, J., Johnson, J., Auer, B., Lehman, E., Talamo, G., and Sciamanna, C. 2018. Online positive affect journaling in the improvement of mental distress and well-being in general medical patients with elevated anxiety symptoms: Evidence from a preliminary randomized controlled trial. *JMIR Mental Health, 5*, e11290.
- Sproesser, G., Schupp, H. T., and Renner, B. 2014. The bright side of stress-induced eating: Eating more when stressed but less when pleased. *Psychological Science, 25*, 58–65.
- Stietz, J., Jauk, E., Krach, S., and Kanske, P. 2019. Dissociating empathy from perspective-taking: Evidence from intra- and inter-individual differences research. *Frontiers in Psychiatry, 10*, 126.
- Stothard, E. R., McHill, A. W., Depner, C. M., Birks, B. R., Moehlman, T. M., Ritchie, H. K., Guzzetti, J. R., Chinoy, E. D., LeBourgeois, M. K., Axelsson, J., and Wright, K. P., Jr. 2017. Circadian entrainment to the natural light-dark cycle across seasons and the weekend. *Current Biology, 27*, 508–513.
- Sun, J., Harris, K., and Vazire, S. 2020. Is well-being associated with the quantity and quality of social interactions? *Journal of Personality and Social Psychology, 119*, 1478–1496.

- Tait, R. J., Paz Castro, R., Kirkman, J. J. L., Moore, J. C., and Schaub, M. P. 2019. A digital intervention addressing alcohol use problems (the "Daybreak" program): Quasi-experimental randomized controlled trial. *Journal of Medical Internet Research, 21*, e14967.
- Taylor, S. E., Klein, L. C., Lewis, B. P., Gruenewald, T. L., Gurung, R. A., and Updegraff, J. A. 2000. Biobehavioral responses to stress in females: Tend-and-befriend, not fight-or-flight. *Psychological Review, 107*, 411–429.
- Vincent, N., and Lionberg, C. 2001. Treatment preference and patient satisfaction in chronic insomnia. *Sleep, 24*, 411–417.
- Vyas, S., Even-Chen, N., Stavisky, S. D., Ryu, S. I., Nuyujukian, P., and Shenoy, K. V. 2018. Neural population dynamics underlying motor learning transfer. *Neuron, 97*, 1177–1186.e3.
- Willcox, B. J., Willcox, D. C., and Suzuki, M. 2017. Demographic, phenotypic, and genetic characteristics of centenarians in Okinawa and Japan: Part 1—Centenarians in Okinawa. *Mechanisms of Ageing and Development, 165*, 75–79.
- Williams, M., Teasdale, J., Segal, Z., and Kabat-Zinn, J. 2007. *The mindful way through depression*. New York: Guilford Press.（『うつのためのマインドフルネス実践 慢性的な不幸感からの解放』マーク・ウィリアムズ、ジョン・ティーズデール、ジンデル・シーガル、ジョン・カバットジン著、越川房子、黒澤麻美訳、星和書店、2012）
- Wood, A. M., Maltby, J., Gillett, R., Linley, P. A., and Joseph, S. 2008. The role of gratitude in the development of social support, stress, and depression: Two longitudinal studies. *Journal of Research in Personality, 42*, 854-871.
- Wright, K. P., Jr., McHill, A. W., Birks, B. R., Griffin, B. R., Rusterholz, T., and Chinoy, E. D. 2013. Entrainment of the human circadian clock to the natural light-dark cycle. *Current Biology, 23*, 1554–1558.
- Wu, J., Balliet, D., Kou, Y., and Van Lange, P. A. M. 2019. Gossip in the dictator and ultimatum games: Its immediate and downstream consequences for cooperation. *Frontiers in Psychology, 10*, 651.
- Yemiscigil, A., and Vlaev, I. 2021. The bidirectional relationship between sense of purpose in life and physical activity: A longitudinal study. *Journal of Behavioral Medicine, 44*, 715–725.
- Zaccaro, A., Piarulli, A., Laurino, M., Garbella, E., Menicucci, D., Neri, B., and Gemignani, A. 2018. How breath-control can change your life: A systematic review on psycho-physiological correlates of slow breathing. *Frontiers in Human Neuroscience, 12*, 353.
- Zander-Schellenberg, T., Collins, I. M., Miché, M., Guttmann, C., Lieb, R., and Wahl, K. 2020. Does laughing have a stress-buffering effect in daily life? An intensive longitudinal study. *PLoS ONE, 15*, e0235851.

おわりに

- Motto, J. A., and Bostrom, A. G. 2001. A randomized controlled trial of postcrisis suicide prevention. *Psychiatric Services, 52*, 828–833.

［著者］

ジェニファー・L・タイツ（Jennifer L. Taitz）

臨床心理学者、カリフォルニア大学ロサンゼルス校の臨床精神医学の准教授。イェール大学およびアメリカ認知療法研究所で特別研究員として研究に従事し、認知行動療法（CBT）と弁証法的行動療法（DBT）の認定資格を取得。自身のセラピークリニック「LA CBT DBT」でクライアントの治療にあたる。ニューヨーク・タイムズやウォール・ストリート・ジャーナル、ハーバード・ビジネス・レビューなどに寄稿している。

［訳者］

久山葉子（くやま・ようこ）

翻訳家、エッセイスト。神戸女学院大学文学部卒。スウェーデン大使館商務部勤務を経てスウェーデン在住。訳書に『スマホ脳』『メンタル脳』『最適脳』（いずれも新潮社）など多数。著書に『スウェーデンの保育園に待機児童はいない　移住して分かった子育てに優しい社会の暮らし』（東京創元社）がある。

瞬間ストレスリセット
——科学的に「脳がラクになる」75の方法

2025年3月4日　第1刷発行
2025年5月12日　第2刷発行

著　者——ジェニファー・L・タイツ
訳　者——久山葉子
発行所——ダイヤモンド社
〒150-8409　東京都渋谷区神宮前6-12-17
https://www.diamond.co.jp/
電話／03･5778･7233（編集）　03･5778･7240（販売）
装丁————井上新八
本文デザイン—大場君人
イラスト——©Sarah Smith
DTP、図版—ベクトル印刷
校正————円水社
製作進行——ダイヤモンド・グラフィック社
印刷————ベクトル印刷
製本————ブックアート
編集担当——林えり

ISBN 978-4-478-11891-7